Shall We Negotiate?

쉘 위 니고시에이트?

글로벌 협상 입문서

Shall We Negotiate?

쉘 위 니고시에이트?

글로벌 협상 입문서

박희권 지음

삶은 협상의 연속이며, 당신은 이미 잠재적 협상가다!

HU:iNE

preface

당신은 이미 잠재적 협상가다!

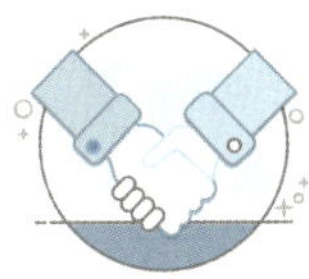

1989년 6월의 어느 날, 장소는 아르헨티나 부에노스아이레스의 에세이사 국제공항이었다. 당시 영사였던 필자는 한국의 저명한 기업인을 위해 출국 수속을 대리하고 있었다. 그는 투자 협의차 아르헨티나에 왔다가 브라질 상파울루로 떠나려는 참이었고, 아르헨티나 주재 한국 대사와 귀빈실에 있었다. 브라질 항공사 카운터에서 청천벽력 같은 소식이 들려온 것은 그때였다. "브라질 비자의 유효 기간이 지나 탑승할 수 없습니다."

확인해 보니 여권상 유효 기간이 09/06/89로 되어 있었다. 즉 비자 만료 기일이 1989년 6월 9일이었다. 착오는 여기에서 발생했다. 미국에서는 월/일/연의 순서로 기재하나 남미에서는 일/월/연의 순서로 기재하는데, 그 기업인은 비자 유효 기간을 미국

식으로 읽은 것이다.

거듭 사정을 구했어도 항공사 측의 입장은 완강했다. 유효 기간 지난 비자를 소지한 자가 탑승했다간 벌금을 물 수밖에 없어 그들의 처지도 이해 못 할 바는 아니었다. 비행기 이륙까지 남은 시간은 불과 1시간 정도. 평범한 여행자도 아니고, 브라질 고위 인사와 면담이 예정된 한국의 유력 기업인이었다. 공식 일정이 무산되면 어디 개인 차원의 비난으로 그치겠는가.

무슨 행동이라도 취해야 했다. 필자는 우선 항공사 지점장을 만나 비자 문제를 해결할 때까지 항공기 이륙 시간을 지연시켜 달라고 요청했다. 물론 말도 안 되는 얘기였다. 아무리 VIP라지만 그 사람 하나 때문에 다른 승객들이 피해를 보게 할 항공사는 없다. 다급해진 필자는 평소 친하게 지내던 부에노스아이레스 주재 브라질 총영사에게 전화를 걸었다. 그에게 저 기업인의 브라질 방문 목적을 밝히고 최대한의 협조를 당부한 결과 다행히 그의 힘을 빌릴 수 있었다. 국적 항공사의 이륙은 30여 분 늦춰졌고, 상파울루 도착 시 공항에서 비자를 발급받을 수 있게 된 것이다. 그 기업인이 필자에게 거듭 고마워 한 것은 물론이다.

그 후로도 필자는 다양한 외교 교섭에 임할 때마다 아르헨티나에서의 외교관 초년병 시절을 떠올리며 그때 얻은 교훈들을 떠올리곤 했다.

1. 어떤 상황에서도 평정심을 유지하라. 감정에 휘둘리면 협상을 망칠 뿐이다.
2. 비행기 출발 시간처럼 협상의 마감 시각도 정해진 것은 아니다.
3. 어떤 협상에서든 결정권을 가진 자와 대화하라. 브라질 총영사처럼.
4. 누가 옳고 그른지 따지지 말고 현재의 목표에 집중하라. 비자 만료 기한을 착각한 사람을 탓해 봐야 소용없다. 중요한 것은 그를 브라질로 보내는 것이다.
5. 평소 브라질 총영사와 맺은 친분 관계가 없었다면 좋은 결과를 기대할 수 있었을까. 협상에서는 인간적인 관계가 중요하다. 협상 상대와 상호 신뢰할 때 윈-윈 협상의 가능성은 높아진다.
6. 계급을 막론하고 상대가 가진 지위와 힘을 인정하고 적극 활용하라. 자신이 인정받는다고 느끼는 협상가들은 교섭을 타결하고 싶은 의욕을 보이기 마련이다.

삶은 협상의 연속이다. 그리고 우리가 살고 있는 이 세계는 거대한 협상 테이블이며 싫든 좋든 우리 모두는 협상의 참가자다. 우리는 살아가면서 가정, 학교, 직장, 사회에서 많은 갈등을 경험한다. 이를 어떻게 해결하느냐에 따라 인생의 방향이 바뀔 수 있다. 협상 능력이 우리의 삶을 성공으로 이끄는 가장 중요한 요소의 하나인 이유다.

21세기는 문화 간 융합과 소통의 시대다. 동양과 서양, 디지털적인 것과 아날로그적인 것, 아시아의 정신문화와 서구의 물질문명 등 각 분야에서의 융합과 소통이 범세계적으로 그리고 초고속으로 진행되고 있다. 여기에서 문화 간 이종 교배가 이뤄진다. 단지 경제뿐만 아니라 정치, 사회, 문화, 스포츠 등을 망라해서 그렇다는 얘기다. 오늘날 글로벌 협상은 이처럼 삶의 모든 국면에서 융합과 소통을 촉진하는 매개 행위다.

그러나 글로벌 협상은 국내 협상과는 여러 측면에서 구별되며 대부분 훨씬 더 복잡하고 어렵다. 글로벌 협상가는 세계관의 차이, 문화와 언어의 차이, 시간과 공간의 장벽을 초월해 교섭에 임해야 하기 때문에 더욱 많은 노력과 인내를 필요로 한다. 필자가 광범위한 범위의 협상 중에서도 유독 글로벌 협상에 집중하여 책을 쓰게 된 이유가 바로 여기에 있다.

필자는 지난 39년간 직업 외교관으로 재직하면서 많은 종류의 글로벌 협상에 참여한 바 있다. 독도 관련 교섭, 어업 협정, 배타적 경제 수역과 대륙붕 경제 획정 협상 같은 해양 문제, 안보·군축·남북한 관계를 포함한 국제 정치 관계 협상, 이 외에 국제 해양법, 국제 형사법, 범죄인 인도 조약, 형사 사법 공조 조약 같은 국제법 관계 협상은 물론 국제 경제 협상 등을 망라한다.

미국, 중국, 일본, 러시아, 북한을 위시한 많은 국가와의 양자 협상은 물론이고 뉴욕에 위치한 유엔 본부, 제네바에 위치한 제네바 군축 회의, 오스트리아의 비엔나, 네덜란드 헤이그 등 다자 협상의 무대에서도 활동했다. 이 과정에서 국제해저기구(ISD) 이사회 의장, 제네바 군축 회의 서방그룹 의장, 국제해저기구 총회 부의장과 유엔 해양협회의(ITLOS) 당사국회의 부의장 등 다양한 경험을 쌓기도 했다.

이런 경험은 필자가 한국외대, 고려대, 중앙대 등에서 국제법, 국제회의, 국제 문화 및 국제 협상 등을 강의하는 토대가 돼주었다. 이 책은 필자가 글로벌 협상의 실무자로서 쌓은 경험과 대학의 강단에서 천착한 이론의 융합물이다.

책을 집필하며 필자가 고려한 세 가지 포인트를 언급해야겠다. 첫째는 이 책이 전문가를 위한 학술서가 아닌 일반인에게 더 읽혀져야 할 실용서라고 생각했다는 점이다. 협상은 치열한 글로벌 경쟁의 장뿐만 아니라 일상에서도 적용되는 기술이다. 그것이 책의 내용에 복잡한 주석이나 출처를 가급적 달지 않은 이유이기도 하다. 집필에 참고한 논문이나 서적은 책의 말미에 참고 문헌으로 정리하고자 한다.

둘째, 독자들이 쉽게 접근할 수 있도록 난해한 전문 용어와 법률 용어를 지양하고, 가급적 쉬운 용어와 문체로 글을 쓰고자 노력했다.

셋째, 필자뿐만 아니라 다양한 인물의 실제 사례를 최대한 수록하여 보다 생생한 내용의 협상 지침서가 되도록 노력했다.

오컴의 면도날(Occam's razor)이라는 말이 있다. 700년 전 프란체스코 수도회 수사였던 윌리엄 오컴(William of Occam)이 주장한 것으로서 어떤 사물을 설명하는 데 필요 이상의 가설을 사용해서는 안 된다는 원칙이다. 실제로도 가장 단순하게 사실을 설명하는 것이 최선이다. 필자는 가급적 오컴의 면도날 시각에서 글로벌 협상의 일반적 지혜들을 설명하고자 노력했다.

실제 협상에는 복합적인 변수가 다수 존재한다. 협상의 주체인 협상가들이 모두 다른 행동 양식을 가지고 있다는 점이 변수 발생의 첫 번째 요인이다. 또 다른 요인으로는 협상이 무수한 주체와 변수가 어우러져서 진화해 나가는 동적인 양상을 띠고 있다는 점이 있다. 끝으로, 정밀한 협상 전략을 무용지물로 만드는 예측 불가능한 상황들이 있음을 고백해야겠다. 이런 역동적인 복합 변수들 앞에서 이 책이 들려주는 글로벌 협상 전략이라는 게 어쩌면 너무 단순하고 정적으로 비치는 건 아닐지 조심스럽기도 하다.

그럼에도 이 책이 협상가로서 축적한 이론과 경험의 소산이라는 점만큼은 필자가 자신할 만한 부분이다. 결국 협상 능력이란 배움과 훈련을 통해 습득할 수 있는 기술이고, 그 배움에는 타인의 이론과 경험을 이용한 간접 학습도 있을 것이다. 독자 여러분이 앞으로 직면하게 될 수많은 협상 경험에 아무쪼록 본서가 건강한 디딤돌이 되기를 희망한다.

때때로 어렵고 힘든 인생의 도전 앞에서 늘 따뜻한 사랑과 격려로 나의 버팀목이 되어 주는 아내 이지현에게 고마움을 전한다. 늘 자랑스럽게 생각하는 두 아들 도영, 재영과 두 며느리 이인경, 조유리, 그리고 나의 세 손주들인 주원, 태원, 세윤에게도 특별한 감사와 따뜻한 사랑을 보낸다. 마지막으로 수고하신 출판사 대표와 직원들에게도 감사의 뜻을 표하고 싶다.

2019년 8월

박희권

contents

목차

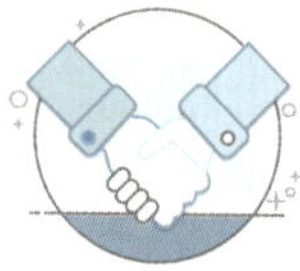

prologue

협상이란 무엇인가?

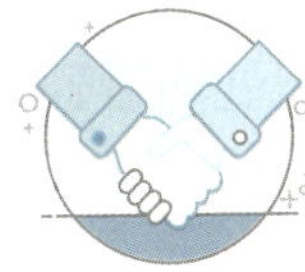

2012년 11월 6일 페루의 리마 공군 클럽에서는 한국의 국산 훈련기 KT-1 20대를 수출하는 계약 서명식이 열렸다. 한국의 순수 기술력으로 설계·생산된 비행기가 최초로 중남미에 수출되는 순간이었다. 주페루 대사로서 정부 간 협상을 책임진 필자도 물론 그 자리에 있었다. "한국 대사를 비롯한 관계자들의 노고와 열정이 없었다면 이 계약 자체가 불가능했을 것입니다." 페드로 카트리아노 페루 국방장관의 축사에 왜 그리 눈물이 핑 돌던지.

이 사업과 관련한 에피소드는 본서의 Step A 끝머리에서 협상 시 고려할 기술적 측면들을 설명하기 위해 다시 등장할 것이다. 지금은 그저 당시 협상을 주도한 이로서 느낀 소회와 협상의 본질적 측면을 회고하려는 것일 뿐이다. 다시 돌아봐도 정말 쉽지 않은 협상이었거니와 그만큼 보람도 큰 프로젝트였다. 협상가로서 필자의 열정과 재능을 총동원한 경험이었다고 해도 좋을 만큼.

“협상은 거미줄처럼 얽혀 있는 긴장과 대립 속에서 자신에게 유리한 결과를 얻기 위해 정보와 힘을 사용하는 것을 말한다.”(허브 코헨, Herb Cohen)

“협상이란 갈등 상황에 처한 사람들이 이해관계(근심, 필요, 공포, 욕구 등)를 놓고 협력과 경쟁을 통해 자원을 어떻게 나눌지 또는 어떻게 협력할지를 결정해 가는 과정이다.”(진 브렛, Jeanne M. Brett)

세계적인 협상 전문가들이 저마다 협상에 대한 정의를 꺼내 든다. 그들의 말에서 알 수 있듯이 협상이란 각자의 이해관계에 따라 서로 밀고 당기기를 하는 상호 작용이다. 로널드 레이건 전 미국 대통령은 이러한 밀당의 양상을 춤에 빗대곤 했다. “탱고를 추려면 두 사람이 필요하다.” 협상의 본질을 참으로 잘 설명해 주는 문장 아닌가. 이때의 댄서는 개인이 될 수도 있고, 기업이나 정부, 국제기구가 될 수도 있다.

협상의 본질적 양상 가운데 하나는 바로 갈등에 있다. 협상 주체들은 누구나 각자 취해야 할 목적이 있는데, 그것이 누이 좋고 매부 좋은 격으로 서로 쉽게 합치되는 경우는 드물다. 그럴 경우 협상가들의 춤은 격렬해지거나 아예 스텝이 꼬이기도 한다. 양측의 이익이 충돌하는 장면이다. 하지만 이런 양상을 설득과 타협, 마침내 합의에 도달함으로써 해소하는 것 역시 협상이라는 춤의 본질이다. 춤에도 이야기처럼 기승전결이 있지 않나.

KT-1 훈련기 수출 협상을 벌이며 필자도 밀당의 춤을 추느라 꽤 많은 땀을 쏟았다. 첫 스텝은 나쁘지 않았다. 필자의 댄스 파트너인 페루 측 인사들은 호의적이었다. 전임 정부로부터 이 프로젝트를 넘겨받는 과정에서 갈등이 없었던 것은 아니지만, 그래도 신임 정부의 수장인 우말라 대통령을 비롯해 많은 페루 측 인사들이 한국산 비행기에 관심을 보였다. 정작 문제는 이 춤판을 휘젓고 있던 강력한 경쟁자, 브라질이라는 나라였다.

남미 대륙의 절반을 차지하는 나라. 브라질은 영토뿐만 아니라 중남미에 행사하는 정치·경제적 영향력 면에서도 대국이었다. 게다가 한국과 경쟁하던 브라질 기업은 중남미 전체의 훈련기 시장을 독점하던 곳이었다. 당시 브라질의 첫 여성 대통령으로 집권한 지우마 호세프가 페루 우말라 대통령의 선거를 지원했다는 사실도 한국에게는 악재였다. 이쯤 되면 아예 프로젝트 자체를 시작하지 않는 게 상수였을지도 모른다.

그러나 우리가 잊지 말아야 할 것은 인간이 협상하는 동물이라는 사실이다. 건드릴 수 없는 협상의 의제는 없다. 아무리 고정불변으로 느껴지는 사안도 상황만 조성된다면 협상의 대상으로 삼을 수 있다. 물론 "모든 것을 다 협상할 수 있다"가 "협상에서 언제든 원하는 결과를 얻어낼 수 있다"와 동의어일 수는 없다. 그러나 적어도 시도할 여지는 있지 않은가! 이런 진취적인 마인드 없이 협상가는 자기 앞의 난제를 풀어 낼 수 없다.

페루와의 훈련기 수출 계약은 여러 면에서 '최초'라는 수식어가 붙은 사안이었다. 한국산 비행기의 최초 중남미 수출이라는 점뿐만 아니라, 페루 입장에서는 근현대사 최초의 거대 규모 계약이었다는 점에서도 그렇다. 특히 한국 방위사업청이 평가한 대로 '방산 역사의 신기원을 이룬 정부 간 계약(G2G)'이라는 점이 괄목할 만하다. 정부 대 정부 간 계약은 향후 국가 관계 증진에 있어 단순 민간 기업의 교류보다 훨씬 심대한 영향을 미치기 때문이다(실제로, 훗날 페루 정부는 한국과 일본이 역사 문제로 국제사회에서 각축을 벌일 때 한국 정부의 든든한 지지자가 돼주었다. 관련 내용은 Step C, Part 5의 Tip Box 참조).

브라질의 공세는 상상 이상이었다. 중남미 방산 시장을 독점하던 그들로서는 한국산 훈련기의 페루 수출을 어떻게든 막고자 사활을 걸었다. 한국으로서는 고작 20대에 지나지 않지만, 작은 틈새 하나가 둑을 무너뜨릴 수도 있다는 위기감이 그들을 지배했을 것이다. 지우마 대통령이 페루 대통령에게 압력을 가하는 전화 통화만 수십 번에 달했다. 그녀는 한국과 경쟁 중인 자국 방산업체 관계자에게 '출혈을 감수하고서라도 단가를 낮추라'는 지시까지 내렸다고 한다. 필자가 이 프로젝트 협상을 하며 상대한 우말라 정부의 국방장관만 5명이었는데, 담당자 교체의 배경에 브라질의 입김이 없었다면 거짓일 것이다.

급기야 그들은 페루 내 정치계(특히 야당 정치인들), 경제계, 언론계에 이르는 브라질 인맥을 총동원하기에 이르렀다. 한국 정부가 페루 측 인사들에게 부정한 뒷돈을 줘 가며 수출하려 한다는 마타도어도 불사했다. 자고 일어나면 '한국을 때리는' 뉴스가 들려왔다. 페루 측 실무 수석대표가 한국 대표단과 호텔에서 음료수 한 잔 마셨다고 이튿날 해임됐을 정도면 말 다 한 거 아닌가. 그러니 협상 대표로서 당시 필자가 느낀 압박감은 상상 이상이었다. 게다가 필자는 교섭을 위해 잠시 방문하는 인사가 아니라 페루에 주재하는 대사였기에 현지에서 가하는 공세를 오롯이 체감할 수밖에 없었다.

누구나 철두철미하게 준비를 하고 치열하게 협상에 임한다. 우리가 준비하고 대비하는 것들은 협상 진행 시 상수를 높이는 데에는 도움이 된다. 하지만 협상에서는 우리에게 이롭거나 악재가 될 변수들이 자주 출몰한다. 더욱이 그러한 외적 요인들은 대부분 우리의 통제 범위 바깥에 있다(우리가 브라질의 공세를 어찌 통제할 수 있단 말인가). 결국 노련한 협상가는 그것을 활용하는 데에도 능숙해야 한다. 여우처럼 민첩한 대응만으로는 부족하다. 때로는 소처럼 상황을 견딜 수 있어야 한다. 당시 필자에게 요구되던 핵심 덕목이 바로 인내였다.

누구나 협상에 나설 수 있지만, 누구나 성공할 순 없다. 유능한 협상가도 마찬가지다. 결국 그의 노련함은 협상할 때와 협상하지 않아야 할 때, 또는 전진할 때와 물러설 때를 구분하는 감각이기도 하다. 다만 철저한 계산이 필요하다. 그동안 협상에 들인 유무형의 비용을 고려할 수 있어야 한다. 협상이 진척될 기미가 있는지, 지금까지 들인 협상 비용을 무효화하더라도 그만 두는 게 좋을지 냉철한 판단이 요구되는 것이다.

페루 내 여론이 악화되는 상황에서, 필자는 한국 정부를 대리한 협상 대표로서 신중한 결단을 내려야 했다. 많은 고민 끝에 결국 협상을 포기하기로 결심했다. 당장 비행기 몇 대를 파는 것보다는 국익을 지키는 것이 더 중요하다고 판단한 까닭이다. 우말라 페루 대통령에게 건넨 요청도 그런 맥락에 있었다.

"각하, 우리 한국은 경제 규모가 크니 2,500억짜리 비행기 수출이야 안 해도 그만입니다. 그렇지만 귀국 언론에서 한국 정부가 부정을 저지른다는 식으로 매도하는 것만큼은 견딜 수가 없습니다. 한국은 명예롭게 퇴장하겠습니다. 그러니 각하께서 내각에 지시를 하셔서 언론 보도를 바로 잡아 주시기를 요청합니다."

그러나 필자의 마지막 청원에도, 그동안 한국에 호의적이던 우말라 대통령은 묵묵부답일 뿐이었다. 함부로 나섰다간 한국의 편을 든다느니 하며 역풍을 맞을 수도 있기에 정치가로서 주저할 수밖에 없었을 게다. 다만, 그 순간 필자가 느낀 정치라는 세계의 냉엄함만큼은 쉽게 지워지지 않는 기억으로 남아 있다.

협상이라는 의사 결정 과정에는 복합적인 동기가 작용한다. 협상가 개인의 재능과 노력만으로 성공할 수 있는 것이 아니다. 협상에는 다양한 갈등의 국면, 곧 타자와의 대립, 갈등, 오해와 차이를 해소하는 능력이 꼭 필요하다. 협상을 가리켜 '세상을 움직이는 과학'이라고 부르는 이유가 이것이다. 결국 상대의 마음을 얻는 커뮤니케이션 능력이 관건일 터. 어쩌면 페루에서의 마지막 반전도 그러한 소통에서 일어난 것이 아닐까 싶다.

"제가 페루에 부임하면서 보니 이 나라는 1차 산업에 대한 의존도가 크더군요. 하지만 페루인의 역사는 그렇지 않았습니다. 찬란한 문명을 낳은 이 나라는 과거에 커다란 선박을 건조할 줄도 알았고, 현재도 가능성 있는 인재들을 보유하고 있습니다. 그런데도 언제까지 광물 자원만 수출하고 있을 건가요? 식민 지배와 전쟁을 경험한 한국은 폐허 속에서 설움을 삼키며 기술을 배우고 이전받아 오늘의 기술 강국이 됐습니다. 페루에 한국산 훈련기를 수출하는 일은 그저 비행기를 몇 대 파는 것이 아닙니다. 이 사업의 핵심은 한국의 기술을 페루에 이전하고 양국이 공동 생산을 하는 데 있습니다. 페루도 과거의 영광을 찾으려면 기술력을 갖춰야 하지 않겠습니까. 한국은 그 파트너가 되고 싶었을 뿐입니다."

필자가 협상 포기를 알리기 위해 페루 주요 TV 취재팀을 부른 자리에서 한 말이다. 이미 포기를 생각했기에 국면을 바꾼다든가 하는 계략에서 꺼낸 멘트가 아니었다. 진심이었다. 말한 이도 전혀 예견치 못한 페루 여론의 반전은 아마 그 진정성에 대한 반향이 아니었나 싶다. 필자로서도 얼떨떨할 뿐이었지만, 생방송 인터뷰가 나간 이후 페루 여론은 정말로 급변했다. 그렇게 여론이 바뀌자 정권의 태도가 바뀌었고, 마침내 협상이 타결됐다.

협상가는 늘 대안을 준비하고 있어야 한다. 이 책을 읽는 독자들은 바트나(BATNA)라는 말을 자주 접하게 될 것이다. '협상의 교착 국면에서 협상가가 제시할 수 있는 최고의 대안'을 뜻하는 단어다. 당시 협상가로서 필자가 가진 바트나가 바로 '기술 이전과 양국 공동 생산'이었다. 그러나 '비장의 카드'라고도 읽힐 수 있는 바트나는 거짓과 허세의 패여선 안 된다. 페루 국민을 향해 한국의 협상가가 꺼내든 카드 하나가 예상 외의 효과를 불러일으킨 것, 그 배경에는 '진심'에 기반한 바트나가 있었다.

국산 훈련기 KT-1 수출 계약은 한국-페루 간 G2G 계약으로서,

그리고 페루에 대한 기술 이전을 핵심으로 하는 협상으로서 의미를 지닌다. 채 10년도 안 된 일이지만, 한편으로는 까마득하고 때로는 어제 일처럼 여겨지기도 한다. 까마득한 느낌은 2년이라는 협상 기간이 결코 녹록치 않았던 데서 오는 무게감 때문일 수도 있다. 그만큼 힘겨웠고 절박했으며, 마침내 짜릿했다!

협상은 과학이다. 삶의 원리와 규칙을 파악함으로써 '인간관계'를 경영케 하는 인간 과학이다. 협상은 또한 예술이기도 하다. 작게는 재래시장의 가격 흥정부터 크게는 국가 간 평화 협상에 이르기까지, 대립을 타협으로, 폭력을 화해로, 적을 친구로 만드는 창조 활동인 것이다. 필자에게 페루의 기억이 강렬하게 남아 있는 까닭은 협상의 모든 면을 집약한 경험이어서가 아닌가 싶다. 이성적 논리와 감정적 갈등, 끈기와 진심, 교란과 허위에 이르기까지 인간 삶의 모든 국면이 녹아 있기에 말이다.

세계 경제가 글로벌화된 지 오래인 만큼 기업의 정책 결정권자들에게도 글로벌 협상 능력은 필수가 됐다. 생존 경쟁이 갈수록 치열해지고 있고, 이를 극복하기 위한 기업 간의 전략적 제휴도 보다 빈번해지는 추세다. 이익 주체 간의 조정과 협력을 위한 협상의 중요성은 날로 커져만 간다. 당신도 협상가를 꿈꾸는가? 이견을 조정하고 생산적인 소통을 만드는 능력이 관건이다. 글로벌 시대를 자유롭고 창의적으로 열어 줄 삶의 방식으로서 협상의 수완을 쌓고 싶다면 우리와 함께함이 어떠할까. 이제 본론의 장을 펼치려 한다.

Shall We Negotiate?

Step A

협상, 소통의 예술을 말하다

Step A의 목표

양자든 다자든 협상은 파트너들끼리 서로 듣고 나며 추는 춤이다. 그것도 이해관계라는 배경에 맞춰 추는 치열한 춤. 오늘날 이 무대는 국가의 경계 너머로 걸쳐 있다. 협상가로서 당신이 활동하게 될 영역이 글로벌하다는 얘기다. 유능하고 세련된 협상가가 되기 위한 기본을 살펴보자. 협상이란 무엇이고, 성공을 위해선 어떤 조건을 갖춰야 하는가.

"협상이란, 케이크를 나눌 때 모든 이로 하여금 자기가 받은 조각이 가장 크다고 믿게 만드는 기술이다."

- 루트비히 에르하르트(Ludwig Erhard), 전(前) 독일 수상

part 1

협상하라, 세계의 무대에서

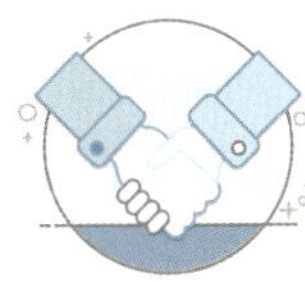

6자 회담이 남북 협상보다 어려운 이유

과거에는 협상을 나누는 구분이 단순했다. 한 국가 내에서 다양한 활동 주체 간에 벌어지는 이해 조정은 '국내 협상'으로, 서로 다른 국가끼리 벌이는 외교적 교섭과 합의는 '국제 협상'으로 통칭하곤 했다. 이렇게 단순 구분이 가능했던 것은 협상의 범위와 위계가 고정된 편이었기 때문이다. 노사 교섭, 정당 간 정치적 합의, 지자체-주민 간의 현안 해결, 기업-고객 간 제품 가격 담판에 이르기까지, 이 모든 일들은 한 국가 안에서 일어나고 매듭지어졌다. 반면에 국가 간의 일은 대통령이나 국무총리, 관련 부처 장관 등 주로 '국가'를 대표한 정부 지도자나 관료들에 의해서 협상이 수행되는 식이었다.

그러나 지금이 어느 때인가. 1990년대부터 본격화한 '세계화'라는 조류가 국가는 물론 개인의 삶을 송두리째 바꿔 놓은 지 오래다. 21세기 글로벌 시대의 특징이라면 예전에는 주로 국가에 의해 독점되던 국제 협상이 이제는 다양한 주체의 참여하에 이뤄지고 있다는 점이다. 서로 다른 국가의 기업 간 인수 합병이나 제휴가 빈번해지고, 지자체끼리 국경 너머 자매결연을 맺는가 하면 비정부 기구(NGO) 간 협력도 활발해졌다. 우리가 협상이라는 행위를 좀 더 글로벌한 범위에서 생각해야 하는 이유다.

글로벌 협상이란 무엇인가?

그렇다면 글로벌 협상이 종래의 협상 개념과 다른 점은 무엇일까. 먼저 알맞은 정의부터 내려 보자. 글로벌 협상이란 "상이한 문화적 배경을 갖는 다수의 의사 결정 주체들이 협력과 경쟁을 통해 서로 이해를 촉진하고 갈등을 해결하기 위해 벌이는 상호 작용 과정"을 가리킨다. 여기서 주목해야 할 것이 바로 '문화적 배경'이다. 오늘날 정치·경제·환경·문화·스포츠를 망라해 전 방위에서 펼쳐지는 글로벌 협상에서 행위자들이 반드시 유념해야 할 부분이다. 당신이 외국인 투자 유치를 위해 아랍의 귀빈을 만찬에 초대했다고 치자. 이때 그들에게 꼭 필요한 할랄(halal) 음식을 준비하지 않았다면, 당신의 우호적인 미소와 떡 벌여 놓은 진수성찬에도 불구하고 상대는 불쾌하거나 곤혹스런 표정을 짓기 십상일 것이다. 당신의 투자 협상은 이미 마이너스 점수를 받으며 출발하고 있다!

간혹 '글로벌'의 기준을 서구 세계에 맞추는 우를 범하곤 한다. 그런데 유엔이 발행한 『2019 세계 인구 전망』 개정판을 보면, 2019년 현재 77억 명인 지구촌 인구에 대해 사하라 이남 아프리카 13.8%(10억 6,600만 명), 북아프리카와 서아시아 6.7%(5억 1,700만 명), 중앙아시아와 남아시아 25.8%(19억 9,100만 명), 동아시아와 동남아시아 30.3%(23억 3,500만 명), 라틴 아메리카와 카리브해 8.4%(6억 4,800만 명), 오세아니아 0.5%(4,200만 명), 유럽과 북아메리카 14.4%(11억 1,400만 명)라는 지역별 분포를 확인하게 된다.

이 많은 인구가 믿는 종교도 다양하다. 미국의 여론 조사 기관 퓨 리서치 센터(Pew Research Center)가 2015년 발표한 『세계 종교의 미래』 보고서는 기독교 31.4%, 이슬람교 23.2%, 힌두교 15.0%, 불교 7.1%, 토착 종교 5.9%, 유대교 0.2%, 기타 종교 0.8%, 샤머니즘 16.4%의 종교 인구 비율을 알려주고 있다. 이 보고서는 2050년이면 전 세계 무슬림의 수가 기독교 인구에 근접할 것이라 전망하고 있거니와, 앞서 살펴본 유엔 인구 보고서는 2027년 인도 인구가 중국을 따라잡을 것으로 예상하기도 한다. 곧, 이 나라 인구의 약 8할을 차지하는 힌두교도의 숫자가 대폭 늘어날 것이라는 의미다.

이렇게 변화하는 인종과 종교 분포는 미래의 글로벌 협상가들에게 세계 문화에 대한 다층적인 이해를 요구하고 있다. 협상가라면 자기가 상대할 세계의 수많은 개인을 포함해 기업, 기관이나 국가의 대표들이 종교를 포함해 민족과 지역 등의 특정한 문화적 공동체 안에서 자라고 성장해 온 사람임을 잊지 말아야 한다. 그 토양 위에서 그들의 가치관과 사고 체계는 틀이 갖춰진 것이다.

이러한 문맥을 읽지 못하면 상대의 요구와 반응을 예측하기 힘들며, 원만한 협상 분위기를 주도할 수 없다. '마초(macho)'라는 단어를 우리 식의 부정적인 시각으로만 바라봄으로써 중남미 남자들을 실망시키는 건 당신의 자유다. 하지만 그 순간, 당신은 협상 상대와 맺을 수도 있는 그들 특유의 끈끈한 유대는 포기하고만 셈이 된다. 그들에게 마초이즘(machoism)은 신뢰에 기반해 인간적 친분을 쌓을 수 있는 키워드이기 때문이다. 글로벌 협상에서는 주어진 협상 과제에 대한 실무적 대응을 넘어 복합적 문화 요소들에 대한 이해가 전체 과정과 결과에 영향을 미친다. 전통적 의미에서의 협상보다 훨씬 유동적이고 동태적인 특징을 갖는 글로벌 협상을 흔히 다문화 협상(cross-cultural negotiation)이라 부르는 이유를 짐작할 만하지 않은가.

이슈와 참여자의 숫자에 따라 종류도 다양하다

글로벌 협상은 주어진 이슈에 따라 국제 정치 협상(정치, 외교, 군사 영역 등), 국제 통상 협상(양자 FTA, 우루과이라운드·도하개발어젠다 등의 다자 간 무역 협상 등), 국제 경영 협상(글로벌 기업의 M&A, 현지 정부 또는 노조와의 협상 등)으로 구분할 수 있다.

참여하는 협상 주체의 숫자에 따른 분류도 있다. '양자 협상'과 '다자 협상'이다. 전자는 말 그대로 협상의 두 당사자들이 벌이는 형태이며, 경우에 따라서는 양측 협상가 외에 대리인(agent)과 이해 당사자가 참여하기도 한다. 참여 주체가 셋 이상일 경우를 다자 협상이라고 하는데, 글로벌 협상에서는 국내 협상에 비해 다양한 이해관계가 얽히다 보니 이 같은 협상 형태가 흔하다. 2019년 4월 말 북한 김정은 국무위원장의 러시아 방문 때 푸틴 대통령이 거론한 '6자 회담'도 우리에게 익숙한 다자 협상의 대표적인 사례다. 당시 푸틴의 발언이 국내에서 그리 큰 호응을 얻지 못했던 데에는 2003년부터 2007년까지 이어진 북핵 관련 6자 회담의 기억이 작용했을 것이다. 당시의 지리한 협상 과정은 물론이거니와, 결국 북핵 폐기에는 이르지 못했다는 결과론적 차원의 평가 말이다.

사공이 많으면 배가 산으로 간다고, 상식적으로 생각해도 다자 회담이 더 어려워 보이는 건 사실이다. 그만큼 양자 협상보다는 훨씬 복잡하고 다양한 요소가 상호 작용하는 측면이 있다. 2003년 북핵 협상에서 중국이 6자 회담의 틀을 유지하되 북미 간 양자 회담도 병행하자고 제안했듯이 다자 협상 내의 소규모 회의도 빈번하게 이뤄지는 편이다. 현재 193개 회원국으로 구성된 유엔에서도 하나의 주제에 대한 협상의 생산성을 높이고 합의를 가속화하고자 직접적 이해관계를 가진 국가들만 참여하는 핵심 그룹 회의가 따로 개최되곤 한다. 이 모두가 다자 협상이 지닌 과정상의 난점을 극복하려는 노력들이다. 여기서 잠시, 다자 협상의 어떤 특성들이 협상가들을 어렵게 만드는지를 점검하고 넘어가자.

첫째, 하나를 얻고 하나를 내어 주는 '트레이드 오프(trade-off)'가 쉽지 않다는 점이다. 협상 당사자의 수가 증가할수록 '이해관계'라는 이름의 고려할 변수도 많아진다. 그러니 균형 잡힌 트레이드 오프에 대한 합의가 쉽게 이뤄질 수는 없을 것이다. 협정문의 문구 하나를 놓고 설왕설래하는 일이 얼마나 다반사던가. 수학에서는 변수가 많은 방정식일수록 풀기가 어려운데, 다자 협상의 경우가 꼭 그렇다.

둘째, 의사 결정 과정이 복잡한데다 완전치도 못하다는 점이다. 구성원들의 의사를 모으는 방법으로는 일반적으로 다수결 원칙, 만장일치, 또는 컨센서스(consensus)에 따른 결정이 주로 쓰이고 있다. 그런데 다수결에 의한 방법은 민주주의적이지만 소수의 요구가 무시되는 측면이 있고, 가장 이상적인 만장일치 방식은 시간이 너무 오래 걸린다는 단점이 있다. 컨센서스에 의한 결정도 한계가 있기는 마찬가지다. 모두가 인정하는 형식적 차원의 동의라도 끌어내기 위해선 이해관계의 최대 공약수를 뽑아내야 하는데, 이 또한 쉬운 일이 아니기 때문이다.

다자 협상을 어렵게 만드는 세 번째 요인으로는 의사소통이 복잡하고 정확하지 않다는 면을 들 수 있다. 양자 간 협상이라면 자신이 원하는 바를 상대에게 보다 명확히 표현할 여지가 커진다. 하지만 협상 상대가 여럿일 때는 우회적인 표현을 써야 할 경우가 많다. 2018년 4월 제1차 남북 정상회담 때의 도보다리 대화를 떠올려 보라. 만일 그 테이블에 트럼프와 시진핑이 함께였다면 남북 정상 사이에 흉금을 터놓은 대화가 가능했을까? 다자 회담에서 흔히 쓰이는 우회적인 표현 방식은 그 정도가 심할 경우 효과적인 의사소통을 어렵게 만드는 요인이다. 인간에게는 자신이 듣고 싶은 것, 자신에게 유리한 것만 취사선택해서 듣는 편향적 해석의 경향이 있기 때문이다(이를 심리학 용어로는 확증편향이라고 한다). 똑같이 '완전한 비핵화'를 외쳤어도, 그 두루뭉술한 표현의 이면에는 얼마나 큰 북미 간 견해차가 있었던가.

끝으로, 다양한 복합 청중(multiple audience) 상황을 빼놓을 수 없겠다. 하나의 협상에는 그 결과에 영향을 미치는 다수의 청중과 이해관계자가 있기 마련이다. 예를 들어 기업 간 협상에서는 해당 기업의 노조나 경쟁 회사를 꼽을 수 있다. 정부 차원에선 의회, 외교부, 상무부, 무역 대표부, 안보 기관, 독점 금지 기구는 물론 언론이나 일반 국민도 복합 청중이 될 수 있다. 협상가들은 자기편의 이익을 위해 이들을 교묘하게 조정하고자 노력하는데, FTA 협상에서 농산물 같은 특정 품목을 보호하기 위해 국민 여론을 조성하는 식이다. 협상에 참여하는 숫자가 많은 다자 협상일수록 고려해야 할 복합 청중의 수는 늘어날 수밖에 없다. 그중 어떤 그룹에 어떤 정보와 메시지를 전달할지, 그 우선순위와 강도는 어느 정도로 할지를 세심히 고려할 필요가 있다. 이 또한 다자 협상에 임하는 협상가가 해결해야 할 어려운 과제다.

다자 협상에는 철저한 준비가 필요하다!

간혹 여러 미디어에서 남사군도 관련 뉴스를 접했을 터이다. 남중국해에 위치한 122개의 섬, 사주(沙洲), 암초와 산호초로 이뤄진 이 지역은 현재 첨예한 영토 분쟁의 무대가 되고 있다. 중국, 베트남, 필리핀, 말레이시아, 브루나이, 대만이 전체 또는 일부에 대해 영유권을 주장하며 대립 중이다.

2016년 7월 12일 국제상설중재재판소의 남중국해 관련 판결 이후 이 수역의 긴장이 고조되자 관련국들이 외교적 수단에 의한 평화적 해결 방안을 찾아 나서고 있다. 중국의 입장은 분명하다. 베트남, 필리핀, 말레이시아, 브루나이 같은 아세안(ASEAN) 내 분쟁 당사국들을 개별 협상, 곧 양자 협상으로 각개 격파하여 아세안에 대한 분할 지배를 실현하는 것이다. 아직까지 통일된 입장을 취하지 못하고 있는 상대국들의 어정쩡한 태도는 이러한 전략이 소기의 성과를 거두게 하는 배경이다.

반면, 아세안 관련국들이 원하는 바는 남중국해에서 분쟁 당사국의 행동을 규율하고 긴장 완화를 도모하기 위한 중국-아세안 간 행동 강령을 채택하는 데 있다. 비록 합의 도출까진 많은 어려움이 내포돼 있지만 다자 협상이 지닌 강점은 뚜렷하다.

먼저, 참가자 전원의 이해관계가 걸린 문제를 일거에 해결할 수 있다는 점이 그렇다. 상황에 따라선 제3국이 주선이나 중재의 기회를 제공할 수 있다. 협상 주체가 많아 쉽게 합의에 이르기 어렵다는 점이 역설적으로 빠른 합의나 국내 여론 설득의 명분이 되기도 한다. 남사군도 분쟁의 경우 다자 협상은 아세안 국가들에게 특히 유용한 전략적 선택이다. 중국에 비해 상대적으로 약한 나라들끼리 서로 협조 또는 제휴를 함으로써, 강대국보다 유리한, 적어도 공평한 결과를 노려 볼 수 있기 때문이다.

다자 협상에 임하는 협상가는 제휴나 연합의 가능성을 늘 검토하고 대비해야 한다. 제휴나 연합이란 협상 주체가 셋 이상일 때 둘 이상의 주체가 유리한 협상 결과를 얻기 위해 공동으로 행동하는 것을 말한다. 힘이 약한 쪽도 이 관계를 잘만 활용하면 영향력을 발휘할 수 있다. 협력할 필요가 있는 대상이라면 구두로라도 제휴 약속부터 받아낼 일이다. 단, 꼭 필요한 인원만으로 제휴를 맺고, 그 성과에 대한 배분은 공정해야 한다. 다자 협상에서 제휴의 전제는 인내다. 뜻대로 진행되지 않는 협상 분위기에 짜증이 나더라도 참아라. 혹여 자리를 박차고 나갔다간 당신만 빼고 다른 이들이 손잡는 사태가 생길지 모르니. 협상가에게 이만큼 치명적인 결과가 또 있을까?

효율적인 다자 협상을 위해서는 제휴 외에 정보 관리와 제안 준비도 필수다. 여러 당사자들이 모여 다양한 문제를 다룰 경우 정보의 과부하는 쉽게 찾아오는 법이다. 능력 있는 다자 협상가에게는 이런 난국을 풀어 나갈 효과적인 제안 능력이 필요하다.

또한 합의 도달이 어려운 교착 상태를 관리할 시간 운영의 묘도 발휘할 줄 알아야 한다. 합의 도달이 어렵다면 합의 도달을 위한 중간 일정이라도 합의해 보라.

글로벌 협상은 상대를 알수록 유리한 게임

칠레의 한 기업인이 같은 언어권 국가인 스페인의 기업인과 경영 협상을 한다면? 그가 중국 기업의 인사와 만날 때보다는 좀 더 수월하게 업무를 볼 수 있을 것이다. 물론 동일 언어권 사람들이라고 해서 서로를 더 잘 이해하리라는 보장은 없다. 한 연구에 따르면, 똑같이 한자 문화권에 속하는 사람들이라 해도 중국인은 한국인에 비해 자기주장이 강하고 물질적 성공에 대한 가치를 우선하는 경향이 있다. 불확실한 미래에 몸을 맡기는 모험적 성향도 더 강하다고 한다. '땅은 넓고 물자는 풍부하다'는 지대박물(地大物博) 사상과 중화의식에서 비롯된 자신감 때문일까? 어쨌든 중국인은 협상 테이블에서 상대의 제안을 과감히 거절하고 불확실성을 택하는 모험주의적 성향이 한국인보다 강하다.

다만, 같은 유교문화권에 있는 우리나 일본인이 중국인을 상대하기가 아무래도 저 칠레인보다는 낫지 않을까? 그만큼 상대의 역사와 문화, 정치·사회적 배경을 더 잘 알기 때문이다. 글로벌 협상 전문가들이 이문화(異文化) 협상을 두고 동일 문화권 내의 협상보다 훨씬 어렵다고 하는 데에는 다 이유가 있다.

하지만 문화권이 같든 다르든 나라 바깥에서 펼쳐지는 협상은 국내보다 어렵기 마련이다. 글로벌 협상이 국내 협상보다 보통 세 배 이상의 시간과 노력을 소모한다고 말하는 이도 있다. 글로벌 협상은 어떤 점에서 다르고, 협상에 앞서 우리가 유념해야 할 것은 무엇인가. 이제부터 찬찬히 살펴봐야겠다.

다원화된 정치적·법적 체제에 대비하기

외국의 다양한 정치적·법적 제도는 글로벌 협상에 지대한 영향을 미친다. 냉전 시기에 구소련 과 협상한 기억을 가진 이라면 1990년대 이후 러시아 정부하의 기업인을 상대할 때 격세지감을 느꼈을 것이다. 공산 정권의 경직적인 통제 경제 체제와 유연한 자본주의 시스템은 많은 차이를 지니고 있으니까.

글로벌 협상에서는 상대국의 법률 체계에 대한 이해도 깊어야 한다. 노동 법규, 외국인 투자법, 조세 제도, 계약법 제도 등에서 나라마다 현지의 법이 다양한 탓이다. 상당수의 나라에서는 여전히 100% 외국인 투자가 아닌 합작 투자 방식만을 인정하고 있으며, 외국인 투자 시 일정 비율의 내국인 채용 비율을 의무화하는 경우도 있다. 이러한 법제를 잘 알고 협상에 임하거나 관련 분야 전문가의 조력을 받지 않으면 낭패 보기가 십상이다. 이처럼 세계의 다원화된 정치적·법적 체계에 대비하려면 반드시 유념해야 할 부분이 있다. 아래의 내용을 분쟁 해결 조항에 명시하도록 만드는 것이다.

- 분쟁 발생 시 우선 당사자 간 협상으로 해결할 것
- 분쟁 해결 시 적용할 법과 관련 법정을 지정해 둘 것
- 분쟁 해결을 위해 중립적인 제3자의 개입 여지(중재, 조정)를 확보할 것

경제적 불안정성과 통화 가치의 변화

계약 대상 국가의 경제적 환경도 예의 주시할 필요가 있다. 상황이 급변할 경우 계약 이행에는 차질이 불가피하기 때문이다. 한 국가에 경제적 불안정 상황이 발생하면 통화 가치가 폭락하고 걷잡을 수 없는 인플레이션이 발생한다. 국제 통화 가치는 유동적이므로 어떤 화폐로 글로벌 거래를 하는가도 매우 중요하다. 불안정한 화폐로 거래를 할 땐 당연히 리스크가 커질 수밖에 없다. 글로벌 시장에서 안정된 통화는 달러, 엔, 유로, 스위스 프랑, 위안 등이며 제3세계의 통화는 상대적으로 불안정하다.

1994년 멕시코의 페소화 위기, 1997년 아시아 금융 위기, 2001년 아르헨티나의 외채 지불 중단(모라토리엄) 선언, 2008년 글로벌 금융 위기 같은 경제적 난국들이 있었다. 그때마다 예외 없이 급격한 환율 변동이 글로벌 경제에 심각한 영향을 미쳤다. 1997년 태국 바트화 폭락 사태, 2008년 원화의 폭락(미 달러당 950원 → 1,450원) 때가 그러했다. 이 같은 환율의 급변은 누군가에게 막대한 이익을, 다른 이에겐 엄청난 손실을 야기한다. 당신이 글로벌 투자자라면 리스크 관리 차원에서 계약 기간의 제한 또는 계약의 재검토와 관련한 조항을 협정문에 꼭 포함시켜야 할 것이다.

현지 정부와 관료 체제에 대한 이해

현지 정부와 관료 체제 역시 글로벌 협상에 다대한 영향을 주는 요인들이다. 미국이나 서유럽 국가에서는 상대적으로 정부 개입의 정도가 덜하며, 비교적 자유로운 비즈니스 환경을 경험할 수 있다. 그렇지만 당신이 남미나 중동 국가, 일본 또는 중국처럼 개입주의적(interventionist) 성향을 가진 나라를 상대할 땐 이야기가 달라진다. 특히 관료들에 대한 접근이 중요하다. 견고하게 자리 잡은 관료 사회는 저들의 생존을 위협하는 변화에 저항하는 경향이 있다. 따라서 글로벌 협상가에게는 관료들의 이해관계와 그들이 가진 권력을 파악하는 것이 급선무이다. 국가 개입이 심한 나라일수록 더더욱 그렇다.

오늘날 정부는 글로벌 협상에 직접 참여하지 않더라도 많은 역할을 한다. 협상 의제와 관련한 정치적 상황을 조성하고, 정부가 제시하는 합법적 틀 내에서 합의에 이를 수 있게 여건을 마련한다. 때로는 직접 개입도 불사하는데, 중국해양석유총공사의 미국 석유 회사 유노컬 인수는 백악관의 저지로 실패했다. 낙농 기업 '디농'을 인수하려는 펩시의 노력이 프랑스 정부의 '경제애국주의' 앞에서 물거품이 됐다는 소식도 들은 바 있다.

정부의 개입과 규제의 범위는 환경에 대한 이슈부터 현지인 고용 의무, 노동 조건, 현지 부품 사용 의무, 수입 통제에 이르기까지 광범위하다. 차이가 있다면 국가별로 개입의 정도나 강도가 다르다는 것일 뿐이다. 당신이 해외 진출을 노리는 기업가라면 노동 분야에서 강한 규제의 벽을 실감할지도 모른다. 아니면 통신, 언론, 환경, 자원처럼 공공성이 강한 분야에서 심한 통제의 압박을 느낄 수도 있고.

정치적 변동의 기미를 예의 주시하기

2001년 파산한 미국의 에너지 회사 엔론이 한창 활동 중이던 시절의 일이다. 1995년 2월 인도 마하라슈트라주(州) 발전소 건설 프로젝트를 당시 주정부와 합의해 추진했다가 백지화되는 사태가 일어났다. 합의가 이뤄진 지 불과 1개월 후 선거가 실시됐는데, 연합정당(Shiv Sena)과 인도인민당(BJP) 연정이 승리한 것이 발단이었다. 연정이 새로 구성한 주정부는 이내 조사·심의위원회를 만들어 기존의 합의를 재검토하기에 이른다. 그렇게 조사가 시작된 지 6개월 뒤, 엔론 사람들은 청천벽력과도 같은 소식을 접해야 했다. 발전소 공사의 전면 취소라는 주지사 명령이었다.

엔론의 사례는 정치적 변동이 글로벌 거래에 미치는 영향을 잘 보여준다. 군부 쿠데타를 비롯한 정치적 격변으로 상대국 정부가 하루아침에 몰락하는 일은 지금도 제3세계에서 흔하다. 이러한 정치·안보상의 급변은 글로벌 거래에 막대한 영향을 미친다. 리비아에서 반(反)카다피 민중 혁명이 발생했을 때, 인도네시아에서 수하르토 대통령이 갑자기 하야했을 때도 그랬다. 한반도 주민으로서 우리도 자주 해보는 경험 아닌가. 북한의 무력 도발이나 핵 실험으로 인한 위기가 발생하면 곧잘 글로벌 거래가 요동치곤 했으니 말이다. 협상가들의 대비가 필요한 대목이다.

정치적 변동에 대비하는 글로벌 협상가의 자세

- 해외 투자는 가급적 다각화하라.
- 지역적·국가적 수준에서 인맥을 구축하라.
- 상대국의 특정 집단보다는 국민을 이롭게 하는 투자 계획을 제시하라(사업 결정권자들, 곧 유력 정치인들의 관심은 보다 많은 유권자의 지지를 얻는 데 있을 테니).
- 협상이 종료된 후에도 상대국과의 관계를 유지하라.
- 현지에서 정치적 사건에 연루되는 것을 피하라.
- 부패와 뇌물 관련 사건에 개입하지 말라.
- 계약의 취소, 제3자의 중재 따위를 허용하는 단서를 계약서에 포함하라.
- 계약 이행을 보장할 수 있는 보험에 가입하라.

이데올로기와 문화의 차이

당신이 협상할 나라의 국민성은 개인주의적인가, 아니면 집단주의적인가. 그 나라 경제 체제는 자본주의인가 사회주의인가. 집권 세력은 우파인가 좌파인가, 또 그들에 의해 시행 중인 경제 정책은 '성장'에 방점이 찍혔나 '분배'가 우선인가. 상대국이 미국이면 개인주의와 자본주의의 토대 위에서 성장한 협상 파트너를 만날 것이다. 그는 개인의 권리, 민간 투자 우선, 비즈니스에서의 이윤 창출을 최우선시하는 사람일 확률이 높다.

앞서 문화적 차이가 글로벌 협상의 과정, 행위, 시간에 막대한 영향을 미친다고 말한 바 있다. 이데올로기 역시 문화의 한 범주다. 그러므로 글로벌 협상을 원만히 수행하려면 협상 상대의 몸에 배인 정치·종교·문화적 가치관이 어디를 지향하는지도 면밀히 살펴야 한다.

그에게서 드러나는 계층적 우월감, 아니면 평등 지향의 사고방식을 포착하라. 또는 개인주의와 집단주의, 가부장적 사고와 여권 의식, 불확실성의 수용과 회피 중 어느 경향에 가까운지도 주시할 일이다. 결국 협상에서는 상대에게서 무엇을 취할 것인가보다는 상대를 어떻게 이해할 것인가가 우선순위여야 한다. 이를 소홀히 여긴다면 우린 다음과 같은 낭패의 교훈만을 곱씹게 될지도 모른다.

"정부나 기업의 국제 협상에 있어서 실패하는 경우를 살펴보면, 많은 경우 협상 참여자들이 본국 중심적인 사고방식에서 출발하여 본국과는 상이한 문화권에 속해 있는 협상 상대방에 대하여 그들이 본국의 협상자들과 똑같이 생각하고 행동할 것이라고 믿는 문화적 몰이해에서 비롯되었음을 알 수 있다."(김진학·김현종, 「문화적 측면의 국제 협상 연구 방법론에 관한 고찰」)

외부의 이해관계자는 누구인가

외부의 이해관계자란 협상 결과에 따라 손익을 보게 될 개인이나 집단이다. 개인 투자자를 비롯해 기업 협의체, 노동조합, 대사관, 산업 협의체 등이 포함된다. 그들의 이해관계에 따라 글로벌 협상이 영향을 받는다. 서로 입장이 일치하는 경우는 드물다. 노동조합은 국내 일자리 손실을 우려하며 외국과의 자유 무역 협정

(FTA)에 반대하지만, 그 반대편에는 수출 증가의 새 물꼬를 기대하는 수출입협회가 서 있다.

「외교와 국내 정치 : 양면 게임의 논리」의 저자 퍼트남(Robert D. Putnam)은 국제 협상을 양면 게임(two-level game)이라는 2단계 게임 이론으로 구분한 바 있다(원제 Diplomacy and Domestic Politics : The Logic of Two-level Game). 1단계 게임은 외국 정부나 외국 기업과 합의에 도달하는 대외 협상 게임이다. 2단계 게임은 합의된 사항을 내부적으로 승인받는 대내 협상 게임이다. 2단계 게임에 영향을 미치는 주요 행위자에는 동료·상사·부하 직원 같은 조직 내부 사람들, 의회·노조·농민 단체나 경제인 단체 등의 외부 이익 집단, 그 밖에도 언론이나 시민 단체들이 있다(하지만 1단계와 2단계 게임은 순차적으로만 진행되는 것이 아니어서 때로는 동시적으로 상호 작용이 이뤄지기도 한다).

사람들은 흔히 대외 협상 게임을 더 중요시하는 편이다. 실제로는 대내 협상 과정이 더 중요할 뿐 아니라 훨씬 어려울 때가 많다. 아무리 좋은 합의도 본국의 국회 비준 동의나 본사 이사회의 승인을 얻지 못하면 의미가 없지 않은가. 국내 이해관계자의 거센 반발로 내부 승인 절차가 난관에 처하는 경우는 많다. 협상 전후에 대책 마련이 필요한 이유가 여기에 있다. 그래서 가능하면 대내 협상부터 끝낼 일이다. 국가나 조직 내부의 지지를 얻고 자신감 있게 협상을 시작하라는 얘기다.

허나 대내 협상은 결코 수월한 과정이 아니다. 이미 한국 사회도 한·미 FTA 교섭 및 발효 과정에서 국내 농민 단체 등 소위 패자 산업(loser industry) 종사자들의 격렬한 저항을 경험한 바 있다. 스탠포드 대학의 로버트 데인즈(Robert Daines) 교수와 컨설팅 회사 코너스톤(Cornerstone)의 올가 쿰리안(Olga Koumrian)이 조사한 결과를 보면, 2011년 5억 불 이상의 인수 계약 중 96%가 대내 협상에서 법률 분쟁을 겪었다. 각 계약당 제기된 소송도 평균 6.2건에 달할 정도였다.

어차피 협상가는 자신의 목표와 이해관계자의 목표 사이에서 갈등할 수밖에 없다. 이해관계자 집단은 그에 대한 압력 행사를 포기하지 않을 것이다. 이때, 노련한 협상가는 이해관계자에게 협상의 역할과 한계를 잘 납득시킴으로써 그들의 기대치를 현실화하려 노력할 것이다. 이런 내부 사정을 잘 활용하면 대외 협상 시 협상 파트너를 압박하는 양동 작전도 구사할 수 있다.

"우리 주주들은 이번 M&A 협상에 불만이 많습니다. 귀하께서 인수액을 높일수록 그 반대는 더 심해지겠지요. 이쯤에서 적정한 타협안을 찾는 게 어떨까요?"

Tip Box

중남미 최초, 페루에 국산 항공기 수출하다!

필자가 주페루 대사로 재직하던 2012년 11월 6일은 개인적으로 뜻깊은 날이다. 페루 수도 리마에 위치한 공군 클럽에서 한국산 KT-1 훈련기 20대의 수출 계약 서명식이 개최되었기 때문이다. 한국 최초의 중남미 지역 항공기 수출이었다. 협상에 걸린 시간만 2년여. 그야말로 글로벌 협상의 모든 특성들이 망라된, 가히 인내와 협상 능력의 한계를 시험하는 과정이었다 해도 과언이 아니었다.

먼저, 양국 간에 상이한 법적 제도를 절충하는 문제가 있었다(정치적·법적 다원주의). 페루 정부는 한국 정부가 서명권자가 되어 형식적·실질적 계약 이행의 보증인이 되기를 원했다. 그러나 당시 계약 이행 주체는 국내 민간 기업인 한국항공우주산업주식회사(KAI)였고, 정부 기관인 방위사업청은 우리 국내법에 의해 계약 당사자로서 서명할 수 없다는 한계가 있었다. 필자는 페루 최고위층과의 담판을 거쳐 아래의 내용에 대한 합의를 이끌어 냈다.

① 우리 국내법상 계약 당사자로서 서명이 가능한 KOTRA를 서명 당사자로 한다.

② 품질 보증 및 계약 이행에 대한 관리 책임의 주체로서 방위사업청을 명시한다.

③ 품질 보증 및 이행 모니터링을 약속하는 방사청장 명의의 서한, 그리고 방사청 산하 국방기술품질원과 페루 국방부 간에 체결한 품질 보증 관련 MOU를 계약서의 부속서로 첨부한다.

④ 계약 대금은 KAI사에 직접 지불하지 않고 한국의 국책 은행인 산업은행에 지불한다.

둘째, 대규모 사업 승인을 위한 페루의 복잡한 내부 절차와 의사 결정 과정이 사업 성사에 큰 부담으로 작용했다.(현지 정부와 관료 체제 문제). 사업 예산을 국채 발행으로 조달하면서 사업에 대한 책임과 권한이 여러 부처로 나뉘는 상황이었다. 대통령실은 물론 국무총리실, 외교부, 재경부, 국방부, 공군 및 여야 국회의원 등 수많은 부처와 인사를 상대해야 했다.

셋째, 새로 들어선 정부의 부정적 태도도 문제였다. 원래 이 프로젝트는 알란 가르시아 전 대통령 시절에 시작되었다가 2011년 6월 당선된 오얀타 우말라 대통령이 승계받은 것이었다. 그러나 이전 정부의 추진 프로젝트를 전면 재검토하려는 신임 정부의 입장과 국방장관의 잦은 교체 등의 요인이 더해져, 협상 성사까지는 이러한 '정치적 불안정성과 변동'을 극복하는 과정을 거쳐야 했다.

넷째, 글로벌 협상에서 중요한 '문화적 차이'를 느끼게 한 일들이 많았다. 대표적인 것이 언어다. 계약 문안이 영어, 스페인어, 한국어 등 3개어 본으로 작성됐는데, 페루 측은 분쟁 발생 시 스페인어 본을 기초로 해결해야 한다는 입장이었다(결국 G2G 계약의 성격을 내세운 필자의 의견이 받아들여져 영어 본이 채택되었지만).

마지막으로, 그동안 중남미에서 항공기 분야의 독점적 지위를 누려 온 경쟁 회사의 방해 공작을 꼽지 않을 수 없다. 그 기업은 페루 정부 내에 광범위하게 포진된 인맥과 언론사를 동원해 부정적인 여론몰이를 전개했다. 이를 극복하기 위해서는 페루 내 언론계, 정계, 관계의 다양한 이해관계자들을 접촉하면서 이 사업이 한국과 페루 모두에게 윈-윈이 될 수 있음을 설득해야 했다.

페루와의 국산 훈련기 수출 협상은 글로벌 협상이 국내 협상보다 몇 배의 시간과 노력이 소요된다는 점을 절감케 해준 계기였다. 그러나 성공의 결실은 컸다. 우선, 이후로 한국의 항공기가 중남미 시장에서 경쟁력을 확보하게 된 것이 첫째다. 또, 국내 기업이 페루에 경찰 순찰차 800대를 비롯해 수척의 연안 경비함을 수출하는 등의 부대 효과가 있었고, 그 외 여러 인프라 사업 진출에 기여하기도 했다.

part 2

협상 성패의 세 가지 핵심 요소 PTI

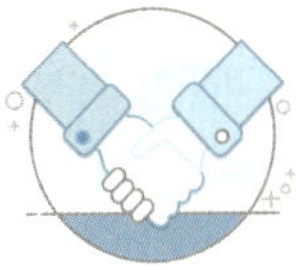

협상의 '힘(Power)'을 높이는 몇 개의 요소

세상의 거의 모든 것은 협상 가능하다. 그러나 이 말이 협상에서 원하는 것을 반드시 얻는다는 뜻은 아니다. 만족스런 결과를 얻으려면, 먼저 목표가 분명해야 한다. 가격이나 임금처럼 수치화·정량화할 수 있는 것을 대상으로 한 협상은 '유형의 목표'를 추구하는 경우다. 그러나 하나의 원칙을 관철한다거나 향후의 선례를 남기자는 식으로 '의미 부여'가 중요한 경우라면 '무형의 목표'를 추구하는 협상이라 할 수 있다.

어떤 형태의 목표든 막연한 기대에 근거해서 세우지 말아야 한다. 그러니 '최대한'이나 '가능한 한 많이'라는 식의 모호한 표현은 버리자. 합리적인 예측에 의거해 구체적으로 정립할 수 있는 목표여야 한다. 그다음에 해야 할 일은 세심하게 전략을 세우는 것이다.

그러나 목표와 전략은 원하는 결과를 얻기 위한 큰 그림이므로 그것만 가지고서는 변화무쌍한 협상의 역동성에 대응할 수가 없다. 이때 필요한 것이 세부적인 협상 과정을 끌고 나가게 해줄 '전술적 디테일'들이다. 협상의 성패를 가르는 3대 핵심 요소가 그것인데, 앞으로 이를 PTI라 부르고자 한다. 바로 협상력(power), 시간(time), 정보(information)'다. 당신이 보여주는 PTI의 노하우를 상대가 어떻게 느끼느냐에 따라 협상의 효과는 극대화될 수도, 극소화될 수도 있다. 먼저 협상력에 대해 알아본다.

협상력이란?

우스갯소리 하나 해볼까. 한 교회 신도가 목사 앞에서 심각한 표정을 짓고 있었다. 고통받는 영혼을 위로하는 것은 성직자의 당연한 몫. "너무 걱정 마세요, 형제님. 주께서 해결해주실 겁니다." 그러나 목사의 거듭되는 위로에도 신도의 불안한 낯빛은 가시지 않는다. 당장 자신에게 닥친 큰일은 하느님의 힘으로도 어쩔 수 없다는 태도다. 대체 그 일이 무엇이길래? "목사님, 제가 내일까지 은행에 갚아야 할 빚이 천만 불입니다. 그런데 지금 제 주머니엔 한 푼도 없어요." 이쯤 되면 목사도 놀랐겠거니… 신도는 그리 생각했다. 그런데! 상대의 반응이 전혀 뜻밖인 거다. "형제

님께서 그런 걱정을 왜 하십니까. 걱정해야 할 쪽은 오히려 은행 아닌가요?"

조금 과장된 유머이기는 하다. 하지만 빚도 많이 지게 되면 오히려 채무자가 위세를 부리는 경우가 곧잘 있지 않은가. 채권자로 하여금 오히려 자신의 눈치를 보게 하는 빚쟁이의 호연지기! 물론 비양심적이고 뻔뻔한 빚쟁이가 되라는 얘기는 아니다. 자신의 불리한 처지를 반전시키는 협상력이야말로 때론 협상의 필수 덕목이라는 예시일 뿐이므로.

영어로는 흔히 '바기닝 파워(bargaining power)'나 '레버리지(leverage)'라고도 부르는 협상력에 대해 로이 J. 레이키는 『협상의 즐거움』에서 다음과 같은 정의를 내놓고 있다. "협상가들이 자신들의 입장을 유리하게 만들거나 목적 달성의 가능성을 높이기 위한 수단." 한편으로 『협상의 전략』을 쓴 리처드 쉘은 "자신이 원하는 조건으로 합의를 이끌어 낼 수 있는 힘"이라 부르기도 한다. 두 정의에는 공통점이 있다. 결국 '협상가가 자신이 원하는 결과를 얻어낼 수 있는 능력'이라는 점에서다.

다만 유의할 부분은 있다. 협상력 자체는 윤리적으로 중립적이라는 점이다. 그 자체로 도덕적이거나 부도덕하지 않다. 이 말은 경우에 따라 협상력이 도덕적이거나 부도덕하게 쓰일 수 있다는 역설을 포함한다. 자신이 원하는 결과를 얻어내는 과정에서 상대를 배려하면서 원만한 합의에 도달했다면 그 협상의 합법성과 윤리성은 인정받을 것이다. 그러나 협박과 총칼을 동원한 것이었다면? 형식적으로 상호 조약의 형태를 갖추었다곤 하나 오늘날 을사늑약의 정통성을 인정하는 이가 몇이나 될까.

또 하나 유의할 것은 협상력이 객관적 실체가 아니라 다분히 주관적인 속성을 지닌 힘이라는 점이다. 그 힘은 그것을 알아보는 이가 있을 때에만 성립한다. 목사님의 충고에도 저 신도가 '빚은 그저 빚일 뿐', '내 약점일 뿐'이라 생각했다면? 이제 그에게 남은 것은 은행의 독촉에 질질 끌려 다니는 일뿐이다. 그러나 자신의 빚이 일종의 지렛대가 될 수 있음을 '알아본' 채무자는 은행을 상대로 제 처지에 맞는 빚 상환 계획을 협상할 수 있을 것이다.

물론 여기에는 상대 은행원도 빚쟁이의 힘을 알아봐야 한다는 전제가 따른다. 그러기 위해서라도 출발점은 역시, 빚쟁이 스스로 자신의 힘을 자각하는 일이다. 내가 가진 것이 무엇인지 알아야 상대에게도 보여줄 수 있기 때문이다. 사울왕이 하사한 갑옷과 투구마저 벗어던진 채 다윗은 허름한 양치기의 복장으로 골리앗과 마주했다. 다윗이 자기 손에 들린 작고 보잘것없는 무릿매의 위력을 믿지 않았다면 불가능한 일이었을 게다. 다소 불리한 상황을 마주한 협상가 역시 자기만의 무릿매를 찾아야 한다. 그러나 쉽지만은 않다. 협상에서 가장 어려운 상대가 어쩌면 자기 자신일지도 모른다는 말이 괜히 나왔을까.

끝으로, 올바른 협상력은 타인을 강제함으로써 얻어지는 것이 아님을 유의하자. 간혹 협상력을 (정치)권력과 혼동하는 경우가 있다. 당신이 협상 테이블에서 상대를 강압적 힘으로 압박했다면, 이때 당신은 협상력을 구사한 것이 아니라 권력을 남용한 것일 뿐이다. 결국 그 힘은 상대에게도 무절제한 힘의 반작용을 부를 것이다.

권력은 한 개인이나 집단에 귀속된 소유물이지만, 협상력은 '관계'와 '상황' 속에서 발생한다. 협상 파트너와의 관계에 매몰되거나 끌려가지 않고, 상황을 적절히 이용함으로써 자신이 주도하는 것으로 판도를 바꿀 수 있을 때 말이다. 그런 점에서 베트남의 독립 영웅 보 응우옌 지압(Vo Nguyen Giap)이 구사한 전략은 시사하는 바가 크다.

프랑스, 미국과의 전쟁에서 베트남의 승리를 이끈 지압 장군은 '3불(不) 전략'으로 유명한 게릴라전의 대가였다. '붉은 나폴레옹', '20세기 최고의 명장'으로 불린 그는 "적이 원하는 시간에 싸우지 않았고, 적이 원하는 장소에서 싸우지 않았으며, 적이 생각하지 않은 방법으로 싸웠다." 협상도 때로는 테이블 위에서 밀고 밀리는 전투임에 동의하는가. 그렇다면 우리는 지압의 사례에서 본질적인 교훈 하나를 얻을 수도 있을 것이다. 곧, 맹목적인 힘(권력)을 앞세운 강(强) 대 강(强)의 대결은 필승의 협상 전략이 아니라는 것, 그러니 지압처럼, 협상 상대와의 전장(관계)을 자신이 원하는 조건에서 운영할 수 있어야 한다는 것 말이다.

협상력의 구성 요소 하나, 바트나(BATNA)

무엇이 협상력을 구성하는가? 모든 협상가는 협상 전에 자신과 상대방이 사용 가능한 모든 형태의 협상 자산(資産)을 파악해 둘 필요가 있다. 이러한 준비를 통해 스스로를 신뢰하게 될 뿐 아니라 협상 과정에서 보다 현실적이고 유연한 대응을 할 수 있게 된다. 그 첫걸음은 바트나(BATNA), 곧 최상의 대안(Best Alternative to a Negotiated Agreement)을 준비하는 일이다.

바트나란 말 그대로 '합의에 도달하지 못했을 때 선택할 수 있는 최선의 대안'을 말한다. 이를 잘 준비해 둔 협상가는 자신에게 유리한 조건으로 합의를 유도할 가능성이 높다. 당신의 경쟁 회사가 현재 받고 있는 금액보다 파격적인 조건의 연봉을 제시했다면? 그 제안은 지금 몸담고 있는 회사와의 연봉 협상에서 숨겨둔 무기가 될 수 있다. 당신에게 선택 가능성이 넓을수록 협상을 유리하게 전개하는 데 도움이 될 것은 당연하다.

바트나는 협상 주체들이 제시할 수 있는 마지노선을 뜻하는 유보가치(reservation value)와 구분되는 개념어다. 회사가 당신에게 제시할 수 있는 연봉의 최대치, 당신이 회사에게 양보할 수 있는 연봉의 최저치 사이에서 '합의된 금액'에 이르렀는가? 그랬다면 당신과 회사는 유보가치를 만드는 데 성공한 것이고, 그렇지 않다면 실패한 것이다. 협상은 결렬이다.

그러나 바트나는 훨씬 포괄적이다. 안세영 교수(서강대)의 저서 『글로벌 협상 전략』은 세 가지 관점에서 바트나의 역할을 정리해 주고 있다. 첫째, 언제든 파국으로 치달을 수 있는 협상 국면에서 또 다른 선택지가 될 수 있다(그러므로 당신의 협상력은 강화된다). 둘째, 바트나가 가져올 이익을 현재 진행 중인 협상의 예상 결과와 비교해봄으로써 협상 결렬이냐 타결이냐를 저울질할 수 있다. 셋째, 협상 위기 국면에서 상대에게 '다른 선택을 할 수 있다'고 위협할 수 있는 수단이 된다(단, 이때의 바트나는 허위로 꾸며 낸 것이 아니어야 한다). 이상에서 보듯이, 협상의 타결 아니면 결렬이라는 선택지만을 지닌 유보가치에 비해 바트나는 보다 다양한 협상 수단이 된다는 점에서 차이가 있다.

당신이 테이블 너머의 상대 앞에서 바트나를 손에 쥔 협상가라면 어떨까. 최선의 행동은 상대로 하여금 당신에게 숨겨진 무기가 있음을 눈치채도록 하는 것이다. '저 친구에게 뭔가 중요한 패가 있는 것 같은데?' 이런 생각이 들도록 암시를 줘라. 하지만 꼭 필요한 경우가 아니라면 그것을 쉬이 열어 보여서는 안 된다. 상대가 당신을 속단하거나 쉽게 볼 수 없도록 교묘하게 정보를 흘리는 노하우가 필요한 부분이다. 언뜻 갬블러의 수 싸움이 연상되는가. 그러나 바트나는 블러핑이 아니다. 협상에서 쓴 속임수는 언젠가 더 큰 부메랑이 돼서 돌아올지도 모르니, 당신이 손에 쥔 카드는 진짜여야 한다.

물론 상대에게 카드(바트나)를 오픈해야 하는 몇몇 예외가 있기는 하다. 상대방이 당신의 바트나에 대해 직접적으로 물으면서 도전해 온다든가, 당신의 대안을 매우 과소평가하는 경우가 그렇다. 당신에 대해 아주 잘못된 정보를 가졌거나 터무니없는 제안을 할 때도 마찬가지다. 이런 상황들은 자칫 협상을 교착시키거나 상대에게 끌려 다닐 위험을 야기하기에 때로는 내 힘을 보여 줄 필요도 있는 것이다.

상대를 신뢰한다며 처음부터 바트나를 밝히는 이도 있으나 그리 추천할 만한 태도는 아니다. 웬만해선 바트나가 있음을 암시하는 정도로 족하거니와, 정 필요하다면 이런 정도에서 머물 일이다. "물론 제가 생각하는 대안이 있지만 아직은 말씀드릴 단계가 아닌 것 같습니다. 함께 논의할 시간이 있을 겁니다. 이해하시리라 생각됩니다만."

상대가 이해할 수밖에 없는 이유가 뭘까. 그 역시 아직 꺼내지 못한 바트나를 품고 있을 것이기 때문이다.

다섯 손가락으로 꼽는 바트나(BATNA) 활용법

① 웬만해선 바트나를 드러내지 않기.
② 상대방의 바트나를 파악하고, 객관적으로 평가하기.
③ 대안은 발전시켜 나가는 것. 그러니 상대방과 최선의 대안을 내놓겠다며 서로 경쟁하지 말기.
④ 거짓으로 대안을 내놓는 것은 금물.
⑤ 넌지시 신호 보내기. 당신이 아주 좋은 대안을 가졌음을 그가 눈치채도록.

협상력의 구성 요소 둘, 자원에 대한 통제

속된 말로 "가진 놈이 장땡"이라고 했다. 좀 더 품격 있게 표현해 볼까. "누구든지 금을 가진 자가 규칙을 만든다." 소위 '황금의 법칙'으로 불리는 이 말은 자원에 대한 통제력이 협상력의 원천이라는 뜻으로도 쓰인다. 자신의 말에 따르는 협상 상대에겐 자원을 나눠 주고 그렇지 않은 쪽에는 분배하지 않거나 뺏는다. 미·중 간 무역 분쟁이 점입가경인 지경에서 미국의 관세율 인상 조치에 중국이 꺼내든 '희토류 수출 제한' 카드를 기억하는가.

잘 알려진 것처럼 희토류는 전기 자동차의 영구자석이나 배터리, LCD·LED·스마트폰 등의 IT 관련 소재는 물론 원자로의 제어제로도 쓰인다. 21세기 첨단 산업을 이야기할 때 없어서는 안 되는 자원으로 중국이 전 세계 생산량의 70% 이상을 점유하고 있다. 희토류를 무기화하는 중국의 전략은 이미 2010년 일본과의 동중국해 영유권 분쟁에서 성공을 거둔 바 있다. 자국 선원을 구금한 일본에게 희토류 수출 금지 조치를 취함으로써 항복을 받아낸 것.

협상력의 중추 가운데 하나인 자원은 단지 천연자원에만 국한되지 않는다. 자본, 첨단 설비를 비롯해 인적 자원까지 포함하는 큰 개념이다. 희토류의 예에서 보듯이 '희소성'을 가진 자원이라면 영향력은 더해진다. 앞선 중·일의 갈등에서 일본이 상대국의 무역 조치에 백기를 들고 선원을 석방한 건 구금 후 불과 2주 만이었다.

일상생활에서도 자원의 희소성이 지닌 위력은 곧잘 체감되곤 한다. 여기, 백화점에서 맘에 드는 옷을 고르고 가격 때문에 주저하는 이가 보인다. 그 앞에는 노련한 영업 사원이 마주해 있다. "손님 사이즈에 맞는 물건이 창고에 마침 하나 남았네요. 가져와 볼까요?" 맘이 급해진 고객은 그 '마지막 제품'을 행운의 징표로 여기며 지갑을 열 가능성이 크다. 발매 금지당한 책이나 음반을 뒷돈 주고라도 구입하려는 심리 또한 결국에는 이 같은 희소성의 마법에 지배를 받는 경우다.

당신이 해외 바이어를 상대로 협상에 몰두해 있다면 이를 적절히 활용하라. 제품의 수요를 크게 '보이도록' 하기 위해서 재고 상태를 의도적으로 낮게 유지하는 것도 한 방법이다. 그래 놓고 협상 테이블에서는 '한정된 기회'라느니, '이 제안은 마감 전까지만 유효하다느니' 하며 설득 기술을 구사하는 것이다. 상당한 위력을 발휘한다. 그러나 자신이 상대편 바이어의 입장일 때도 있으니 희소성의 환상에 속지 않도록 경계하는 법도 익혀야 한다. 해당 물품을 얻고자 하는 데에만 초점을 맞추지 말고, 그것이 꼭 필요한지, 과연 얼마나 필요한지를 냉정히 따져볼 일이다.

협상력의 구성 요소 셋, 협상가의 지위

협상력은 그것을 실행하는 이가 조직 내에서 가지는 지위, 직무 또는 특정 업무에 따라 좌우된다. 한 기관이나 기업의 대표가 직접 협상을 진두지휘한다면 그가 내린 결정의 정당성에 이의를 제기할 사람은 드물다. 그 자신이 최종 의사 결정권자 아닌가. 협상의 최종 결정에 영향을 미치는 이의 권한과 지위는 왕실이나 몇몇 재벌가처럼 세습(상속)으로 주어질 때가 있다. 또는 국민이 대통령과 국회의원 같은 선출직 공무원들에게 위임하거나, 기업의 경우처럼 주주나 이사회가 협상 대표에게 위임하기도 한다. 어떤 경우든 협상가가 행사하는 힘은 한 공동체 구성원들의 복종이나 동의에 의해 정당성을 획득한다.

협상가가 보다 높은 지위와 권한을 위임받고 싶어 하는 것은 자명하다. 그래야 협상에서 정보와 자원에 대한 통제력을 보다 강하게 행사할 수 있고, 협상 상대로부터 강한 신뢰를 얻을 수 있기 때문이다. 그렇지 않다면 상대방은 당신을 메신저에 불과한 인물로 간주하여 최종 의사 결정권자와 직접 담판을 시도하려 할 것이다.

권한이 별로 없는 협상가는 훗날 책임을 추궁당하지 않기 위해서라도 양보에 인색한 경향이 있다. 이런 까닭에 협상 초반부에는 상대가 누구인지 간을 보는 절차가 당연하게 여겨진다. 대략 이런 질문이 오갈 것이다. "우리가 합의하는 경우 당신은 그 내용에 대해 상부의 결재를 따로 받아야 합니까?", "계약 해지 시의 최종 논의 상대 역시 당신인가요?" 등등.

그러나 권한이 충분하다고 무조건 능사가 아니다. 국가 간 정상이나 기업 총수끼리 행하는 '톱다운(top down)' 방식의 협상을 생각해 보자. 산적한 난제를 일거에 해소하고 합의에 이를 수 있다는 점에서 이만한 장점을 지닌 게 없다. 다만 실패할 경우의 부작용이나 피해도 크다. 일사천리로 타결된 협상에서 어느 한 쪽의 판단 착오로 재앙적인 결과를 보게 됐다면? 협상의 번복은 타결보다도 어렵다. 이를 방지하기 위해서라도 합리적인 범위 내에서 권한을 제한하는 일은 필요하다.

권한의 제한이 무조건 나쁜 일만도 아니다. 우선, 협상 타결에 급급해 필요 이상의 양보를 하지 않아도 되며, 수용하기 힘든 상대의 제안을 부드럽게 거절할 수도 있다. "할 수만 있다면 저도 당신의 제의를 받아들이고 싶네요. 하지만 본사에서 허락을 하지 않습니다." "우리 국회의 비준을 통과하기 힘든 제안이군요." 이런 구실은 물론 실생활에서도 적용 가능하다. "마누라가 허락하질 않네 그려. 동업은 힘들겠어…."

결국, 가장 이상적인 협상 방식이란 협상가에게 제한된 권한을 주고 최종 의사 결정권자는 뒤로 빠지는 것이다. 어쩔 수 없는 상황이 아니라면 협상에 직접 개입하지 말고 뒤에서 조력자가 되어야 한다. 출애굽의 영웅 모세는 이 점에서 아주 현명한 리더였다. 그는 자신의 부족한 말솜씨로는 이스라엘 민족을 가나안 땅으로 이끌 수 없다고 여겼다. 성서를 읽어본 이라면 그가 소명을 받아들이기 전 하느님과 치른 협상의 결과를 알 것이다. 파라오나 이스라엘 장로들과 협상할 인물로 언변이 뛰어난 자신의 형 아론을 세우겠다는 신의 약속을 받아내지 않았던가.

협상력의 구성 요소 넷, 전문 지식

글로벌 협상의 양상이 갈수록 복잡한 이해관계로 얽히며 세분화·전문화되는 추세를 보인다. 전문 지식을 보유하고 활용하는 일은 이제 협상 성공을 위한 필수 아이템이 됐다. 협상에 앞서 과학자, 회계사, 의사, 변호사, 컴퓨터 전문가 외에도 다양한 관련 학계 연구자 등의 견해를 경청해야 하는 이유다. 이 과정에서 얻어진 지식과 정보는 협상 시 신뢰를 조성하는 수단이 될 뿐만 아니라, 상대의 주장을 반박하고 자신의 논거를 강화함으로써 협상의 주도권을 잡는 데도 요긴하다.

전쟁사에 관심 있는 사람 치고 조지 패튼(George S. Patton)을 모르는 이는 없을 것이다. 독일 기갑 부대를 몰아낸 2차 대전의 영웅이며, 눈부신 전공 못지않게 육두문자와 마초 캐릭터로도 유명한 인물이었다. 자신이 시(詩)는 물론 탄도학까지 정통하다고 믿던 독불장군 스타일이었지만, 그런 패튼도 북아프리카 진격 시에는 함대 항해사가 건네는 조언을 겸손하게 받아들였다고 한다. 자신이 모르는 분야였기 때문이다.

지독한 마초이즘과 안하무인의 태도 말고 우리가 패튼에게서 배워야 할 점은 또 있다. 그가 불독 같은 외적 이미지와 달리 아주 치밀한 전략가였으며, 자신의 전문 분야에서 놀라운 수완으로 전공을 쌓았다는 점이다. 습득한 전문 지식과 정보를 고비 때마다 적절히 활용하며 과단성과 세밀함을 보여줘야 한다는 점에 있어 협상가와 군인은 다르지 않다. 전문성이 부족하다면 패튼처럼 일개 항해사에게도 배울 수 있어야 한다. 어쭙잖은 자존심에 괜히 아는 척 전문 용어를 남발한다면 상대는 당신의 허세를 금세 알아차릴 것이다.

전문성이 부족하면 전문가를 곁에 둬라. 그리고 협상 상대가 전문가라고 해서 굳이 주눅 들 필요도 없다. 잘 이해가 되지 않는다며 다시 설명을 부탁하면 된다. 예의 바르고 순진하게 경청하는 모습을 상대가 얕잡아 볼 것 같은가. 천만에! 노련한 협상가는 질문하며 배울 줄 안다. 상대 역시 노련하다면, 그런 배움의 태도 속에서 당신이 협상에 필요한 무기를 쌓고 있음을 알 것이다.

협상력의 구성 요소 다섯, 윤리성

누군가는 이런 질문을 던질 수도 있겠다. 매사에 협상을 윤리적으로 진행하는 것이 가능한가? 협상에 임하는 이는 언제나 도덕적인 태도를 견지할 수 있을까? 뒤탈 없게, 흠결 없이 협상을 매듭짓고 싶어 하는 것은 모든 협상가의 이상일 게다. 하지만 각자의 이익을 위해, 때론 파국을 불사하면서까지 밀고 당김을 반복하는 협상에서 그게 과연 가능할까.

지자체와 재개발 지구의 철거민 사이에도 몇 평의 땅과 생존권을 위해 쇠파이프와 화염병을 동반한 대치 국면이 생기곤 한다. 하물며 국가와 국민의 안보나 경제적 명운이 걸린 사안에서 교섭이 과연 매끄럽게 진행되기만 하겠는가. 그렇다면 과연 협상에서 윤리적인 태도가 필요하긴 한가라는 회의에 이를 수 있거니와,

결국에는 다음과 같은 의문도 품을 수 있게 될 것이다. '윤리성이 과연 협상력을 키울 수 있을까?'

현실적으로 난감한 주제이기는 하다. 17세기 영국의 외교관 헨리 워튼(Henry Wotton)의 말이 이를 잘 대변한다. "대사란 자국의 이익을 위해 외국에서 거짓말을 하도록 파견되는 정직한 사람이다." 자국의 이익을 위해서는 상대국에게 거짓도 불사하라는 말이다. 영국의 처칠도 '경우에 따라서는' 거짓이 필요하다고 보았다. "전쟁에서 진실은 너무나 소중하기 때문에 항상 거짓말이라는 보디가드들에 의해 둘러싸여 있어야 한다."

그렇다면, 협상가는 결국 책략이나 속임수를 능란하게 구사하는 교활한 협잡꾼이 될 수밖에 없는가. 협상가에 대한 이러한 전통적인 인식이 지금이라고 해서 그리 달라진 것 같지는 않다. 협상과 윤리성의 관계를 바라보는 시각도 여럿이다. 누군가는 협상을 잘하려면 포커 게임처럼 비도덕적 요소가 필수라고 한다(포커 학파). 단기적 손해를 감수하더라도 윤리적인 태도를 준수해야 한다(이상주의 학파)고 말하는 이도 있고, 상황에 따라 비도덕적 행위를 할 수 있다는 이들(실용주의 학파)도 있다.

협상과 윤리성의 관계에 대한 견해가 이렇게 분분한 것은 협상의 상호 모순적인 성격에서 비롯된다. 협상을 효과적으로 진행하려면 무엇보다도 협상가들 사이에서 구축된 신뢰를 필요로 한다. 그러나 상대를 믿자니 이용당할까 겁이 나고(신뢰성의 딜레마), 상대에게 정직하고 솔직할 경우 원하는 협상 결과를 얻지 못할 수가 있다(정직성의 딜레마). 이러한 상황에서 중심을 잡지 못한 협상가는 속임수나 뇌물 공여 같은 부패한 방식을 선택할 위험도 지니게 된다.

그래도 협상에서 윤리성은 중요한 힘의 원천이다. 부도덕한 방식으로 이룬 협상일수록 언젠가 되돌려 받을 부메랑 효과는 크다. 미국의 대형 할인점 월마트나 독일 글로벌 기업 지멘스가 증명하지 않는가. 멕시코(월마트)와 몇몇 신흥국(지멘스)에서 저지른 뇌물 공여 혐의가 드러났을 때, 두 기업은 어마어마한 윤리적 기회비용을 치러야 했다. 수년에 걸쳐 각각 8억 불과 30억 불에 이르는 벌금과 내부 조사 비용이 들었다니 말이다.

경영 협상에서 윤리성을 포기한 대가는 여기에 머물지 않는다. 이런 불법 행위 혐의가 드러날 경우 조사에 걸리는 시간이 길어지고 기업 경영은 부정적인 영향을 받는다. 더욱이 글로벌 시민단체 등이 나서서 회사의 브랜드 이미지를 깎아 내릴 테고, 주가 하락을 포함해 다른 계약의 입찰 과정에서 배제되는 일도 겪을 수 있다. 그러니 다분히 현실주의적인 관점에서도 협상의 윤리성은 지켜져야 한다.

경계해야 할 비윤리적 협상 태도 10가지

① 의도적인 허위 정보 유출
② 허풍 떨기(bluffing)
③ 위조 또는 허위의 정보를 협상에 활용하기
④ 거짓 사실을 진실인 양 말하는 것(적극적 허위 진술)
⑤ 사실을 일부러 숨기는 것(소극적 허위 진술)
⑥ 매수나 도청 따위의 방법을 이용한 정보 수집
⑦ 지킬 의도가 없거나 지키지 못할 약속하기
⑧ 내부 불신이나 갈등을 유발해 상대팀 교란하기
⑨ 자금이나 뇌물의 요구 또는 제공
⑩ 제시한 제안을 마땅한 이유 없이 철회하기

협상력의 구성 요소 여섯, 선례

관습, 관행, 전통이나 풍습 등은 한 사회가 오랜 시간에 걸쳐 이뤄 놓은 것들이다. 이들은 한 공동체에 속한 구성원들에게 어떤 상황에서 어떻게 생각하고 행동할 것인지를 알려 주는 선례가 된다.

글로벌 협상에서 나라마다 다른 법 체계를 상대하기가 다반사인데, 이때에도 선례는 중요한 정보 자원이다. 영미법처럼 선례 구속의 원칙(principle of stare decisis)이 적용되는 경우는 특히 그렇다(상급 법원의 판결이 그 이후의 동일하거나 유사한 사건에 대해 구속력을 갖는 원칙을 말한다). 한국 같은 대륙법계 국가들에서는 선례가 그 정도의 구속력을 갖진 못해도 '기존 판례를 중시한다'는 점에서는 어느 정도 유효성을 갖는다고 볼 수 있다.

"이것이 우리의 거래 관행입니다." "업계 표준은 알고 계시지요?" 협상장에서 흔히 듣는 말들이다. 협상가들이 관습이나 관행과 같은 선례들에 항시 주목할 수밖에 없는 배경이기도 하다. 선례를 적절히 활용함으로써 협상력은 배가된다. 협상 상대의 입에서 '업계 표준을 잘 알고 있다'는 말을 들었는가. 그는 지금 업계의 관행에 어긋나는 제안은 받기 힘들다며 당신에게 압박의 신호를 보낸 것이다.

정보 기술이 급속도로 확산되고 있는 요즘에는 다양한 선례가 국경을 넘나들기도 한다. A국에서 일어난 일이 B국에도 알려져 선례로서 영향을 미치는 것이다. 특히, 실시간으로 정보 유통이 가능해진 4차 산업혁명 시대에는 그 영향이 더 즉각적이다. 프랑스의 자동차 노조가 단체 협약에서 7%의 임금 인상을 쟁취했다는 선례는 독일의 자동차 노조에도 금세 알려질 것이다.

물론 선례만능주의가 능사는 아니다. 어떤 선례도 절대적이지는 않고 언제든지 또 다른 결과로 갈음될 수 있기 때문이다. 전통이나 관행이 중요하다 해도 새로운 사안 앞에서는 언제든 새롭게 협상이 이뤄질 수 있다. "업계 관행은 잘 알고 있죠. 그러나 이번 사안은 좀 다릅니다." 그 뒤에 "왜냐하면"으로 이어질 문장의 설득력이 높을수록, 저들의 선례가 새로이 갱신될 가능성은 커진다.

협상력의 구성 요소 일곱, 끈기

"상대방의 첫 제안을 절대 받아들이지 말라." 당신이 어떤 쟁점에 대해 협상할 준비가 되어 있지 않다면 꼭 새겨들어야 할 금언이다. 쉬워 보이는 협상이라도 그렇다. 교섭의 난이도를 떠나 대부분의 협상은 종료 시간이 임박해서나, 넘기고 나서야 타결된다. 얼른 결승점에 도달하기를 원하겠지만, 대부분의 협상은 단거리 경주가 아니다.

종료 시점까지 침착하고 끈기 있게 자신을 통제하는 능력이야말로 뛰어난 협상가를 키우는 토양이다. 상대가 아무리 획기적인 제안을 했더라도 즉흥적인 대답은 금물이다. 휴식 시간이든 커피 브레이크든 짬을 마련할 구실을 내세워 한 번 더 생각할 시간을 가져야 한다. 한 건 해보겠다며 마무리한 졸속 협상의 후유증은 예상보다 클 수 있다.

협상에서 요구되는 끈기의 덕목은 상대에게 답을 줘야 할 때만이 아니라 답을 들어야 할 때도 똑같이 요구된다. 먼저, 충분히 생각할 수 있도록 배려한다는 예의의 차원에서 그렇다. 상황을 인식하고 마음을 바꾸는 일이 어디 그리 순식간에 이뤄지던가. '5시 제안'이 그래서 나온 것이다. 그 날의 협상을 마치기 직전인 오후 5시에 당신이 하나의 제안을 꺼내 놓는다. 상대는 밤사이 그 내용을 곰곰이 숙고할 것이다. 혼란스런 상태보다는 입장을 정리해서 만나는 상대가 논의를 진전시키는 데에는 더 도움이 된다.

조급한 마무리를 과감한 태도라 둘러대고 싶을 수도 있다. 그러나 협상에서는 신중함이 우선이다. 이때 필요한 끈기가 우유부단함과 동의어일 수는 없다. 처칠이 강조한 태도는 협상에서도 유효한 적극성의 또 다른 측면이다. "절대로, 절대로 포기하지 말라. 명예나 양식이 걸려 있을 경우를 제외하고는, 사소한 사항이든 중요한 사항이든 절대 포기해서는 안 된다."

협상력의 구성 요소 여덟, 설득력

상대방의 태도와 행동을 바꾸는 데 능한 협상가가 있고, 그렇지 못한 협상가도 있다. 어떤 차이 때문일까. 바로 설득력이다. 그러나 바라는 만큼 실제 상황에서 발휘하기란 꽤나 어려운 능력이다. 협상 상대마다 다른 성향과 욕구를 일일이 만족시키며 자신의 제안을 납득시킨다는 것이 어디 그리 녹록할까. 설득을 잘하려면 일반적으로 다음의 세 가지 요소가 필요하다.

첫째는 '소통'이다. 상대의 경험과 인식 세계를 정확히 파악하고, 그가 당신의 의도 역시 분명히 이해하도록 만드는 능력이다. 상호 공감을 바탕으로 한다.

둘째, '논증'이다. 당신의 논거에 대해 상대가 반론을 제시할 수 없을 만큼 분명한 논리와 증거를 제시할 수 있어야 한다는 말이다.

셋째가 '믿음'이다. 이때의 믿음이란 단순히 인간적인 신뢰를 가리키는 말이 아니다. 당신의 제안으로 인해 상대가 자신의 욕구나 니즈(needs)를 충족할 수 있다는 확신에서 오는 동조(同調)의 의미다. 이러한 심리 기제는 과학자들이 코페르니쿠스의 지동

협상에서 설득력을 높이는 양면 전략

<이성적 접근법>

① 의제를 활용하라 ☞ 의제 설정 단계부터 분위기를 주도하고, 자신의 우선순위에 따라 의제들을 배열하자. 단, 의제 논의는 개별적이 아닌 패키지 방식으로!

② 대안을 활용하라 ☞ 각 의제별 대안을 마련하자. 상대의 대안에 담긴 의도를 파악하고, 자신의 대안도 함께 논의한다. 이때, 상대의 대안과 동등한 가치를 지닌 선택안들을 제시할 것.

③ 구두 약속부터 먼저! ☞ 사람에겐 자신이 한 약속과 일관되게 행동하려는 경향이 있다. 구두 약속일지언정 어떤 물건을 사기로 한 이는 혹여 그 물건 값이 다소 높게 출시돼도 약속을 지킬 것이다. 그러니 당신이 구매자라면, 구두 약속 전에 세부 조건부터 언급하는 게 필요 이상의 지출을 줄이는 방법이다. "총구매 비용이 1억 원 안쪽이면 구매할 게요."

④ 프레임(frame) 바꾸기 ☞ 객실에 도둑을 맞은 손님 측의 전액 보상 요구를 거부하는 호텔 매니저가 있었다. '호텔이 객실 안의 일까지 책임질 수 없다'는 논리였다. 몇 시간 뒤 그 손님의 지인이 호텔 카운터에서 다른 객실의 호수를 대며 순순히 건네받은 열쇠를 매니저 앞에 내밀었다. "문제는 호텔의 보안 상태 아닌가요?" 객실 안의 사고가 객실 바깥의 허술한 보안 때문에 생긴 것이라는 논리였다. 호텔 매니저의 인식 프레임은 무너졌고, 호텔 측은 결국 전액 보상을 해주었다('그 손님의 지인'이 바로 필자다).

⑤ 만고의 진리, 당근과 채찍 ☞ 상대가 당신의 요구를 들어 줄 때마다 하나씩 보상을 제공하고, 묵살하면 대가를 치르게 하라. 그러나 이 같은 당근과 채찍 전략은 양날의 검이다. 협상에서 설득력을 높이는 원천이 되지만, 코너에 몰린 상대가 '벼랑 끝 전략'을 구사할 빌미가 될 수도 있기 때문이다. 또한 너무 남발해서도 안 된다. 상대는 갈수록 더 많은 당근을 원할 것이기에.

⑥ 제안의 공정성 강조하기 ☞ 당신의 제의는 객관적으로 공정한가?

그렇다면 상대도 받아들일 것이다. 그러나 정의, 형평성, 평등성 등 공정성을 측정하는 지표는 다양하므로 상대가 어떤 지표를 근거로 공정성을 요구할지 알 수 없다. 그를 설득하려면 당신의 제안이 '나 아닌 당신'의 기준에 부합하는 것임을 이해시켜야 한다.

VS

<감성적 접근법>

① 상호 존중과 공감의 애티튜드 ☞ 지나치게 확신에 찬 태도는 반감을 부를 수 있다. 상대를 자극하는 언행을 삼가고 당신의 의견을 부드럽고 겸손한 어조로 표현해 보자. 눈을 마주치고 메모를 하는 모습도 좋다. 그가 당신의 경청하는 자세를 높이 살 것이다. 그리고 공감이나 동의의 표시를 가끔씩 해주는 것도 꽤 좋은 방법이다.

② 호감 표시는 천천히! ☞ 당신에 대한 동료들의 평가는 어떤 양상이기를 바라는가. 한 연구 조사에서 네 가지 선택 문항을 제시했다. '1. 매우 긍정적, 2. 처음에는 부정적이었으나 나중에는 긍정적, 3. 매우 부정적, 4. 처음에는 긍정적이었으나 나중에는 부정적.' 가장 많이 꼽힌 답은 2번이었다. 당신의 협상 상대도 예외는 아닐 것이다.

③ 무의식 점화(unconscious priming) ☞ '노인'과 관련한 단어 놀이를 한 사람들은 잠시나마 걸음이 느려진다. '무례한'과 관련된 단어 놀이 후에도 역시 무례한 행동이 늘었다. 무의식 점화 효과를 구체적으로 이론화한 예일대 심리학 교수 존 바지(John Bargh)의 실험 내용이다. 유능한 협상가들은 이런 무의식적 상황까지 이용해서 상대의 행동에 영향을 끼치려고 한다.

④ 강화(reinforcement)의 활용 ☞ 아이들은 부모의 표정과 몸짓에 나타난 반응을 보며 자신이 해야 할 행동과 하지 말아야 할 행동을 구분한다. 부모가 건네는 미소나 사탕은 아이에게 자신이 해야 할 행위들(떼쓰지 않기, 넘어져도 울지 않기 등등)을 강화하는

수단이다. 협상 테이블에서도 이런 테크닉을 응용해 보라.

⑤ 사회적 증거를 들이밀기 ☞ 사람들은 상황이 불확실할수록 다른 사람들의 행동을 준거 기준으로 삼곤 한다. 이러한 '사회적 증거 법칙(social proof principle)'을 활용한 것이 바로 '명단 작성 기법(list technique)'이다. 헌혈이나 제3세계 난민 구호를 위한 캠페인에서 참여자 명단에 방탄소년단이 있을 때의 파급 효과를 생각해 보자.

⑥ 심리적 반발 기법(psychological reactance theory) ☞ 정부가 금연 캠페인에 대한 강화 지침을 내려도 담배 회사들은 순순히 따른다. 그러나 끽연가들이 흡연의 자유를 침해당했다며 오히려 반발할 것을 내심 기대하고 있을 터. 흡연 말고도 자유를 제한받는 것들이 더 있을 거라는 '추정의 원칙(implication principle)'에 사로잡힐 경우 반발은 더욱 커질 것이다(그러므로 담배 판매량은 줄지 않는다). 협상에서는 상대의 입장을 실제(금연)보다 더 과장되게(자유의 침해라는 식으로) 인식시킴으로써 상대를 자신의 의도대로 이끄는 수단이 종종 요구된다.

⑦ 문간에 발 들여 놓기(foot-in-the-door technique) ☞ 도네이션 캠페인을 할 경우 처음에는 선뜻 나서지 않는 사람들이 많다, 그렇다면 일단 발부터 들여 놓게 하자. 서명 운동부터 참여해 달라고 요청하는 것이다. 한 조사 결과가 나타내듯이 서명 참여는 기부 참여로 이어질 확률이 꽤 높다.

⑧ 면전에서 문 닫기(door-in-the-face technigue) ☞ 상대가 거부할 것이 분명한 요청이나 제안을 통 크게 내건다. 그렇게 협상을 시작한 후 원래 염두에 둔 목표치로 수정해 나가면, 상대는 당신의 새로운 요구나 제안을 훨씬 합리적이라 여길 것이다.

⑨ 덤 얹어 주기(that's-not-all technique) ☞ 조미료 치기(sweetening the deal)라고도 부르는 기법이다. 빵 2개를 75센트에 팔까, 아니면 1개에 75센트를 받고 하나를 덤으로 얹어 줄까. 당신뿐만 아니라 당신의 협상 파트너도 후자일 경우 협상 성공 확률이 높다. 조삼모사(朝三暮四)는 원숭이에게만 적용되는 교훈이 아니다.

설을 이단시하던 세상을 설득할 때도 유효하게 활용됐다. 신대륙 개척의 꿈에 부푼 세인들에게 '천문학의 혁명(지동설)은 항해술을 발전시킬 수 있다'는 기대 심리를 자극하지 않았던가.

소통과 논증과 믿음. 이 토대 위에서 협상가는 이성(mind)과 감성(heart)의 양면을 공략해야 한다. 냉철한 협상 자리에선 이성만이 통용될 것 같아도 결코 그렇지 않다. 인간이란 본질적으로 이성적이거나 논리적인 존재가 아니기에, 논리 자체로 타인에게 영향을 미치는 데에는 한계가 있다.

세익스피어의 『줄리어스 시저』는 이 점에서 설득의 기술에 관한 교과서적 전형을 보여준다. "내가 시저를 죽인 것은 시저를 덜 사랑한 탓이 아니라, 로마를 더 사랑한 탓이었습니다." 브루투스는 이런 암살의 이유를 들며 로마 시민에게 독재(시저)가 아닌 자유를 선택하라고 호소했다. 적수인 안토니우스 역시 자기만의 논거로 맞받았다. "내가 로마 제국의 왕관을 세 번이나 바쳤건만, 시저는 그때마다 거절했습니다. 이런 사람을 과연 야심가라 할 수 있을까요?" 하지만 안토니우스에게는 브루투스가 갖지 못한 한 방이 있었으니, 바로 시저의 유언이었다. "로마 시민 모두에게 75드라크마씩 지급하라." 자유라는 이성적 정의만을 제시할 수 있었던 브루투스에 비하면 얼마나 파괴력이 큰 무기인가! 논리적 변론술을 적절히 활용하는 한편 돈으로 대중의 욕망까지 자극한 안토니우스의 승리는 당연했다. 설득에는 이성과 감성이라는 양날의 검이 필요한 법이다.

협상력의 구성 요소 아홉, 합법성

사람들은 합법성의 위력에 압도되는 경향이 있다. 합법적 권위를 나타내는 표지는 여러 가지가 있다. 백화점 의류 매장에서 상품마다 붙은 가격표도 그중 하나다. 웬만한 강심장을 가진 고객이 아니고서는 '정찰제'라는 백화점 규정 앞에서 깎아 달라는 말을 꺼내기 쉽지 않다. 상사의 직위, 그가 쓰는 사무실의 크기나 명패 같은 것들도 그에게 주어진 합법적 권한을 나타내는 표지들이다. 술 한 잔 안 했어도 운전 중 교통순경만 보면 괜히 긴장이 되는 이유가 무엇일까. 그의 제복이 국가가 부여한 법 집행 권한을 표상하고 있기 때문이다.

그렇다면 협상에서 제시되는 합법적 권위의 표지로는 무엇이 있을까. 첫째는 '문서'다. 그것도 공식적 외양을 갖춘 인쇄 문건이 더 확실한 권위를 갖는 편이다(잘 디자인되고, 흑백보다는 컬러로, 그리고 텍스트보다 그래픽 위주로 작성된 문건일수록 더 큰 권위를 부여받는다).

문서뿐만 아니라 때로는 '말'로도 합법적 권위를 드러낼 수 있다. 협상가들이 자기편에 불리한 문제 제기나 제안에 직면했을 때 곧잘 쓰는 표현들이 있다. '업계의 관행', '회사 규정', '산업 표준', '우리 정부의 방침' 같은 것들이다. 이처럼 기존에 정립된 체계가 지닌 권위를 들이대는 방식은 상대의 공략을 무력화하는 데 효과적이다. '우리에게는 이러이러한 불가항력의 지침이 있으니 건드리지 말라'는 메시지를 보내는 것이기 때문이다. 시쳇말로

'빼박캔트'다.

이상의 내용을 곰곰이 되짚어 보면, 협상력을 높이는 도구로서 합법성이란 공격과 방어의 양면에 두루 쓰임을 알 수 있다. 가령, "업계의 관행상 귀사의 요구는 받아들일 수 없습니다"라는 방어용 멘트를 던질 수 있다. 하지만 똑같은 업계의 관행을 가지고 공략의 포인트로 삼을 수도 있다. "당신네 회사도 기존 관행을 준수해 주셔야 하지 않을까요?"

때로는 합법성에 도전할 수도 있다. 협상 상대가 보편적인 관점으로는 이해하기 힘든 원칙에 매달려 있다면 과감히 돌파할 필요도 있는 것이다. 협상을 진전시키고 생산적인 결과를 얻기 위해서는 그것이 옳다. 사실 기존의 체계라는 것도 신성불가침의 영역은 아니지 않은가. 정찰제라고 쓰인 매장에서도 '에누리 없는 장사가 어딨냐'며 목소리를 높이는 경우가 있다. 그 의기양양한 용기의 소유자는 당황한 매니저가 직원가로 할인해줬다는 성공담을 품은 채 쇼핑백을 챙길 것이다.

'시간(time)'을 지배하는 자가 협상을 지배한다

협상의 성패를 가르는 두 번째 요소는 '시간'이다. 우리가 첫째 요소로 꼽은 '협상력'도 시간의 영향을 받는 함수관계에 있다. 그 이유를 오래 찾을 것도 없다. 당신이 연말 배포용 기업 홍보 달력을 책임진 직원이라 하자. 그런데 12월이 임박했는데도 아직 달력 디자인은 최종 컨펌이 나지 않았다. 가동률이 폭주하는 연말의 인쇄소를 상대로 스케줄 잡기란 꽤나 어려운 일이다. 결국 인쇄비 협상은 물 건너갔고, 키를 잡은 쪽은 인쇄소다.

유능한 협상가들은 협상에서 양보를 얻어낼 확률이 마감 시간(deadline)에 가까울수록 급격하게 증대함을 안다. 그래서 그들은 마감 전까지 상대방이 먼저 양보할 것을 기대하며 자기 입장을 고수하려 든다. 제 풀에 지치는 쪽은 일차적으로 이익 면에서 손해를 볼 뿐 아니라 협상가의 경력에 달갑지 않은 꼬리표를 달 수도 있다. '나. 약. 한. 협. 상. 가.'

혹여 어쩔 수 없이 양보해야만 하는 상황이라도 협상 마감 직전에, 상황이 허락한다면 시간을 넘겨서 할 일이다. 불만스런 협상 결과에 분노할 안팎의 이해관계자들을 납득시키려면 그 정도의 필사적인 노력은 필요하지 않겠는가.

결국, 협상이라는 게임에서는 시간을 지배하는 자가 협상을 지배한다. 시간은 협상의 흐름과 향배를 조절하는 지렛대이며, 시간 제약에 따른 압박감은 최종 합의 과정에 상당히 중요한 변수가 된다. 유능한 협상가가 되고 싶은가? 시간을 상대하는 애티튜드가 필요하다.

인내하라! 케네디처럼, 류현진처럼

협상에는 10:90이라는 법칙이 있다. 마지막 10%의 시간에 90%의 합의가 이루어진다는 것이다. 역사적 선례로는 1962년의 쿠바 미사일 위기 사태가 있다. 흐루시초프 서기장이 이끄는 소련이 미국 본토를 지척에서 타격할 수 있는 핵 미사일 기지를 쿠바에 건설하려 했다. 미국의 케네디 행정부는 외교적 교섭과 해상 봉쇄를 동원한 13일간의 노력으로 결국 일촉즉발의 전쟁 위기에서 소련을 돌려세운다. 영화 <D-13>에서도 묘사되듯이, 그 기간은 케네디가 혹독하게 시간을 인내하는 과정이었다. 소련에 대한 핵 공격도 불사하겠다는 군부를 통제하면서 말이다.

마침내, 소련을 위협하던 터키 미사일 기지의 폐쇄라는 조건으로 미국은 상대의 양보를 끌어냈다. 케네디는 "협상에서 양보는 처음이 아니라 마지막에 하는 것"이라는 자신의 말을 잘 실천했다(그의 양보안이 소련 대사관에 전달된 것은 그들의 철수 직전이었다). 서로의 양보로 타결된 협상이었지만, 이 일로 케네디의 위상은 높아졌고 흐루시초프는 2년 뒤 실각한다. 역사가 케네디를 승자로 꼽는 이유다.

협상에서는 분(分)이나 초(秒)를 다투는 상황에서도 시간에 대한 인내가 필요하다. 2012년 프로야구 선수 류현진이 LA 다저스와의 입단 협상에서 보여준 모습이 그러했다. 그가 KBO 출신 선수로는 최초로 메이저리그에 진출할 때 6년간 3,600만 달러(계약금 포함)라는 대형 계약이 성사된 사실은 널리 알려져 있다. 사람들은 이 일의 일등공신으로 '악마의 에이전트'라 불리는 스콧 보라스를 들곤 한다. 계약 액수에 관한 한 일리 있는 말이다.

그러나 "마이너리그에 내려갈 때 선수 본인의 동의가 있어야 한다"는 류현진의 요구만큼은 보라스로서도 조정할 수 없는 부분이었다. 계약을 포기할 수도 있다는 다저스 측의 엄포에도 류현진은 차라리 계약을 포기하겠다며 맞섰다. 결국 상대가 항복하고야 말았다. 세간에서 류현진과 보라스의 완승으로 부르는 이 협상이 최종 타결된 것은 협상 종료를 불과 30초 남겨둔 시점이었다. 류현진이 현재 마운드에서 승승장구하는 이유를 알 만하지 않은가. 직업 협상가들도 그의 '넘사벽 멘탈'을 배워야 할 것 같다.

마감 시간을 드러내면 대우차 꼴 난다

1999~2002년간 진행된 GM-대우자동차 매각 협상은 대표적인 졸속 협상으로 평가된다. GM의 능란한 협상 전략에 말려들어 대우자동차가 2002년 4월 30일 4억 달러라는 헐값에 매각됐으니 말이다. 물론 당시의 대우차 인수 가치가 제로였다는 주장도 있다. 하지만 1999년 12월 GM이 한국 정부에 제시한 인수 가격이 55억 달러였던 점을 감안하면 얼마나 헐값에 팔렸는지를 헤아릴 수 있다.

이러한 협상 결과가 나온 데는 여러 가지 원인이 있으나 그중 하나로 한국 정부의 성급한 마감 시한 공개를 든다. 진행 중인 협상에 대해 당시 정부 관계자들이 '한 달 내에 인수자 선정' '빠른 시일 안으로 외국 기업에 매각' '연내까지 매각' 등의 발언을 남발한 것이다. 이런 언사는 결코 도움이 되지 않았다. 당사자가 시간에 쫓기고 있다는 신호가 되는 탓에 GM이 지연 전략을 구사할 빌미가 됐기 때문이다. 협상에선 결국 인내를 포기하는 쪽이 더 많은 양보를 할 수밖에 없다.

GM-대우자동차 매각 때와 같은 적대적 협상에서는 상대방의 마감 시간을 알아내는 동시에 자신의 상황은 드러내지 않는 것이 최선의 전략이다. 아무리 냉정하고 평온해 보이는 협상가라도 결국은 시간의 제약을 받기 마련. 그 긴장과 압박 앞에서 누가 더 포커페이스를 유지하느냐가 관건일 뿐이다. 침착하고 자신감 있게 상대와 마주하자. 이런 질문을 던져보는 것도 좋다. "우리 쪽의 답변을 언제까지 드려야 하나요?" "언제까지 결정하실 수 있을까요?" 당신이 노련하게 운을 떼면 상대가 무의식중에 자신의 다급함을 누설할 수도 있다.

상대의 질문을 받는 입장이라면 의연하게 대답하되 도리어 압박이나 역공을 가하는 태도도 필요하다. "납품 가능한 날짜를 물으셨나요? 이 제품은 주문량이 많아서 재고가 금방 동이 나거든요. 계약이 늦어지면 후속 생산으로 조달해야 하니 이 점도 감안해 주시길 부탁드립니다."

마감 시한도 바뀔 수 있다

필자는 외교관으로 근무하면서 중국 정부와도 다양한 협상을 해보았다. 개인적으로 중국인의 느긋한 협상 태도를 마주하며 놀란 적이 한두 번이 아니다. 상상 이상으로 시간을 끄는가 하면, 우리 측이 수차례 수정안을 제시했음에도 최초의 입장을 고수하며 버티기 일쑤였다. 그들의 유명한 만만디(慢慢的) 전략은 의사 결정 과정이 복잡하고 더딘 중국의 사회적 특성에서 기인하는 면이 있다. 더불어, 집단으로 결정하고 연대 책임을 지는 문화도 한몫한다.

결국 마감 시한을 못 박은 쪽만 다급해지는 셈이다. 이럴 경우는 협상 기한을 노출하지 않으면서 전략을 재검토할 필요가 있다. 마감 시한조차도 새로운 협상의 대상으로 삼는 것이다. "끝날 때까지 끝난 것이 아니다." 미국 프로야구의 전설 요기 베라(Yogi Berra)가 남긴 명언의 협상용 버전은 아마도 이쯤 될 것이다. '타결되거나 결렬되기 전까진 아직 협상장을 떠나지 마라.' 실제 협상에서 마감 시간은 우리가 생각하는 것보다 훨씬 신축성이 있다.

마감 시간에 목매이지 않으려면 애초에 정한 종료 시간을 넘겼을 때 초래될 비용과 이익을 먼저 비교해 보는 것이 필요하다. 양측 모두 협상 결렬을 원하지 않는다면, 교착 상태를 잠시 보류하고 얼마든지 협상 시한을 재조정할 수 있다. 중국인을 까무러치게 할 한국형 만만디가 출현하지 말라는 법도 없지 않은가!

시간에 따라 변하는 상황을 예의 주시하기

혹시 '창녀의 법칙'을 들어봤는가? 가장 오래된 직업인 매춘부는 일(?)을 하기에 앞서 항상 선불을 요구한다. 상대는 이미 몸이 달아 있다. 자신에 대한 필요치가 최고조에 달했을 때 가격을 정하고 받는 것이 유리한 법이다. 수리에 들어가기 전에 서비스 비용 협상부터 마무리하는 변기 수리공의 태도도 마찬가지다. 일단 수리해 놓고 나서 흥정하려는 생각일랑 버려라. 화장실 갈 때와 나올 때는 언제나 다르다. 급한 불을 끈 상대는 당신이 제공한 서비스의 가치를 높이 사려 하지 않을 것이다. 이를 협상의 금언으로 정리해 볼까. 협상의 상황을 예의 주시하라. 그리고 '당신이 최대의 협상력을 갖는 시점에서 협상을 타결하라.'

때로는 최후통첩도 필요하다

협상 시한과 관련하여 특히 다루기 어려운 것이 최후통첩인데, 몇 가지 유형이 있다. '협상력이 약한 상대를 위협해서 교섭을 빨리 마무리하고자 할 때', 또는 '준비 안 된 채 협상에 임한 상대를 몰아붙여 전광석화처럼 일을 매듭지으려 할 때' 쓴다. '협상이 예기치 않은 방향으로 진행되는 경우', '시간 제약으로 압박이 고조될 때'에도 유용한 카드다. 때로는 '협상의 교착 국면 타개용', 또는 '협상을 파투(破鬪)내려는 고의적 전략에 대한 맞불용'으로도 쓰인다.

하지만 최후통첩은 득보다 실이 많을 수 있기에 신중히 사용해야 한다. 자칫 상대방의 반발을 초래하여 작용-반작용의 악순환을 야기할 수 있기 때문이다. 동원할 수 있는 방법을 다 써 본 뒤 최후의 수단으로 고려하기를 권한다.

물론 당신이 최후통첩을 받는 입장일 수도 있다. 상대는 자신의 통보에 순응하지 않을 경우 당신에게 더 큰 불이익을 안겨 주겠다며 위협해 올지 모른다. 빠져 나가거나 피하려는 것으로는 사태 해결이 되지 않는다. 합리적인 역제안을 하는 것이 좋다. 아니면, 상대에게 사태 해결의 공동 협력자로 참여해 달라는 제안을 해볼 수도 있다. 받아들이고 말고를 떠나 상대는 적어도 당신에게 좋은 인상만큼은 갖게 될 것이다. '아, 이 자가 내 최후통첩을 진지하게 받아들이긴 했구먼.'

최후통첩을 성공시키는 실전 매뉴얼

① 한다면 한다! ☞ 내가 한 말은 반드시 실행한다는 의지를 상대에게 보여라.

② 상대가 그동안 들인 공을 아깝게 여기도록 하라. ☞ 최후통첩 이전에 상대가 협상에 많은 시간과 노력을 들이도록 유도하라. 그것이 아까워서라도 상대는 당신의 최후통첩이 불러올 파국을 피하려 들지 모른다.

③ "받든지 말든지 알아서 하시오" 같은 말투는 금물! ☞ 지나치게 강압적이면 상대의 감정도 폭주할 수 있다. 이런 어조는 어떨까? "귀국 정부의 입장이 곤란한 것은 이해합니다만, 더 이상의 제안은 어렵습니다. 우리 측 입장도 생각해 주시길 바랍니다."

④ 입장 표명은 확실하게! ☞ 최종 입장을 문서나 자료의 형태로 확인할 필요가 있다.

⑤ 빠져 나갈 길을 만들어 두자 ☞ 몇 개의 대안 중에서 하나를 선택할 수 있는 여지를 상대방에게 남길 것.

'정보(information)', 승자의 저주를 피하는 비결

'정보' 역시 협상의 성패를 가르는 중요 원천이다. 특히, 협상 테이블 맞은편 사람들을 완전히 신뢰하지 못하는 상황에서는 정보가 협상력의 전부라 해도 좋다. 협상은 사실 정보를 수집하고 교환하는 과정에 다름 아니다. 맞은편 사람들의 의도, 제약이나 약점, 재정 상태, 협상의 우선순위, 조직 내 압력, 마감 시간 등에 관한 정보를 많이 알수록 협상력은 높아진다. 부족하거나 잘못된 정보는 협상 실패의 원인이다. 혹여 외견상 성공한 듯 보이더라도 두고두고 불만스런 결과를 낳게 한다. '승자의 저주'라는 말이 괜히 나왔으려고.

협상가들은 교섭 단계의 우위에 서기 위해 정보를 통제하고 활용하는 데 각별히 신경을 쓴다. 정보를 수집하는 것은 물론 수중의 정보를 가지고 상대를 교란하는 데까지 그 범위는 참으로 넓다. 때로는 불법적인 도청과 상대의 쓰레기통을 뒤지는 일까지 '모양 빠지는' 행위도 불사할 만큼 정보 수집에 열을 올린다. 자신에게 유리한 정보를 전달하되 불리한 정보나 전략적 비밀은 감추는 식의 두뇌 싸움도 필수다. 협상에서는 정보를 수집하고 상대에게 제공하는 모든 행위가 치열한 생태계 풍경을 연출한다.

정보 제공 시의 고려 사항, 적응 시간의 법칙

이렇듯 정보가 협상의 우위를 점하는 중요 요소가 되다 보니 관련 전문가들은 상대에 대한 정보 제공을 금기시한다. 정보를 노출하는 경우에도 최소화하는 경우가 많다. 그러나 협상이 진행되어 가기 위해서는 어차피 서로가 지닌 의도를 드러내지 않을 수 없다. 자신의 이해관계에 관한 정보를 제공할 경우 협상 성과가 좋아진다는 연구 결과도 있으니 말이다.

다만 정보 공개의 기본 원칙은 선별적 제공에 있음을 유념하자. '주고받기'의 관점에서 상호 호혜의 원칙에 따라 실질적인 정보만을 '선택적으로' 제공하라는 것이다. 이로써 기대할 수 있는 효과는 여러 가지가 있다. 우선, 정보 제공자의 입장을 이해시킴으로써 불필요한 갈등을 줄일 수 있다. 그리고 내가 오픈하는 만큼 상대도 자신의 이야기를 할 것이고, 이 같은 소통 과정은 서로가 지닌 협상의 목표를 현실화하는 데 도움이 된다.

그렇다면 언제 정보를 제공하는 것이 좋을까? 이때 고려해야 할 것이 '적응 시간의 원칙'이다. 새로운 사실을 받아들이고 소화하는 데는 어느 정도의 시간이 필요하다는 원칙인데, 이에 따를 경우 자신에 대한 정보 제공은 가급적 협상의 시작 단계에서 하는 것이 좋다. 수용할 수 없는 기대치를 품고 진행되는 협상이 만족할 만한 결과를 낳기란 어렵지 않겠는가. 그러니 처음부터 서로의 목표를 현실과 부합하도록 조정하기 위해서라도 각자 적응할 시간이 필요하다. 이때 제공할 정보는 필요한 범위 내에서 정확한 것이어야만 한다.

리드 타임을 활용해 사전 정보 수집하기

이제 정보 수집의 영역으로 넘어가자. 협상 준비를 위한 정보 수집은 과연 언제가 적기일까? 노사 관계 전문가들은 흔히 '다음 계약을 준비하는 시기는 바로 이번 협상이 완료된 순간부터'라고들 말한다. 주요 방위 산업체 관계자들도 계약 체결을 위한 협상을 시작하기 수년 전부터 정보를 수집한다. 제조업계에서 쓰는 리드 타임(lead time)은 '제품의 기획부터 실제로 제품화되기까지의 시간'을 가리키지만, 협상 용어로는 '협상 개시 전의 준비 기간'을 뜻한다.

정보의 수집은 물론 협상의 전 과정에서 필요한 일이지만, 무엇보다 리드 타임을 잘 활용하기를 권한다. 일단 협상이 시작되고 나면 상대가 진정한 관심 사항, 필요나 약점 등에 대해서 숨기는 전략을 구사하기 때문이다. 협상가들은 종종 방어적인 직업적 특성을 보인다.

협상의 리드 타임 동안 전문가들이 정보를 구하는 소스는 다양하다. 상대 측 입장이나 요인들의 특성을 파악하기 위해 각종 문헌을 참고할 뿐만 아니라 인명사전, 연감, 웹사이트, 인터넷 뉴스까지 참조한다. 상대 협상가의 동료나 거래 관계에 있던 인물, 그와 협상했거나 경쟁 관계에 있던 이들까지 중요한 정보원이 될 수 있다. 중국 고사에 "가야 할 길이 어떤지를 알고 싶으면 그곳을 지나온 사람에게 물어보라"는 말이 있다. 당신이 접한 인적·물적 정보들은 협상의 로드맵을 그리는 데 중요한 이정표가 될 것이다.

정보 수집을 위해 던지는 질문들

허브 코헨은 『협상의 법칙 II』에서 수집 대상이 되는 정보의 유형을 15가지로 정리해 놓았는데, 이를 참고해 필자 나름의 관점으로 다시 정리해 보았다.

① 상대가 우리와 협상하려는 배경과 목적은?
② 상대가 협상 마감의 시간적 제약을 받고 있나?
③ 협상 의제의 우선순위는 무엇인가?
④ 상대가 감추고 있는 관심 사항이 있는가?
⑤ 상대가 이 협상에서 원하는 기대치는?
⑥ 상대측의 의사 결정 방식과 최종 결정권자는?
⑦ 상대의 분쟁 대응 스타일은 어떠한가?
⑧ 상대의 도덕성과 성실성은 신뢰할 만한가?
⑨ 상대가 가용할 수 있는 예산이나 자원의 규모는?
⑩ 상대의 협상 경력과 스타일은?
⑪ 상대에게 부여된 권한의 범위는?
⑫ 상대가 받는 보수와 협상 성공 시의 보상은?
⑬ 상대는 협상 타결에 필요한 현실적 대안을 가졌는지?
⑭ 상대가 고려하고 있는 이해관계자들은 누구?

협상 개시 후의 정보 수집 요령

리드 타임을 이용해 정보 수집을 하라고 했다. 하지만 정보 수집을 가급적 빨리 시작하라는 말일 뿐, 실상 그것은 협상이 끝날 때까지도 필요한 행위다. 세계적인 자동차 메이커 도요타의 경영 철학 가운데 하나가 현지현물(現地現物)이다. 풀어 쓰면 '현장에서 직접 문제를 확인하라'는 것이다. 어떤 일이든 사전 정보를 많이 쌓아 놓고 시뮬레이션을 철저히 하더라도 한계는 있다. 실전에서 직접 부딪혀 보면 또 다른 세계가 펼쳐지곤 하니 말이다.

협상이 시작됐는가. 이제 필요한 것은 적시에 필요한 정보를 획득해 내는 기민함이다. 협상의 현지현물적인 대응 자세가 필요한 시간. 허브 코헨이 조언하는 정보 수집 요령은 이럴 때 요긴하다.

- 말을 적게 하고 상대방의 발언을 경청하자.
- 질문을 통해 상대방의 의중을 파악하자.
- 서로의 입장을 재확인하자.
- 긍정적 협상 기법을 활용하자.

필자는 여기에 두 가지 태도를 덧붙이고 싶다. '상대방의 발언을 기록하기'와 '의도적인 약점 노출하기'가 그것이다. 이제 하나하나에 대해 부연해 보겠다.

먼저, '말을 적게 하고 상대의 발언을 경청하는 태도'는 협상 파트너로 하여금 말을 많이 하도록 유도하기 위해서 필요한 태도다. 많이 떠드는 쪽에서는 자신의 얘기를 듣는 쪽보다 심리적 우월감을 갖기가 쉽다. 그의 눈에는 상대가 조금 어리숙해 보일지도 모른다. 그는 겸손한 당신에게 쉽게 마음의 문을 열 것이며, 그 문틈으로 유용한 정보도 많이 흘러나올 것이다. "네 혀가 모르겠다고 말하도록 연습하라"는 성경의 금언은 협상에서도 유용하다.

'질문하기' 역시 비슷한 맥락이다. 겸손하고 부드러운 태도로 질문하는 자를 냉대하기란 쉽지 않다. 인간의 심리는 수면 아래의 빙산처럼 겉으로 드러나지 않는 힘에 영향을 받는다(타이타닉 법칙). 질문은 당신으로 하여금 협상 상대가 숨긴 의식의 해저를 살피게 할 탐사 도구다. 그곳에서 당신은 그가 아직 드러내지 않은 관심사, 이해관계, 숨은 의도 등 협상에 영향을 미칠 만한 요소들을 채집할 수 있다. 효과를 높이기 위해선 상대에게 '예스 아니면 노'식의 단답형이 아닌 보다 긴 답변을 끌어 낼 수 있는 개방형 질문을 던져야 한다. "귀사의 입장을 좀 더 자세히 설명해 주실 수 있을까요?"

만족스러운 협상 결과에 도달하기 위해서는 상대가 원하는 것, 그 원인과 배경에 대한 이해도 필요하다. '서로의 입장 재확인하기'가 필요한 이유다. 그래서 협상가들은 때론 대화 기록을 꼼꼼히 짚어 가며 체크할 만큼 서로의 말에 담긴 의미를 제대로 이해했는지 묻고 확인한다. 그 과정에서 상대의 진의는 보다 분명해질 것이다.

다음은 '긍정적 협상 기법 활용하기'다. 협상 상대가 우호적이든 적대적이든 그 사람의 관점에 서 상황을 인식할 수 있도록 노력할 필요가 있다. 이때 '상대의 입장을 충분히 이해한다'는 공감의 표현은 아주 중요한 도구가 된다. 아울러 상대방이 정보를 알려줄 때 감사의 표시도 빼놓아선 안 된다. 간단한 미소, 윙크, 고개를 끄덕이는 몸짓으로도 충분히 가능하다.

지금까지 살펴본 내용에 필자가 덧붙이는 두 가지 조언, 곧 '상대의 발언을 기록하기'와 '의도적인 약점 노출하기'는 협상의 실무적 측면과 전술적 차원을 고려한 것이라 할 수 있다. 상대의 발언을 기록하는 것은 정확한 협상 진행을 돕고 그가 딴소리를 못하게 방지하는 효과가 있다. "지난 번 회의석상에서 하신 말씀과는 다르군요. 그때 분명히 내용도 확인하고 동의하셨는데요." 그러나 이 같은 기록이 방어용으로만 쓰이는 것은 아니다. 상대의 발언을 꼼꼼히 듣는다는 인상을 줌으로써 '당신의 발언을 존중한다'는 무언의 메시지도 보낼 수 있거니와, 최종 합의 과정에서 기초 자료로도 활용될 수 있다.

'의도적인 약점 노출'은 다분히 전술적인 테크닉이다. 자신의 약점에 관한 정보를 왜곡하거나 선택적으로 흘림으로써 긴장을 누그러뜨린 상대의 허점을 유도하기 때문이다. 적대적 인수 합병을 앞두고 매수 기업 측이 매도 기업의 협상단을 향해 인수 자금 여력을 낮춰서 흘릴 수도 있다. 매도 기업이 그 비밀스런 정보를 사실이라 믿는다면, 인수 가격을 한량없이 높여 부를 수만은 없을 것이다. 잘못했다간 협상 자체가 불가능하다고 느낄 테니 말이다. 허나 이런 고의적 교란 행위도 정도껏 해야 한다. 책임 있는 발언이나 문서의 형식을 빌려서 했다가는 당신의 명성이나 신뢰도가 치명상을 입기 마련이다.

remind! 협상 상대와 대면 시의 정보 수집 요령

- 말을 적게 하고 상대방의 발언을 경청하자.
- 질문을 통해 상대방의 의중을 파악하자.
- 서로의 입장을 재확인하자.
- 긍정적 협상 기법을 활용하자.
- 상대방의 발언을 기록하자.
- 자신의 약점을 의도적으로 노출하자.

Tip Box

PTI의 교훈
이삭줍기

협상력(P)의 역설

강한 것이 약하고 약한 것이 강하다

스위스는 대표적인 영세 중립국이다. 자국 방위의 목적이 아니라면 남의 나라 전쟁에 참여하지 않고, 남의 침략을 받지도 않는다. 그러나 이 나라를 나약하다고 오해해선 안 된다. 2차 대전 때 스위스가 독일에 보여준 태도를 보면 이해가 간다. 그들은 나치 독일이 침략해 올 경우 막을 수 없음을 인정하면서도 결코 항복하지 않겠다는 뜻을 천명했다. '스위스가 궤멸될 즈음이면 독일 역시 만신창이가 되어 있을 것이다!'

스위스는 강한 자위력을 바탕으로 한 무장 중립국이다. 2차 대전 때에도 중립을 침해한 200대 이상의 독일, 영국, 미국의 비행기를 격추 또는 억류하는 등 어떤 경우에도 중립을 지키겠다는 의지를 내보였다. 결국 스위스 국민은 60살 넘은 노인들까지 나라를 지키겠다고 나선 끝에 독일의 침공을 억제할 수 있었다. 협박을 가한 덩치 큰 상대에게 도리어 겁을 준 셈이다. 잃을 게 많은 사람은 상대의 사나운 결의 앞에서 움츠러드는 법이다. 독일은 강했으나 약했고, 약해 보였던 스위스는 승자가 됐다.

홍콩 반환 협상 시의 시간(T) 전략

시간의 키를 쥐는 쪽이 강자다!

협상 기한은 회담의 탄력성을 유지하기 위해 정해진다. 당사자 간 합의에 따라 충분한 시간을 부여해서 정하는 것이 원칙이다. 그러나 협상 당사자 간 힘의 균형이 무너질 때 시간의 키는 자연스레 강자의 손에 쥐어진다. 이후 협상의 향배는 조타수 마음대로다. 1982~1984년간 펼쳐진 영국과 중국 간의 홍콩 반환 협상이 그랬다. '철의 여인'이라 불리던 대처 총리는 아편전쟁으로 체결한 난징 조약의 유효성을 주장하는가 하면, 홍콩의 주권을 중국에 반환하더라도 관리는 영국이 하겠다는 억지를 부렸다. 그러나 상대가 누군가. 마오쩌둥이 '솜 속에 침을 감춘 이'라는 뜻의 면리장침(綿裏藏針)이라 부른 덩샤오핑이었다. 게다가 외유내강에서 둘째 가라면 서러워 할 이 인물이 이끌던 나라는 '만만디'의 원조국이었으니.

대처의 제안은 일축됐다. 실망한 그녀는 회담 후 계단을 내려가다 넘어지기도 했다. 이때 덩샤오핑은 홍콩이 중국으로 귀속되는 1997년 이후로도 50년간 자본주의 체제를 유지한다는 일국양제(一國兩制) 구상을 발표해 버린다. 그리고 협상 개시 이듬해인 1983년 9월, 중국 정부는 '만일 1년 안에 협상이 타결되지 않으면 중국이 일방적으로 홍콩의 미래에 관한 결정을 공표할 것'이라며 엄포를 놓기에 이르렀다. 이에 놀란 영국이 1984년 12월

19일 홍콩 문제 해결에 관한 공동 성명에 서명함으로써 협상은 마무리되었다. 시간의 키를 쥔 쪽은 내내 중국이었다.

정보(I)의 역이용

감언이설의 전술에 대처하라

협상 상대에게 일부러 과다한 정보를 제공함으로써 혼란을 초래할 때가 있다. 상대가 비전문가일 경우는 고도의 전문 용이나 이론을 나열하며 자신의 맹점을 가리기도 한다. 이 같은 경우들을 가리켜 감언이설 전술이라 한다. 과하게 포장된 정보 앞에서 혼란스러워진 상대는 망신당하지 않기 위해 그저 수동적으로 당신의 제안에 동의할 수도 있다. 이러한 정보 과잉 상황에 현명하게 대처하려면 어떻게 해야 할까?

- 질문하라! 완전히 이해될 때까지.
- 전문적인 정보는 전문가에게 도움을 청하자.
- 모순이 있는 정보와 없는 정보를 구분하기.
- 모순된 정보를 발견하면 상대 발언 전체의 신뢰성을 문제 삼기.

(“당신의 설명은 잘못된 전제에 근거합니다. 그러니 우리가 그 결론을 신뢰할 수 있을까요?”)

part 3

유능한 협상가에게 필요한 '이것'

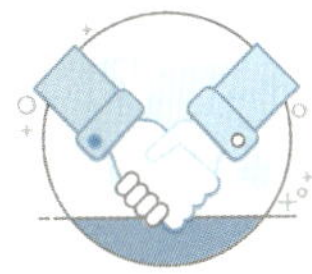

창의성을 키워라, 솔로몬처럼

한 미국인 농부가 아들을 감옥에 보내고 낙심에 차 있다. 아들도 아들이지만 지금 그에겐 당장 토마토를 심어야 할 밭이 더 걱정이다. 노쇠한 몸으로는 굳은 땅을 혼자 갈기가 영 힘에 부치는 탓이다. 걱정하던 그는 결국 아들에게 딱한 사정이 담긴 편지를 띄운다.

며칠 후, 아들로부터 답장이 왔다. 하지만 봉투를 뜯어 본 아버지는 경악할 수밖에 없었다. 단 한 줄로 된 편지의 내용 때문이었다. "밭에 시체가 있으니 갈지 마세요." 노인의 놀람은 다음 날 새벽에 들이닥친 FBI 요원과 현지 경찰들로 인해 더욱 커져만 갔다. 그런데 웬걸? 그들이 온통 헤집어 놓은 밭에서는 아무것도 나오지 않은 것이다. 그렇다고 해서 노인의 두려움이 진정된 것은 아니었다. 다음날 도착한 아들의 편지에 가슴을 쓸어내리기 전까지는 말이다. "이제 밭이 다 갈렸을 테니 토마토를 심으세요."

저 아들이 그 좋은 머리를 다른 데 썼다면 감옥에 가지 않아도 됐을 텐데…. 뭐 이런 안타까움이나 느끼자고 꺼낸 얘기가 아니다. 사방으로 갇힌 교도소에서 그가 보여준 발상의 전환이 우리의 핵심 주제다. 어떤 국면에서든 문제를 해결하며 성공적인 합의를 끌어내는 협상가의 자질, 바로 창의성 말이다.

현실 너머와 현실의 안쪽, 창의성의 두 측면

서로가 윈-윈하는 협상만 존재한다면 얼마나 좋을까. 물론 그럴 때도 있다. 하지만 제로섬(zero sum) 게임으로 펼쳐지는 양상이 다반사다. 협상에서 얻을 이익은 한정돼 있고 한쪽이 유리하면 다른 쪽은 손해를 보는 식이다. 이 경우 아무리 합의에 의해 타결된 협상이라 해도 누군가는 불만스러울 수밖에 없다. 필자는 창의성이야말로 이 같은 협상의 함정에서 빠져 나올 수 있는 유일한 방법이라 생각한다.

왜냐고? '이기지 못하면 진다'거나 '파이는 고정돼 있다(fixed-pie perception)'는 식의 관점으로는 협상에서 선택지가 별로 없기 때문이다. '모 아니면 도'식의 획일적 사고만 무성해질 뿐이다. 협상이 윈-윈 게임이 되려면 파이를 늘림으로써 전체의 만족도를 높이는 플러스섬(plus sum) 개념이 필요하다. 결국, 단힌 사고의 감옥을 발상의 전환으로 벗어나야 할 일이다. 이 같은 창조적 문제 해결 능력을 지닌 협상가는 편협한 시각에서 벗어나 협상 주체 모두의 만족도를 높이는 통합적 협상(integrative bargaining)에 다가설 수 있을 것이다.

흔히 기발한 발상을 창의적 아이디어와 동의어로 생각하는 경향이 있다. 뜬구름 잡는 식의 생각을 세상이 받아들여주지 않는다는 식의 푸념은 여기에서 생긴다. 기발한 발상이 창의적인 아이디어로 구현되려면 그러한 독창성 못지않게 유용성이 겸비돼야 한다. 어디까지나 현실에서 실현 가능해야만 한다는 말이다. 진정한 창의는 독창성과 유용성이라는 두 개의 바퀴로 움직이는 수레다. 그 수레를 이끄는 두 마리의 말이 바로 사고의 '확산'과 '수렴'일 것이다.

확산적 사고(divergent thinking)란 '문제를 가능한 한 여러 방향에서, 틀에 갇히지 않고 생각하는 것'을 말한다. 독창성에서 유래하는 경향이라 할 것이다. 보통 창의적인 생각들은 조직이나 공동체보다 독자적인 개인 단위에서 발원하는 경우가 많은데, 이는 '개인'이 집단적인 관념과 인식의 틀로부터 자유롭기 때문이다. 창의적 아이디어를 원한다면, 생각을 틀에 가두지 말고 마음껏 분출(확산)하도록 독려할 일이다.

그다음에는 '하나의 답을 향해 가는' 수렴적 사고(convergent thinking)가 작동해야 한다. 무수히 쏟아지는 기기묘묘한 아이디어들 가운데 목적에 부합하는 것들을 가려내는 과정이 남은 것이다. 과연 이 아이디어는 '현재의 당면 과제를 해결하는 데 도움이 되는지', 그리고 '현실적으로 실현 가능한 것인지'하는 유용성이 판단 기준이다. 그런데 개인이 중시되는 확산에 비해 수렴의 영역에선 집단적 사고의 경향이 강하다. "구두장이 셋이 모이면 제갈량보다 낫다" 했던가. 아이디어의 질을 판단하는 데에 있어서는 집단이 개인보다 우수하기 때문이다.

독창성과 유용성, 확산적 사고와 수렴적 사고에 대한 논의에서 우리는 무엇을 느껴야 할까. 아이디어의 구상과 평가는 분리돼야 한다는 점이다. 구상은 팀원 개개인에게, 평가와 논의는 팀 단위로 하기. 브레인라이팅(brain writing)이 여기에 맞춤할 듯싶다. 팀원마다 각자의 시트에 아이디어를 적은 후 옆 사람에게 돌려가며 서로 아이디어들을 평가하고 발전시키는 방식이다. 이 과정이 말이 아닌 글로써만 진행되기에 '침묵의 브레인스토밍'이라 불리는데, 소위 말발 센 팀원의 영향력을 줄이는 데에는 참 효과적이다. 발언에 소극적인 팀원의 숨겨진 창의성을 발견하는 데에도 꽤 효과적이겠거니와.

창의적인 협상가가 되려면?

모든 협상가가 창의성을 타고나는 것은 아니다. 오히려 협상 과정에서 열린 마음과 치밀한 준비 등을 통해 창의성을 촉진할 수 있다. 창의적인 협상은 '수혜자의 이익을 최대화하는 한편 제공자의 비용은 최소화한다'는 원칙을 만족시킨다. 이를 위해서는 '이 협상이 저들에게 어떤 가치를 갖고 있을까?'를 알아야 한다(물론 협상에 임하는 당신의 속내도 중요하겠지만 굳이 상대에게 내색할 필요는 없을 테고).

상대의 입장을 알려면 당연히 그에 대한 정보가 필요하다. 남몰래 정보를 수집할 때도 있을 것이다. 허나 진정한 고수는 상대 스스로 속내를 밝히도록 만든다. 특별히 숨겨 둔 비급(祕笈)이라도 있는 게 아니다. 흔하디 흔하지만 실현하기는 어려운 것, 바로 '열린 사고'라는 기본에서 시작해야 한다. 상대를 향한 열림이야말로 창의적 협상가의 필수 덕목이니까.

생각이 닫힌 이라면 협상의 쟁점만을 맴돌 뿐 다른 관점에서 바라보기를 꺼린다. 자신이 끌어내야 할 합의의 결과에만 집중한 나머지 상대의 입장에 대한 배려가 부족하다. 그가 구사하는 언어는 때로 매몰차거나 무미건조하기 십상일 터. "A가 저희의 입장이니 당신은 여기에 대해 받아들일지 말지 입장 표명을 하셔야 할 겁니다." 당신이 협상 상대라면 이런 이에게 협조적일 수 있을까? 다음 문장과의 어감 차이를 느껴 보라. "A가 저희 입장인데 당신께선 B를 말씀하시는군요. 다른 대안은 없는지 찾아볼까요?"

상대에 대한 이해의 깊이는 공감의 정도에 비례한다. 진정한 공감이 결여된 채 미사여구만 늘어놓는 것이 열림의 표현은 아님을 명심하자. 열려 있는, 창의적인 협상가가 되고 싶은가? 공감을 트레이닝하라. 스스로 그 능력이 부족하다고 느끼는 예비 협상가에게는 타인의 역할 연기(role playing) 연습을 꾸준히 해보라 권하고 싶다.

브레인스토밍(brainstorming)도 게을리 해선 안 된다. 반복되는 훈련 속에서 아이디어의 질과 양은 극대화될 것이다. 창의성을 단련하는 데에는 앞서 언급한 브레인라이팅도 효과적이겠지만, 협상가는 사람을 상대해야 하는 직업이다. 아무래도 좀 더 적극성이 요구되는 브레인스토밍이 더 효과적일 것이다. 여러 사람이 모여 함께 아이디어를 만드는 과정에서 서로 자극을 주는 시너지는 극대화될수록 좋다. 1950년대 광고 회사의 임원이었던 알렉스 오스본(Alex Osborn)이 만든 이후 브레인스토밍 규칙은 지금도 광범위하게 사용되는 중이다.

- 활발한 발표(expressiveness) : 참석자들은 제약을 받지 않고 언제든지 자유롭게 이야기해야 한다.
- 평가하지 않기(non-evaluation) : 아이디어의 창출 단계에서 절대로 다른 사람의 아이디어를 평가해서는 안 된다.
- 풍부한 아이디어 내기(quantity) : 참석자들은 가능한 많은 아이디어를 내야 한다. 아이디어가 많으면 우수한 해결책을 찾게 될 확률도 높아진다.
- 수정 및 보완(building) : 참석자들은 다른 참석자들의 아이디어에 대해 언제든지 의견을 제시하여 수정·보완한다.

재능이 있는 사람보다는 노력하는 사람이 낫고, 노력하는 사람보다는 즐기는 사람이 더 낫다. 창의적인 협상가 역시 즐길 줄 아는 사람이다. 그 즐김이란 심리학자 칙센트미하이(M. Csikszentmihalyi)가 말하는 '몰입(flow)'으로부터 온다. 일하는 재미에 빠져 시간가는 줄도 모르는 심리적 상태를 경험해 본 일 있는가.

몰입하는 협상가와 결과만을 중시하는 협상가는 보여주는 모습부터가 다르다. 협상을 대하는 태도에서 먼저 차이가 난다. 전자가 생각하는 협상은 서로의 이견을 조정하고 만족의 가치를 창

창의적 협상에 필요한 키워드들

① 세분화하기 ☞ 임금 인상이라는 단일 의제를 직원의 신분 보장, 초과 수당 지급, 휴가 일수, 복지 지원 등으로 세분화한다면? 노사 간에 줄 건 주고 받을 건 받는 트레이드 오프 국면을 조성할 수 있다.

② 파이 늘리기 ☞ 고정된 파이 나누기라는 인식에서 벗어나자. 파이를 효과적으로 늘리면 최적의 협상 타결이 가능하다.

③ 비용 절감하기 ☞ 상대의 비용을 줄여 줄 수 있다면 그의 양보를 유도하기가 수월하다.

④ 우회적으로 보상하기 ☞ 자기가 이익을 얻는다면 협상 범위 바깥의 수단을 써서라도 상대에게 보상을 해주자.

⑤ 조건부로 계약하기 ☞ 영화배우가 러닝 개런티로 출연료를 받는 것이 대표적인 사례다. 단, 이런 방식은 한계가 있다. 협상가들이 생산적인 대안이라기보다는 위험한 도박으로 여길 가능성이 높기 때문이다. 이런 태도로는 좋은 아이디어를 살릴 다양한 경우의 수를 기대하기도 어렵다.

⑥ 공동으로 연대하기 ☞ 협상력이 약하다면 처지가 비슷한 쪽과 전략적으로 제휴하라.

조하는 과정이다. 후자는 결과를, 그것도 자기편에 돌아올 성과만을 우선하는 경향이 짙다. 그러나 역설적으로 그는 후한 보상을 받지 못할 가능성이 높다. 협상력을 높이는 요소로서 '끈기'에 대해 논한 부분을 기억하는가? 즐기는 쪽의 끈기와 결과만을 중시하는 쪽의 끈기, 이 중에서 누구의 협상 결과가 더 나을지를 생각해 보라.

우리의 창의성을 방해하는 원초적 결함들

인간은 불완전하다. 원래부터 다양한 편견과 결함들을 갖고 태어난 존재들이다. 이런 불완전함은 사물을 있는 그대로 보지 못하게 하는 걸림돌로 작용하곤 한다. 창의성의 제일 요건으로서 논한 '열림'의 태도는 편견과 결함에 어울리는 단어가 아니다. 그래서 우리는 창의적인 사고를 위협하는 내적 모순들을 끊임없이 개선해 나가야 한다. 그러한 반성과 극복 없이 훌륭한 협상가의 꿈을 꾼다? 불로소득에도 정도가 있는 법이다. 일단, 인간을 고장 난 컴퓨터로 만드는 심리 회로의 버그들부터 해결하고 볼 일이다.

인간은 지식을 제때 응용하는 데 어려움을 느낀다

창의적 문제 해결을 저해하는 인간의 태생적 결함 가운데 하나다. 단지 노화나 건망증 차원의 문제가 아니다. 애초에 인간의 기억 구조가 그렇게 생겨먹은 탓이다. 우리가 습득한 지식은 뇌라는 공간에서 불활성 상태(inert state)로 머무는 경향이 있다. 기억

창고에 쌓아 놓되 쉽게 응용할 줄 모른다는 얘기다. 그것을 얼마나 활성화시키느냐에 따라 창의성의 높낮이는 결정된다.

하나의 상황을 거치며 습득된 경험이나 지식을 다른 상황에도 응용하는 것. 이것이 '이전(transfer)'이다. 이전은 다시 표면적(피상적) 이전(surface-level transfer)과 심층적 이전(deep transfer)으로 나뉘는데, 수학으로 치면 단순 응용과 심화 학습의 경우랄까. "싸인 쎄타는 빗변 분의 높이~" 하며 외우던 삼각함수 기본 공식을 기억할 것이다. 빗변과 밑변, 높이가 다른 직각삼각형을 아무리 많이 들이대도 우리는 쉽게 각각의 sinθ, cosθ, tanθ를 구할 수 있다. 어차피 똑같은 공식에 숫자만 다르게 대입하면 되지 않나. 표면적 이전의 능력이 여기에 해당한다.

그러나 지구와 태양과 달이 이루는 각도와 거리의 문제로 옮겨가면 어떨까? 수천 년 전의 문명인들은 이미 태양, 지구, 달을 꼭짓점으로 하는 직각삼각형을 상상하며 이 문제를 풀었다. 21세기 현대인이라 해도 '수포자'들로서는 불가능했을 터. 하지만 현명했던 저 고대 수학자들에겐 땅 위에 그려진 도형을 천체에 투사하며 똑같은 수학 법칙을 적용할 줄 아는 혜안이 있었다.

이처럼 서로 다른 차원에서 본질적인 유사성을 발견하고, 기존의 지식을 새로운 차원에 응용할 줄 아는 것이 심층적 이전의 능력이다. 이 능력을 키울수록 우리 기억 창고 속의 경험과 지식은 온전히 활성화될 수 있을 것이다.

피상적인 정보에 지배당해 사실을 왜곡하기 쉽다

인간의 사고는 머릿속의 주된 이미지나 선입견에 의해 영향을 받는다. 39명의 유력 인사 명단을 제시하고 실험 참가자들의 기억을 테스트하는 연구가 있었다. 명단은 19명의 여성과 20명의 남성으로 구성됐고, 여성들의 인지도가 남성들보다 높았다고 한다. 명단을 회수한 후 피실험자들에게 거기에 적힌 남녀의 수를 물은 결과 '여성이 더 많았다'는 대답이 우세했다. 인지도가 더 높은 여성들의 이름이 기억에 더 많이 남았기 때문이다.

인간의 사고 회로가 보여주는 허술한 일면의 하나다. 사실을 꼼꼼히 확인하고 객관화시켜 판단에 이르기보다는 이처럼 머릿속의 주된 잔상이나 오해에 좌우되곤 하니 말이다. 요즘 사회 문제가 되고 있는 '가짜뉴스'도 우리의 이런 맹점을 이용한 것이 아닐까.

사실 검증과 자기 의견에 대한 객관화를 게을리할 경우 또 다른 결함을 낳을 수 있다. '많은 사람도 내 의견에 동의할 것'이라는 씩씩한 착각, 곧 '허위 합의 효과(false consensus effect)'에 이르기 쉽다는 얘기다. 흡연을 정당화하고 싶은 애연가들이나 명품의 '짝퉁' 구매자들에게서 흔히 보이는 정신 승리의 사례가 그렇다. "세상에는 담배 피는 사람이 더 많은데 뭘." "다들 짝퉁 한 번씩 사고 그러는 거 아냐?"

'도박꾼의 오류'에 빠지는 경향이 있다

1913년에 모나코 몬테카를로의 보자르 카지노에서 벌어진 일이다. 룰렛 게임에서 구슬이 스무 번이나 연속해서 검은색 존으로 떨어졌다. 이쯤 되면 '이제 붉은색 존으로 떨어지겠지'하는 생각도 할 만하다. 그러나 도박꾼들의 예측은 보기 좋게 빗나갔다. 그 뒤로도 구슬은 여섯 번이나 더 검은색을 향한 것이다. '몬테카를로의 오류'라고도 불리는 '도박꾼의 오류'라는 말이 생겨 난 배경이다.

앞에서 몇 번을 이기고 졌든, '이번 게임'의 승부 확률은 언제나 반반이다. 앞 게임과 뒤 게임은 인과 법칙의 지배를 받지 않는 독립적 관계에 있기 때문이다. 도박꾼의 오류란 '어떤 사건이 한동안 발생하지 않으면 평균의 법칙에 따라 그 사건이 곧 발생할 것이라고 믿는 경향'을 말한다. 몬테카를로의 몇몇 도박꾼들이 저 평균의 법칙에 매몰되지만 않았던들 불행은 피했을 텐데.

결국 저 '평균'이 문제다. 몇 번이나 검은색이었으면 결국 붉은색도 그만큼 나와서 평균치를 맞추리라는 생각. 이것이 가진 맹점은 눈앞의 현실을 바라볼 때 각각의 양상마다 지닌 특수성을 파악하려 하지 않게 만든다는 것이다. 그리 되면 기존의 평균적 사고에 기대어 관행적인(정형화된) 해석을 하게 된다. 이 같은 메커니즘으로 인해 흔히 '평균'은 '정형화'라는 말과 동전의 양면을 이루곤 한다.

당신이 일 잘하는 협상가가 되려면 도박꾼의 오류를 극복할 필요가 있다. 그동안 많이 양보했으니 이번에는 저쪽에서 양보할 거라고? 안이한 생각이다. 이번 협상은 이번 협상일 뿐이다. 또 함부로 정형화하지도 말자. 상대가 호전적인 성향의 정부에서 파견한 협상가라고 해서 그 또한 지극히 호전적일 거라는 추측은 금물이다. 이번 협상가는 이번 협상가로 상대할 일이다.

과거의 경험과 방식에 고착된 채 문제를 해결하려 한다

과거의 경험은 약이 되고 독이 되기도 한다. 특히 과거 경험이 쌓아올린 인식의 틀에서 벗어나지 않으려 할 경우 독성은 강해진다. 이러한 고착 현상이 창의적인 문제 해결을 저해하는 주범의 하나다. 자신이 마주하는 현실은 갈수록 새로운 대안을 요구하는데 그가 손에 쥔 것은 유통 기한이 지난 방식들뿐이기 때문이다.

제4차 산업혁명의 시대에 변화는 가속 페달을 밟고 있다. 제조업은 과거의 '소품종 대량 생산'에서 '다품종 소량 생산'으로 변모하는 중이다. 인터넷과 인공지능을 중심으로 한 신기술도 인류 문명의 변화에 일조한다. 이런 시대에 과거의 경험과 지식은 과연 얼마만큼 유용할까? "다르게 생각하라(Think different)"는 애플과 "상상할 수 없는 것을 상상하라(Imagine the unimaginable)"는 구글의 슬로건은 이제 과거를 혁신하라는 시대적 명령어로 읽힌다. 국제 전자 상거래의 거인으로 부상한 알리바바 그룹도 결국은 마윈의 경영 철학이 원동력이 된 게 아니었을까. '전통을 뒤집는 새로운 방법' 말이다. 현대를 살아가는 협상가들 역시 이러한 트렌드에서 비껴나 있지 않다. 혁신적인 창의가 필요한 협상의 시대다.

관심 있는 정보만 선택적으로 받아들이려 한다

협상할 때 우리는 상대방의 소문, 외모, 인간관계, 비언어적 행동 등 수많은 정보를 접한다. 그러나 인간의 뇌가 인식하는 것은 특정한 정보뿐이다. 즉 '선택적 주의(selective attention)'라는 심리 기제가 작동하는 것이다. 시끄러운 칵테일 파티장에서 자신의 이름만 뚜렷하게 들리는 경험을 한 적이 있는가. 이러한 '칵테일 파티 효과'도 선택적 주의의 일면이다. 이런 양상은 인간의 단기 기억 능력이 현재 집중하고 있는 관심사 모두를 커버하지 못함을 알려 준다. 보통 다섯에서 아홉 개 정도(7±2 규칙)의 정보만을 처리할 뿐이다. 그러니 협상 시에도 이러한 인간의 인지적 특성을 감안해야 한다. 상대에게 봇물 쏟아내듯 정보를 전해봐야 소용이 없다. 취사선택을 잘 해서 핵심적인 정보만, 그것도 우선순위에 따라 적시에 전달하라는 얘기다.

근거 없이 자기 견해를 확신한다

협상가는 자기 과신의 함정에 빠지지 않도록 유의해야 한다. 자신의 예측, 실행이나 판단 능력을 과신한다면 잘못된 미래 예측에 빠질 수 있다. 사람에겐 자신의 능력이나 자기가 원하는 사건 발생의 가능성이 높다고 평가하는 경향이 있다.

이런 속성은 분쟁 해결을 위해 개입한 제3자가 자신에게 유리한 결론을 내릴 것이라는 오판으로 이어지곤 한다. 중재 재판관의 판단을 기다리는 분쟁 당사자 A와 B가 있다. 이들 중 어느 한쪽에 유리한 판결이 나올지는 결국 50:50이다. 그런데도 A와 B의 기대치를 합치면 보통 100%를 넘기기가 일쑤다.

과신 효과와 유사한 것으로 소유 편향(endowment effect)이 있는데, '무언가를 소유하고 난 후 소유하기 전보다 그것의 가치를 훨씬 높게 평가하는 성향'이다. 길거리에 500원짜리 복권을 떨어뜨려 누군가가 줍게 해보자. 그다음 그에게 다가가 "천 원 드릴 테니 그 복권 제게 파시죠?"라고 말해 보라. 대부분 팔지 않으리라는 게 심리학자들의 결론이다. 현명한 사람은 '차라리 천 원으로 복권 두 장을 사는 게 당첨 확률을 높일 것'이라 여길 것이다. 허나 복권을 주운 사람은 지금 다른 생각에 빠져 있다. "무슨 소리! 내가 주운 건 당첨될 복권인데? 난 행운아라고…."

소유 편향이든 과신 효과든 두 심리 상태의 공통점은 상황 판단의 근거가 오직 자기뿐이라는 데 있다. 눈을 가린 채 앞만 보고 질주하는 경주마가 연상되지 않나. 이런 상태는 성공 경험이 많은 이에게서 더 많이 발견된다. 그가 협상가라면, 무의식중에 '어차피 상대는 내 제안을 수락할 것'이라는 자만이 웅크리고 있을지 모른다. 물론 협상 성공에 대한 자신감은 중요하다. 다만, 하나의 확신에는 그만큼 타당하고 객관적인 검증 절차가 따라야 한다는 것이다.

집단 사고에 빠지기가 쉽다

1961년 4월 17일, 미국 중앙정보국(CIA)의 지원을 등에 업은 쿠바 망명군이 쿠바의 피그스만(灣)에 상륙해 국가 점령을 시도한다. 결과는 전멸이었다. '피그스만 침공'으로 알려진 이 사건으로 인해 케네디 행정부는 대내외적인 망신에 직면해야 했다.

당시 백악관에서 대통령과 유능한 보좌관들이 쿠바 침공을 궁리하는 동안 반대하는 이는 전무하다시피 했다. 이게 문제였다. 그들은 집단 최면에라도 걸린 듯 미국의 지원만 있으면 고작 1,400명가량의 반카스트로 군대만으로 20만 쿠바 정예군을 격퇴할 것이라 믿었다. 미국 역사상 최고의 대통령으로 꼽히는 케네디마저 휩쓸렸을 지경이니, 집단 사고의 무서움이라는 게 얼마나 큰지 알 만하다. 그는 두고두고 이 결정을 후회했다고 한다.

이처럼 '응집력이 높은 소규모 집단 내에서 쉬운 합의에 이르려 할 때의 심리적 양상'을 집단 사고라 한다. 쉽고 빠른 합의를 도출하기 위해서 대안이나 이의를 제기하는 목소리를 차단하는

remind! 창의적 협상가가 되려면?

- 하나의 경험과 지식을 다른 현실에서도 응용해 보라.
- 피상적인 정보에 기대어 사실 판단을 흐리지 마라.
- 현실을 정형화된 틀에 가둬 놓고 다루지 마라.
- 과거의 경험과 지식에 눌러앉지 마라.
- 입맛에 맞는 정보만 가려서 받아들이지 마라.
- 근거 없이 자기 견해를 확신하지 마라.
- 이의가 있다면, 모두가 "예스"를 말할 때 혼자 "노"를 외쳐라.

경우는 많다. 자연스레, 실패의 위험도 커지기 마련이다. 그러니 그룹의 논의가 성공적인 결과를 가져오려면 집단 사고의 경우와 반대되는 방식을 선택하면 된다. 토의 분위기를 개방적이고 자유롭게 조성하자. 또 팀원들이 소신껏 의견을 말하도록 유도해야 한다. 남들이 다 '예스'라 말할 때 혼자 '노'를 외치는 과감함은 창의적 인간이 되기 위한 통과의례다.

협상은 결국 커뮤니케이션의 예술이다

대법관 출신으로 UN 미국 수석대표로 활동한 아서 골드버그(Arthur J. Goldberg)가 이런 말을 했다. "외교란 가장 끔찍한 일을 가장 세련된 방법으로 말하거나 실행하는 것이다." 시인 로버트 프로스트(Robert L. Frost)의 말도 들어 보자. "외교관이란 여성의 생일을 언제나 기억하지만 그녀의 나이는 결코 기억하지 않는 사람이다."

두 격언이 한결같이 가리키는 것은 뭘까. 어떤 민감한 사안에서도 정치인이나 외교관은 능숙하게 대화의 물꼬를 틀 수 있어야 한다는 것이다. 이 능력은 민감한 이익 조정의 현장인 협상 테이블에서도 반드시 구비해야 할 조건이다. 협상이 실패하는 주요 원인 가운데 의사소통의 실패가 빠지는 일은 없다. 서로 관심사와 가치관이 다른 인간들이 만나 협상의 판을 벌인다. 그 '다름'의 간격을 능숙하게 메울수록 당신은 협상가로서 능력을 인정받을 것이다.

판이 벌어지고, 당신이 처음 만나는 상대가 눈앞에 있다. 이제 의사소통이라는 운영의 묘가 필요한 시간이다. 번드레한 말주변을 의사소통이라 착각하진 마라. 더 내밀하고 깊이 있게 다가서야 상대도 마음을 열 것이다. 먼저 그의 의도, 그가 전하는 메시지의 본질을 이해하는 것이 첫째다. 그것을 잘 파악했다면 다음은 당신이 원하는 바를 말해야 한다. 정확한 전달만으로는 부족하다. 의사소통의 진정한 본질은 그가 당신에 대한 공감지수를 높이게 하는 데 있으니 말이다. 자, 이제 어찌할 텐가.

인간적 동질감을 느끼게 하라

월드컵이 한창일 때 당신이 어떤 정치적 사안으로 서명 운동을 벌여야 할 수도 있다. 그럼 붉은 티셔츠를 입고 광화문으로 가보기를 권한다. 같은 색깔로 결속된 당신을 향해 붉은 악마들의 열렬한 협조가 있을지도 모른다. 자신과 비슷한 부류에 대해 느끼는 친근함과 호의는 원래 인간 본성의 일부다. 유능한 협상가들은 이런 동일시의 힘을 활용하는 데 당연히 능숙하다.

협상 상대가 당신을 자기와 같은 부류로 느끼게 하는 요소는 많다. 정치적 성향, 고향, 출신 학교는 물론 패션 브랜드, 가수, 작가, 취미에 이르기까지 차고 넘친다. 협상 테이블에서 적절한 아이템을 대화의 소재로 삼을 수 있도록 상대의 성향을 빨리 파악하는 것이 좋다.

동일시가 이뤄지기 위해서는 가장 중요한 전제로서 감정 이입(empathy)이 요구된다. 협상 상대는 당신이 보여주는 이해와 공감의 표시에 경직된 태도를 누그러뜨릴 것이다. 그러나 한낱 미사여구에 그치는 표현이어선 안 된다. 당신이 보이는 이해와 공감의 태도가 상대를 이롭게 하려는 노력의 일환으로 받아들여져야 한다. 상대로 하여금 당신과 동일시하도록 이끄는 힘의 본질은 어디까지나 '선의(善意)'에 있다.

협상 상대 이전에 한 사람의 인간으로 다가서자

현대인을 표상하는 말 가운데 '군중 속의 고독'이 있다. 비개인화가 급속도로 진행된 오늘의 풍경을 대변하는 말이다. 이제 개인은 거대한 조직의 일원, 통계 수치로 환원될 수 있는 물질적 단위로 취급되곤 한다. 참으로 황량한 풍경 아닌가. 그래서 더더욱 사람들은 사람의 온기를 그리워한다. 딱딱한 협상 테이블이라고 해서 예외일 순 없다. 당신이 사무적인 태도로 다가설 때와 한 사람의 인간으로 어필할 때 상대의 반응이 어떻게 다른지 체크해 보라.

누군가는 어폐가 있다고 할 수도 있다. 한 조직이나 국가의 일원으로 협상에 나선 입장인데, 어찌 '한 사람의 인간' 운운하는 감상적 태도를 보이란 말인가. 일리 있는 말이다. 그러나 당신이 자신의 소속에 집착하는 것은 그리 좋은 전술이 아니다. 자꾸 "국가를 대표하여"라든가 "저희 회사의 협상 총괄로서"라는 식의 발언을 반복할 필요가 없다. 상대는 협상 테이블의 당신이 아닌 당신 너머의 추상적 존재(국가나 회사)만을 느낄 테니 말이다. 핵심은 그 어떤 집단 간의 협상이라 해도 결국 합의를 하고 서명하는 주체는 '사람'이라는 점이다. 그것도 각자 독특한 취향과 견해와 가치관을 지닌 독립적 개인 말이다. 협상이 예측 불허의 국면으로 치닫는 데에 얼마나 많은 인간적 변수가 끼어드는지 경험자들은 잘 안다.

당신이 소속 집단의 대표가 아니라 한 사람의 인간으로 다가선다고 해서 협상 의제가 달라지지는 않는다. 하지만 사안에 접근하는 태도와 표현에는 확실한 차이가 생길 것이다. "인류의 지속 가능한 미래를 위해 결단이 필요합니다. 귀국의 탄소 배출 수치를 획기적으로 낮춰줄 것을 촉구합니다." 여기에는 대의도 있고 명분도 있지만, 그저 원론적이고 추상적인 멘트로 느껴질 뿐이다. 그럼 이건 어떤가. "요즘 같은 지구 온난화 추세라면 우리 자식들이 과연 어떤 세상에서 살게 될까요?" 아무래도 인류라는 추상적 존재보다는 피붙이들이 더 가슴에 와 닿을 확률이 높다.

상대에게 자신의 인간적 면모를 부각시키는 방법은 일상의 소소한 협상에서도 성공을 거두게 한다. 이스라엘의 명장(名將)으로 훗날 국방장관에 오른 모세 다얀(Moshe Dyan)의 일화가 재미있다. 어느 날 애꾸눈인 그가 차를 몰고 가다 속도위반에 걸렸을 때의 일이다(2차대전 중 전투에서 눈 하나를 잃은 그의 트레이드마크는 안대였다). 자신을 막아선 헌병에게 다얀은 말했다. "보다시피 나는 눈이 한 쪽밖에 없네. 그럼 이 하나로 속도계를 보는 게 좋겠나, 도로를 보는 게 좋겠나?" 특유의 터프한 말투였긴 해도, 다얀 또한 자신의 신체적 약점이라는 인간적인 면모를 노출함으로써 상대의 공감을 얻어 낸 것이다. 결국 헌병은 딱지를 떼지 않았다.

메시지 전달의 고려 사항, '처음과 마지막'

협상 과정에서 협상가는 상대방을 설득하기 위해 중요한 주장,

설명이나 정보를 전달하게 된다. 이때 핵심적인 메시지는 어느 부분에 넣어야 효과적일까? 초두 효과(primacy effect)와 최신 효과(recency effect)를 활용하면 좋다.

초두 효과란 사람들이 맨 처음 제시된 정보를 더 잘 기억하는 현상이다. 따라서 상대가 관심을 보일 만한 주장이나 메시지는 대화의 첫 부분에 제시해야 한다. 그러나 중요한 정보임에도 상대가 흥미를 보이지 않을 상황이면 대화를 마무리하는 시점에서 꺼내자. 일명 막바지 효과라고도 불리는 최신 효과의 이용법이다. 사람은 최근에 입수한 정보일수록 더 잘 기억한다는 원리를 적용하는 것이다.

초두 효과의 위력은 선거철이면 흔히 확인된다. 투표용지처럼 이름이 일렬로 나열될 때는 앞 순서가 상대적으로 유리하다. 여의도 사람들이 합종연횡(合從連衡)이라는 비판까지 들어가면서 괜히 합당하려는 게 아니다. 원내 제1당이 차지할 '기호 1번'의 매력은 그만큼 크다.

한편 <불후의 명곡> 같은 노래 경연이나 피겨 스케이팅 대회 등에서는 순서가 뒤에 올수록 유리하다. 심사 위원들은 평가할 때 앞선 참가자의 기량을 잊기 쉽다. 또 처음부터 점수가 후하면 뒤에 올 사람이 더 잘할수록 점수 매기기가 곤란해진다. 초반의 평가 점수는 그래서 인색한 편이다. 게다가 앞사람의 퍼포먼스가 훌륭하면 뒷사람들이 더 힘을 내기 마련이니, 이래저래 앞선 순번만 손해를 보는 상황이다.

그럼 언제 초두 효과를 활용하고 최신 효과는 또 언제 쓰라는 말인가. 와인 맛을 가리는 블라인드 테스트 결과에 흥미로운 힌트가 있을 것도 같다. 안 보이는 상태에서 비슷한 품질의 와인을 3개 이내로 맛볼 때와 4개 이상 맛볼 때의 결과가 달랐다. 앞의 경우 처음 맛본 와인을, 후자의 경우는 마지막 와인을 선택할 확률이 높더라는 것이다. 협상에서도 이 결과를 응용해볼 수 있지 않을까. 상대에게 제시할 대안의 개수가 2~3개라면 당신이 밀고 싶은 안을 맨 처음에 제시하고, 개수가 더 많으면 마지막에 제시하는 식으로 말이다.

당신도 세계의 시민이 되기를!

"나는 베를린 시민입니다(Ich bin ein Berliner)." 1963년 6월 26일 케네디 대통령이 서베를린의 라트하우스 쇠네베르크에서 한 연설 끝 부분이다. 이 독일어 문장을 외치기 위해서 그는 2,000년 전 로마의 사례를 끌어들였다. 당시 세상에서 가장 자랑스러운 말이 "나는 로마 시민입니다"였다는 이야기다. 20세기 자유세계의 최일선에 선 서베를린을 로마와 동일시한 케네디의 말에 군중의 사기가 최고조에 올랐음은 당연하다.

케네디의 연설은 이문화 간 협상이 날로 늘어가는 오늘날 중요한 교훈을 던져 준다. 타인의 언어와 문화에 대한 이해와 호의 표시는 글로벌 협상에서 빠질 수 없는 요소라는 점이다. 이문화권을 상대로 협상에 나선 당신은 특정 국가나 문화권마다 '협상 대상이 될 수 없는' 그들만의 신성 가치를 마주할 것이다. 노골적이거나 은밀한 자민족중심주의도 흔하게 경험하는 일이다. 사전 정보를 입수하고 철저히 대비해 봐야 소용 없다. 예상 못 한 부비트랩은 여기저기에 널려 있다. 결국 경험만이 답을 줄 일이지만, 몇 가지 기본적인 태도를 익히면 시행착오를 줄이는 데 도움이 될 것이다.

- 타 문화권 협상 상대와의 개인적, 사회적 수준 차이를 인정한다.
- 우선순위나 능력 등 상호간의 차이를 교환(trade-off)한다.
- 상대방의 관점을 이해하도록 질문을 통해 다가선다.
- 상대방의 규범과 그 배경을 이해하도록 노력한다.
- 상대국의 정치·사회 제도에 대한 논쟁을 자제한다.
- 상대국 문화에 대한 존경을 표시한다.
- 기초적인 표현이라도 상대방의 언어를 구사하도록 노력한다.
- 통역을 쓰더라도 가급적 이민자가 아닌 현지 원어민을 활용한다.
- 문화적 차이로 혼란을 야기할 수 있는 관용구나 구어체 사용을 서로 자제한다.

비윤리적 행위를 막는 노하우가 있는가?

협상력을 구성하는 요소 중에서 '윤리성'을 이야기한 바 있다. 미국 월마트와 독일 지멘스의 쓰라린 경험담을 통해 비윤리적인 기업 활동이 어떤 부메랑 효과를 돌려받는지도 살펴보았다. 한 번 허용된 비윤리적 행위는 연쇄 반응을 일으켜 결국 행위의 악순환을 부르게 된다. 그러므로 사회의 부패를 방지하는 도덕적 차원에서 협상의 윤리성은 지켜져야 한다.

전략적 이유에서도 협상의 윤리는 필요하다. 대부분의 협상가는 자신들을 속인 상대를 그냥 놔두지 않는다. 가해자에 대한 부정적 평가를 퍼뜨려 신뢰나 평판에 치명적인 손상을 입히는 식으로 복수할 것이다. 꼼수를 동원한 비윤리적 협상 전술이 단기적 이익을 가져다줄 수는 있으나 중장기적으로는 손해일 수밖에 없다. 작은 전투에서 이기고 결국 전쟁에서 지는 전략적 우(愚)를 범하지 않기 위해서 윤리를 협상의 지반에 다져 두려고 한다.

하지만 협상이라는 인간 활동이 계속되는 한 많은 노력에도 불구하고 협상의 윤리성은 계속 도전을 받을 것이다. 협상력의 우위를 확보하기 위해 속임수를 사용하고 싶은 유혹에 곧잘 빠지는 탓이다. 또한 자신의 비윤리적 행위를 정당화하려는 유혹에서 쉽게 발을 빼기도 어렵다. 그 결과 수많은 비윤리적 행위를 저지르며 이를 정당화하기 위한 노력이 이어지곤 한다.

비윤리적 행위에 대한 변명도 가지가지

어쩔 수 없이, 불가피하게 부도덕한 방법을 쓸 수밖에 없었노라는 변명이 있다. 좀 더 나아가면, 자신의 비윤리적 행동이 사소한 것이고 타인에게 큰 해를 끼친 것은 아니라는 정당화로 이어진다. 하지만 아이가 던진 돌에 맞아 죽는 것이 어디 개구리 탓이겠나. 비윤리적 행동의 폐해를 평가할 수 있는 쪽은 가해자가 아닌 피해자이다.

불가피한 선택이었다는 말은 흔히 목적이 수단을 정당화한다고 주장할 때 나온다. 국가 이익을 위해 불법 행위와의 연관성을 부인해도 좋다는 대통령의 부인권(deniability)도 이 범주에 있다. 어떤 유형의 거짓이나 부정행위는 '더 큰 선(善)을 제공하기 위해서'라는 명분을 동반한다. 가난한 자를 돕기 위해서 부자를 약탈하는 홍길동류의 태도랄까.

이처럼 선한 목적을 위해 선택한 비윤리적 행위들은 난감한 딜레마를 야기할 때가 종종 있다. 일제의 식민 지배는 나쁜 것이지만, 그로 인해 조선이 근대화됐다고 하는 논리도 이 연장선에 있다. 조선에 전기가 들어오고, 도로와 철도가 깔린 것은 사실이다. 그렇다고 해서 이 같은 외형상의 변화가 일제의 수십 년에 걸친 착취와 만행의 역사를 가릴 수야 있겠는가.

'상대도 그렇게 할 것이기 때문에 내가 먼저 비윤리적 행위를 했다'는 주장은 차라리 덜 복잡하다. 물론 덜 복잡하다는 의미일 뿐 그것으로서 후한 평가를 내린다는 얘기는 아니다. 이 경우의

행위의 윤리성에 대한 self-questioning 6

1. 내가 협상력을 높이고 목표를 달성하는 데 이 행위가 꼭 필요할까?
2. 이 행위를 했을 때 앞으로 나와 상대의 관계에 미칠 영향은?
3. 이 전술을 썼을 때 협상가로서 나의 평판에 미칠 영향은?
4. 내 행동과 발언이 뉴스 미디어에 보도될 때 과연 어떤 느낌을 받게 될까?
5. 협상의 제3자에게 내가 계획한 행동에 대해 상담하면 어떤 답이 돌아올까?
6. 내가 계획하는 행동을 상대가 먼저 구사했다면 난 어떤 기분을 느꼈을까?

비윤리적 행위도 결국에는 쌍방의 불신을 낳아 심각한 악순환을 낳기 때문이다.

비윤리적 행위 대처법

상대방의 비윤리적 행위에는 어떻게 대처해야 할까? 상대의 의도를 탐문하는 데서부터 시작할 일이다. 상대방의 입장, 관점, 정보 등에 관련된 질문을 함으로써 그의 의도를 파악하는 것이 중요하다. 이를 위해 검사나 수사관들이 피의자의 방임, 배임 등을 추궁할 때 쓰는 질문 기법을 습득할 필요가 있다. 반복해 질문함으로써 피의자 스스로 자기 발언의 논리적 모순을 드러내게 하는 방식 말이다.

만일 상대가 허풍이나 거짓말 따위를 늘어놓는 중이라면, 그것을 눈치챘음을 확실히 내색하면서 그냥 무시해 버리자. 더불어 상대가 진실을 말함으로써 얻는 이익이 그와 반대일 때보다 훨씬 크다는 사실도 지속적으로 확인시켜 줘야 한다.

당신의 유화적인 제스처에도 불구하고 그가 여전히 허풍이나 떨고 있을 때는 적절히 맞대응해 주는 것도 좋다. 그가 허위 정보를 유출하면 당신도 똑같이 대하라. 그러나 이 방안은 신중히 사용해야 한다. 잘못했다간 파괴적 행위만 점점 더 키우면서 상대와 당신 간에 진흙탕 싸움만 벌어질 것이기 때문이다.

비윤리적 행위에 혼자 맞서는 것보다는 공동 행동이 더 효과적이다. 다른 협상 주체들과 연합하여 포지션을 형성하는 것도 현명한 선택이다. 투자 또는 거래가 진행 중인 지역 내 NGO들을 활용하는 것도 고려해 보자.

한편, 부정부패로 불가피하게 투자에서 손을 떼거나 협상을 중단할 수밖에 없을 때는 그 이유를 신중한 방법으로 공개할 필요도 있다. 부패는 정보가 통제되거나 사회적 감시가 약한 환경에서 번성하는 까닭이다.

세계는 지금 뇌물주의보 발령 중

협상가들이 흔히 저지르기 쉬운 비윤리적 행위 중의 하나가 바로 뇌물과 선물이다. 하나는 부정, 다른 하나는 긍정의 뉘앙스를 띠지만 어느 선에 가면 이게 뇌물인지 선물인지 헷갈릴 때도 있다. 그래서 선진국에서는 뇌물의 제공이나 수수 자체를 엄격히 금지하는 한편 선물에 대한 세부적인 윤리 규정까지 마련해 두고 있다.

미국의 공무원에게 선물을 하려면 100달러 미만으로 해결해야 한다. 그 이상이 되면 본인 소유가 되지 못하고 정부에 예치해야 하니 선물을 하나마나다. 싱가포르에선 아예 모든 선물을 정부에 신고하도록 돼 있다. 선물 받을 사람이 자신의 소유로 하려면 그만큼의 가격을 정부에 지불해야 한다. 한국에서는 공무원이 외국 정부나 외국인으로부터 원화 10만 원 또는 미화 100불 이상의 선물을 받을 경우 등록 기관에 신고하고 기관장에게 이관하도록 돼 있다(공직자 윤리법 제15조, 동법 시행령 제28조, 제29조, 제30조).

특히 한국에서는 부정한 청탁과 검은 거래를 막기 위해 일명 '김영란법'이라 불리는 「부정 청탁 및 금품 등 수수의 금지에 관한 법률」이 2015년 3월 27일에 제정돼 2016년 9월 28일부터 시행되고 있다. 이 법의 직접적인 적용 대상은 공무원, 공직 유관 단체 임직원, 교직원, 언론사 임직원 등 광범위하다. 부정한 청탁을 받고도 신고하지 않거나 1회 100만 원(연간 300만 원)이 넘는 금품이나 향응을 받으면 직무 관련성이나 대가성에 상관없이 형사처벌을 받게 된다.

협상가는 아직 사회 시스템이 투명하게 구축되지 못한 신흥국이나 제3세계에서 뇌물 제공의 유혹을 더 크게 받는다. 그러나 뇌물의 공여는 형사 소추로 이어질 수 있는 범죄 행위임을 명심하자. 최근 들어 경제협력개발기구(OECD)나 세계무역기구(WTO) 같은 국제기구를 중심으로 국제 상거래에서 부패를 없애고 투명성을 높이기 위한 노력들이 활발히 전개되는 추세다.

흔들리면 지는 법! 감정 관리하기

협상은 협상가들의 논리와 감정이 상호 작용하는 과정이다. 협상에서 논리를 제거할 수 없듯이 감정이 전혀 개입되지 않는 협상도 생각하기 어렵다. 감정을 적절하게 표명함으로써 자신의 의견을 강조할 수 있고 협상력을 높일 수도 있다. 협상에서 감정을 배제하라는 충고는 바람직하지도 가능하지도 않다. 단, 그것을 효과적으로 관리하는 선에서 그렇다.

명협상가는 누구보다도 냉정하고 단호해야 하며, 자기 제어력이 뛰어나야 한다. 1969년 3월 프랑스를 방문한 키신저 미국 국가안보보좌관에게 드골 대통령이 물었다. "19세기 외교관 중 당신에게 가장 인상적인 인물은 누굽니까?" 키신저는 비스마르크를 꼽으며 그 이유를 설명했다. "그가 승리 뒤에 보여준 자제력 때문이죠."

독일 통일의 아버지라 불리는 철혈 재상. 비스마르크는 통일을 이룬 조국이 욕심을 버리고 "선의의 중재자"로 만족하기를 바랐다. 그리고 강철 같은 의지와 외교적 수완으로 이 자제심을 유지해 나갔다. 그가 원한 '독일을 중심으로 한 유럽의 평화'는 그렇게 잘 지켜지는 듯했다. 저 무능한 빌헬름 2세가 실권을 장악하기 전까지는 말이다.

그 후 무슨 일이 일어났던가. 세르비아 청년이 사라예보에서 오스트리아 황태자 부부를 저격했다. 오스트리아는 암살범의 나라에 복수를 다짐했고, 빌헬름 2세는 복수에 대한 적극지지를 표명한 후 발트해 유람을 떠났다. 얼마 후 세르비아를 향한 오스트리아의 선전 포고가 있었다. 제1차 세계 대전이 시작되는 순간이었고, 유럽의 평화는 그렇게 날아갔다.

협상가의 가슴은 뜨겁고 머리는 차가워야 한다. 특히 최종 결정을 앞둔 상황이라면 더더욱 냉정을 유지할 일이다. 국제 정세에 대한 일말의 고려 없이 외교 사안을 결정한 채 해맑게 바다 유람을 떠난 이의 경솔함을 본받진 말자. 마지막 순간, 당신에게선 노련한 협상가 특유의 차분한 냉기가 흘러나와야 한다. 그 차가움이 당신의 합리적인 결정을 방해하는 경솔함, 허영, 과시욕 같은 요인들을 제어해 줄 것이다.

감정 관리 훈련에 왕도는 없다

쉽게 감정이 고조되거나 흥분 상태에 드는 사람은 차분한 협상가에게 당하기 쉽다. 협상이 교착 국면에 빠지거나 무산될 가능성이 높아지는 건 협상가가 지나친 감정적 반응을 보일 때이다. 안도, 만족, 분노 따위의 감정을 쉬이 드러내는 인물은 포커페이스인 사람보다 나쁜 결과를 초래할 위험이 더 크다는 연구 결과도 있다. 감정을 드러낸 협상가는 균형 잡힌 시각을 잃고 협조에 인색해지며, 타인의 생각을 받아들이는 인심도 박해진다.

부러우면 지는 거라는 말처럼 화를 내도 지는 거다. 감정 상하는 건 둘째 치고 뒷목이라도 잡을 정도면 몸에도 무리가 갔다는 얘기. 이거 이중으로 자기만 손해 보는 셈 아닌가. 전략적 측면에서는 또 어떻고. 대체 어느 협상가가 쉽게 화내는 사람과 교섭에 나서려 할까. 화 한 번 잘못 내면 몸 건강, 마음 건강에 피해 보는 것은 물론 괜히 협상 타결이나 분쟁 해결에 드는 비용만 올리게 된다.

그러나 화내지 말라는 당부가 협상장에서 로봇 같은 무표정으로 일관하라는 뜻은 아니다. 감정의 절제와 삭제를 혼동하지 말자. 좋은 협상가는 포커페이스의 달인이면서 필요한 순간 절제된 표현도 할 줄 아는 사람이다. 원래 명품의 가치란 희소성에 있다고 했다. 헤프지 않게 슬쩍슬쩍 웃어준다면 상대는 당신을 명품 미소의 소유자로 기억할 것이다.

감정 조절 능력은 타고나는 것이 아니다. 개인의 기질 차이야 물론 있을 터이다. 그래도 협상가가 되려는 이라면 의도적인 노력으로 자신을 숙성시키는 후천적 연마 과정이 필요하다. 협상가란 자신과 생각이 다른 상대를 만나 각자 속한 집단의 이익을 대표해 밀고 당기기를 반복하는 직업이다. 때로는 혈관이 부풀어 오를 만큼 팽팽한 긴장을, 또는 눈꺼풀이 주저앉을 정도의 지루한 상황을 겪어야 한다. 협상가에게 감정의 불순물을 정제해 내고 마음의 강도(強度)를 높이는 심적 제련 과정이 필요한 이유다. 자신을 통제하는 능력은 그런 과정 끝에 얻어지는 것이다. 그렇게 나를 컨트롤할 수 있다면, 상황도 컨트롤할 수 있다.

이성의 통제 아래 구사되는 감정 전술

"결코 적을 미워해선 안 돼. 판단이 흐트러지니까." 영화 <대부>에서 알 파치노가 연기한 마이클 꼴레오네의 대사다. 나쁜 놈이라서 그렇지 확실히 마피아 보스에게도 리더의 품격은 묻어난다. 협상 테이블에 앉으면 당신도 총알 세례를 받을 수 있다. 적의로 가득 찬 말과 눈빛과 날 선 제스처의 총알들. 이 감정의 격전지에서 대체 어떻게 행동해야 할까. 상황에 따라선 당신도 똑같은 총질을 해댈 줄 알아야 한다. 아니면 침묵의 방패를 든 채 말없이 상대의 총알을 튕겨 내는 것도 방법이다. 그러나 감정 전술에서 공격과 방어의 형태는 정해진 것이 아니다. 기본형 몇 가지만 알면 공수(攻守)에서 다양한 응용이 가능하다.

공격적 행동(스트레스 기법)

회담 중 갑자기 상대편을 도발하거나, 자극하거나, 주의를 분산시키고 협박하는 등 각종 유형의 공격적 행동을 해본다. 서류 던지기, 협상장을 박차고 나가기, 협박이나 욕설하기, 유리잔에 가래침을 뱉거나 정신없이 울기, 고함치기도 검증된 공격 옵션이다. 하지만 이건 상대편의 특정 반응을 얻기 위해 치밀하게 계산된 행동임에 유의하라. 화를 내되 화에 빠져선 안 된다. 왜 이런 행동을 하느냐. 그것은 대부분의 협상가가 공격적인 위협 행위 앞에서 불안을 느끼고 굴복하기 쉬워지기 때문이다. 이 난리통에 혼이 빠진 상대는 이성적인 사고고 자시고 할 여력이 없다.

공격한 쪽에서는 주눅 든 상대가 가급적 빨리 협상장을 벗어나고 싶도록 상황을 조성함으로써 더 많은 양보를 유도할 수 있다.

미치광이 전략(madman strategy)

미치광이 행세도 넓은 의미에서는 공격적 행동인데 뭔가 조금 결이 다르다. 이때의 분위기는 '공포'보다 '불안'에 가깝다. 협상 상대가 자신을 바라볼 때 '저들의 이익을 위해 극단적 행동도 불사할 것'이라는 불안감을 마구마구 심어주는 것이다. 나쁜 놈이라도 제 정신만 있으면 필사즉생의 각오로 덤벼 보련만, 왠지 저 앞의 상대는 시쳇말로 '맛이 가' 보인다. 그게 문제다. 예측이 불가능하니 무슨 짓을 벌일지 모르는 것이다. 성질 나쁜 일진들도 이런 친구에게는 함부로 빵 셔틀을 못 시킨다.

미치광이 전략은 상대를 불안하게 만들어서 실리를 취하려는 강압 외교의 한 방식이다. 베트남전이 한창이던 1969년, 북베트남을 압박해 파리 평화 회담의 조속한 타결을 유도하고자 미 대통령 닉슨이 처음 사용했다고 한다. 당시 닉슨은 공산 진영을 향해 자기가 '충동적이고 비이성적이며, 목표를 위해서는 핵을 포함해 그 어떤 극단적 선택도 불사할 인물'이라는 식의 소문을 퍼트렸다. 그해 10월에는 전 세계 미군에게 핵 전쟁 경계령을 내리는 한편 대규모 무력시위도 병행했다.

그러나 소련과 북베트남이 별다른 반응을 보이지 않자 이 전략은 실효를 거두지 못했고, 파리 평화 회담은 1973년에야 타결되었다. 미치광이 전략의 특징 중 하나는 상대방이 이 전략을 쓰는 협상가를 신뢰하지 않을 경우 실패할 가능성이 높다는 것이다. 이때의 신뢰란 협상 상대가 '저 이는 정말로 미친 짓을 벌일 만한 인간'이라고 믿는 상태를 가리킨다.

침묵

침묵의 장점은 공격적 행동보다 행하긴 쉬운데 효과는 비슷하다는 점이다. 침묵은 상대방을 불편하게 만들고 상대로 하여금 말을 해야 할 것 같은 강박증을 일으킨다. 즉, 그가 말을 하도록 무언의 압박을 가함으로써 결과적으로 많은 정보를 얻게 되는 것이다.

갑작스런 퇴장

협상 도중 갑자기 걸어 나가 버리는 행위. '멘붕'에 빠진 상대는 꽤나 혼란스러울 것이다.

죄의식 유발

간디의 비폭력 저항 운동은 죄의식 유발 전략의 변형이라고 할 수 있다. 그는 단식 투쟁으로 대영제국 식민 지배의 비윤리성을 널리 알렸으며, 비폭력 불복종 운동으로 세계의 양심을 움직였다. 영국의 물리적 폭력에 대한 그의 비폭력 저항과 단식은 2천년 전 예수의 말을 떠올리게 한다. "누가 네 오른 빰을 때리거든 왼

상대의 감정 전술에 대처하려면?

- 상황에 휘둘리지 말고, 조용하고 차분하게 대응하라.
- 폭언하거나 고함치는 상대에겐 오히려 감사 표시를 하라(죄의식 유발 효과).
- 당신도 감정 전술을 쓸 수 있음을 인식시키되 사용은 자제하라.
- 감정적인 상태의 상대와 거리를 두고 제3자의 눈으로 바라보라.
- 격해진 상대의 감정에 당장 맞대응하지 말고 냉각 기간을 가져라.
- 건설적인 중재를 가능케 할 제3자의 참여를 제의하라.

뺨도 내주어라." 예수와 간디, 훗날 미국 흑인 인권 운동을 이끈 마틴 루터 킹 목사도 평화적 저항이라는 맥락에서는 생각이 같다. 이런 방식의 특징은 위해를 가하는 자들과 동일한 폭력성을 동원하지 않고도 그들의 죄의식을 일깨운다는 데 있다. 물론, 저항하는 쪽의 몸과 마음은 대단히 고단해지겠지만.

협상의 시간은 느긋한 자에게로 흐른다

1976년 10월 키신저 미국 국무장관과 중국의 차오관화(喬冠華) 외교부장이 북경에서 만났다. 미·중이 정식 수교(1979년 1월)를 하려면 2년여의 시간이 더 필요한 시점이었다. 4년 전 상하이 공동 성명(1972년 2월)으로 냉전의 적대 관계를 끝냈다고는 해도 죽의 장막을 사이에 둔 양국은 아직 서로를 잘 모르고 있었다.

협상에서는 가급적 자기(편)에 대한 이야기를 먼저 꺼내려 하지 않는다. 잘 모르는 상대를 대할 때는 더 그렇다. 그래서 질문을 하며 그의 의중을 파악하는 게 중요하다. 허나 상대를 너무 빨리 이해하겠다며 조바심을 낼 필요는 없다. 만나자마자 자신의 지적 수준을 과시하는 태도도 삼가야 한다. 그래 봤자 제 잘난 맛에 떠드는 수다쟁이의 정보만 더 노출될 뿐이니까. '외교의 귀재'요 '협상의 달인'으로 불린 키신저가 이런 기본을 몰랐을 리 없다.

만일 중국인이 자기 얘기를 먼저 하기 좋아하는 성향을 지녔다면 그도 한층 수월했을 게다. 하지만 그들은 교섭 대상이 주장을 명백하게 드러낼 때까지는 자기 입장을 밝히려 하지 않는 습성의 소유자들이다. 게다가 테이블 맞은편에 앉은 이는 중국 외교의 수장 차오관화였다.

"중국에는 두 가지 관습이 있습니다." 차오관화의 음성이 이어진다. "중국에서는 예의상 손님이 먼저 발언할 수 있도록 합니다. 또 중국인의 손님은 주인에게 경의를 표하고 먼저 이야기를 꺼내야 합니다."

이문화 간 글로벌 협상에서 가장 중요한 것이 뭐라고? 상대 문화에 대한 이해와 존중이다. 차오관화는 주인이니 손님에게 먼저 말할 기회를 양보하고, 손님인 키신저는 손님으로서 먼저 말하는 예의를 갖춰야 하는 외통수의 상황. 이 미국 손님이 중국의 관습을 따르지 않을 도리는 없었다.

우리는 이미 '끈기'가 협상력을 높이는 요인임을 배웠다. '시간'이 협상 성패의 핵심 요소가 되는 이치도 살폈다. 시간을 인내하는 자가 협상을 지배한다는 사실은 이제 새삼스럽지 않다. 대우차를 GM에 헐값으로 넘긴 졸속 협상은 시간 앞에서 조급했던 결과였다. 만만디(慢慢的)의 성향처럼 혹시 중국인의 맥박도 만만(漫漫)하게 뛰는 건 아닐까. 중요한 것은, 시간 앞에서 느긋한 성정이 협상을 용의주도하게 이끄는 힘이라는 점이다.

Tip Box

감정 전술
달인 열전

니키타 흐루시초프(Nikita Khrushchyov, 1894~1971)

구두 타격음에 담긴 메시지

1960년 가을의 어느 날, 제902차 유엔총회 본회의에서였다. 스물롱(L. Sumulong) 필리핀 대표였는지, 맥밀런(H. Macmillan) 영국 수상이었는지는 확실치 않다(신뢰할 만한 관련 자료가 없는 탓이다). 어쨌든 둘 중 누군가의 연설 내용에 격분한 사람 하나가 제 구두 한 쪽으로 탁자를 격렬하게 두들겨 대고 있었다. 소련 서기장 흐루시초프였다. 그의 손녀 니나(Nina)의 기록에 의하면 당시 그가 처음부터 구두 타악 연주(?)를 계획했던 것 같지는 않다. 그는 꽉 끼는 새 신발을 대표석 아래에 벗어 둔 참이었다. 그런데 소련의 강제 수용소를 비난하는 문제의 연설 내용이 들려오자 책상을 주먹으로 내리쳤고, 이때 떨어진 손목시계를 찾던 그의 눈에 구두가 띄었다는 얘기다. 하지만 흐루시초프의 회고록을 보면 스페인 프랑코 정부 대표단과 언쟁을 벌일 때도 똑같은 퍼포먼스가 나온다. 그의 행동이 단순한 괴벽이 아니라 공격적 표현을 통한 감정 전술의 하나였던 게 아닐까 생각하게 되는 이유다. 그것도 사전에 치밀하게 계산된.

저우언라이(周恩來, 1898~1976)

가래침과 세련미의 앙상블

1971년 미국과 중국의 국교 정상화 협상을 위해 헨리 키신저 미국 국가안보보좌관이 중국을 방문했을 때의 이야기이다. 키신저가 저우언라이의 사무실에 들어서면서 인사를 건네는 순간, 갑자기 그가 큰 소리를 내며 누런 가래침을 타구에 뱉더라는 것이다. 이 교양 없고 야만적인 행동에 기가 질린 키신저는 한동안 멍하니 있을 뿐이었다. 그런데 저우언라이는 서구의 저명인사들과 협상할 때 종종 이런 추태를 보였다고 한다. 프랑스에서 교육받아 서양물 좀 먹은 이 치고는 도저히 이해할 수 없는 행태 아닌가. 하지만 이 또한 상대에게 스트레스 상황을 조성해 심리적 압박을 가하려는 일종의 감정 전술로 이해할 필요가 있다. 그 끔찍한 경험을 한 키신저조차 회고록인 『헨리 키신저의 중국 이야기』에서는 저우언라이를 전혀 다른 사람으로 그리고 있으니 말이다.

"키는 작지만 우아한 자태며 표정이 풍부한 얼굴에 번득이는 눈빛을 가진 그는 탁월한 지성과 품성으로 좌중을 압도했으며 읽을 수 없는 상대방의 심리를 꿰뚫어 보는 사람."

클레오파트라 7세(Cleopatra VII, BC 69~BC 30)

요부인가, 명협상가인가?

『영웅전』의 작가 플루타르코스가 '나일강의 사이렌'이라 혹평한 여인. 사실 로마인 입장에서 클레오파트라는 요부임에 틀림없다. 로마가 자랑하는 두 영웅 카이사르와 안토니우스를 유혹했고, 특히 안토니우스를 조국에 저항하게 만들었기 때문이다. 하지만 여왕의 미모는 자연인의 것이 아닌 정치적 도구다. 그녀는 자신의 지성과 미모를 이용해서 로마에 위협받던 조국 이집트의 독립을 유지하려 했고, 남편이자 동생인 프톨레마이오스 13세와의 권력 다툼에서 승자가 되려 했다. 그녀의 의도는 결국 실현됐다(물론 끝은 안 좋았지만). 사실 클레오파트라가 미녀였다는 데에는 부정적인 견해를 가진 고고학자들이 많다. 그보다는 탁월한 지식과 언어 구사력으로 상대를 사로잡았을 것이다. 어쨌든 요부로 취급받기에 그녀가 억울한 것은 사실이다. 그보다는 자신의 장점을 극대화함으로써 상대를 자신의 매력에 복속시킨 명협상가로 평하는 것이 합당치 않을까.

Shall We
Negotiate?

Shall We Negotiate?

Step B

당신의 협상 파트너는 '세계'다

Step B의 목표

문화권마다, 국가별로, 심지어 개인마다 다른 인간의 행동 특성에 협상가로서 어떻게 대응해야 할까? 서로 상이한 문화를 접하게 되는 글로벌 협상은 이문화(異文化)에 대한 세련된 식견과 매너를 요구한다. 문화의 상대성을 이해하는 글로벌 협상가의 자질을 높여 보는 시간.

- 유리한 패를 쥐려면 상대의 문화를 이해하라
- 언어, 세련된 협상 진행을 위한 화룡점정
- 사람마다, 나라마다 다른 협상 스타일

"문화적 차이는 여러 문제들의 주요한 원인일 수 있다.
표면적으로 볼 때, 미국 문화의 많은 양상들이 다른
나라들에 전파되면서 세계는 점점 더 동질화, 서구화되어
가고 있는 것처럼 보인다. 그러나 국가 간 이와 같은 표면상의
유사성 때문에 각 문화와 비즈니스 방식 사이에 존재하는
뿌리 깊은 문화적 차이를 간과해서는 안 된다."

– 닐 필링(Nil Peeling), 『기적의 협상』 중에서

part 1

유리한 패를 쥐려면 상대의 문화를 이해하라

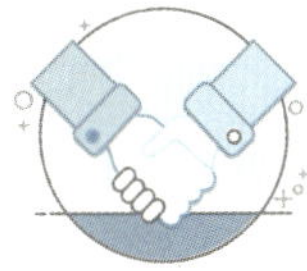

문화라는 빙산을 마주할 때의 자세

풍경 하나

영국인 기업 대표와 브라질 기업 대표가 한 철강 회사의 인수에 관해 협상을 벌이고 있었다. 협상의 핵심 쟁점은 두 사람이 쉬는 시간에도 따로 만나 토론을 벌일 정도로 쉬이 결론이 나지 않았다. 토론 중 브라질 대표는 상대를 향해 한 걸음씩 다가서기 일쑤였고, 특히 흥분할 때면 예외가 없었다. 그런 순간에 보이는 영국인의 태도도 흥미로웠다. 상대가 다가올 때마다 물러서기를 반복한 것이다. 다가서면 물러나고, 다가서면 물러나는 두 사람. 이게 무슨 사교댄스도 아니고 말이다.

풍경 둘

한 일본 관리자와 미국 관리자가 협상 중인 테이블. 지금 막 미국인이 상대방에게 수백만 달러 규모의 제안서를 건넨 참이다. "5분만 기다려 주시겠습니까?" 예의 그 정중한 태도로 일본인이 제안서 검토에 필요한 시간을 구하자 협상 상대는 웃으면서 물러났다. 시간이 얼마나 흘렀을까. 미국 관리자의 표정에 조바심이 얼비치기 시작했다. "제안의 내용이 어떠신가요?" 결국 먼저 정적을 깨뜨린 쪽은 미국인이었다. 일본 관리자가 양해를 구한 지 불과 20초 만이었다.

문화 따라 천태만상

앞의 두 장면은 서로 다른 문화적 토양 속에서 살아온 사람들의 행동 차이를 잘 보여준다. 영국인은 상대방과 대화할 때 팔 하나 정도의 거리가 유지돼야 안정감을 느끼는 편이다. 반면에 중동이나 중남미 사람들은 팔의 절반 정도는 돼야 대화 상대에게 친밀감을 느낀다고 한다. 시간에 접근하는 방식도 문화권마다 차이가 있다. 대체로 서양인은 시간 운영이 타이트하다. 모든 일을 꽉 짜인 계획과 일정대로 빈틈없이 추진해온 습관 때문이다. 저 미국 관리자의 눈에 일본 관리자는 시간 관리가 느슨한 동양인의 전형으로 비칠 수도 있다.

사람마다 생각하고 행동하는 것이 다르다. 인종과 지역에 따라서, 좁게는 가풍(家風) 때문에도 차이를 보인다. 이 많은 요소들을 뭉뚱그려서 사람들은 '문화가 다르다'고들 이야기한다. 문화인류학자 이광규 선생이 "사회적으로 축적된 경험으로서 한 종족이나 민족이 오랫동안 시행착오를 반복하면서 이루어 놓은 생활양식"이라 말한 그것.

문화에 대한 다른 논자들의 표현을 더하면 '한 특정 집단이 함께 공유하는 가치나 규범, 믿음' 등으로 부를 수도 있다. 어떤 집단에 속한 개인은 그 집단이 공유해 온 생활양식이나 가치 규범 속에서 나고 자란다. 이 과정에서 그의 무의식 속에 내면화한 물질적·정신적 규범이나 믿음들이 대화 시 팔의 절반 거리로 다가서게 하거나 팔 하나 길이로 물러나게 하는 것이다.

그런데 많은 이들이 문화의 차이가 단지 지리적인 구분에 의해서 나타나는 것으로 오해한다. '이슬람 문화권'을 두고 터번이나 차도르만을 연상하는 식이다. 과연 그런가? 이슬람이라는 종교적 가치를 공유하는 아프리카와 아시아, 유럽의 저 많은 무슬림들은 어찌할 건가.

게다가 전 세계의 무슬림 모두가 똑같이 생각하고 행동하는 것도 아니다. 문화라는 것은 쉽사리 고정 관념이나 정형화된 사고로 규정할 수 없는, 너무나도 복합적이고 유기적인 존재다. 같은 문화권 내에서도 생각과 행위의 차가 또렷할 수 있거니와 때로는 한 나라 안에서도 엄청난 변화를 보여주기도 한다. 당장 이슬람 문화권에서도 이란의 예가 있지 않은가.

비이슬람권 문화에 속한 사람들이 현재 이란의 문화적 풍토를 바라보는 느낌은 여타의 중동 국가를 대할 때와 그리 다르지 않을 것이다. 엄격한 이슬람주의, 여성에 대해 권위적이고 억압적인 남성 중심 사회, 여성의 얼굴과 몸을 감춘 히잡과 차도르 따위를 연상할 터.

하지만 오늘날 세계인의 눈에 비친 이란은 1979년 호메이니가 이끄는 이슬람 혁명 이후의 국가다. 그가 쫓아낸 팔레비 왕조 시절의 이란 사회가 매우 서구적이었다는 건 널리 알려진 사실이다. 당시 이 땅의 여성들은 히잡과 차도르 착용을 강요당하지 않았다. 그들은 코란보다 영국 패션지 《보그》를 더 많이 읽었고, 미니스커트 차림으로 자유연애와 와인을 만끽할 수도 있었다. 이슬람 혁명 이후 이란은 인간의 욕망을 자극하는 서구 문화의 경향이 거세되고, 이슬람 시아파의 엄격한 원리주의가 지배하는 사회로 변모한다.

문화의 심층으로 다가서야 하는 까닭

문화를 흔히 빙산에 비유하는데, 『문화지능』의 저자 브룩스 피터슨(Brooks Peterson)의 모형도 그중 하나다. 그는 문화가 빙산처럼 겉으로 드러난 20%와 그 아래 감춰진 80%의 영역으로 나뉜다고 말한다. 20%의 영역은 우리가 오감(五感)으로 인지할 수 있는 예술과 스포츠, 생활양식, 인사법을 포함한 예절들, 다양한 감정 표현과 풍습을 망라하는 차원이다. 나머지 80%를 차지하는 것이 철학이나 가치관, 신념 따위의 영역이다.

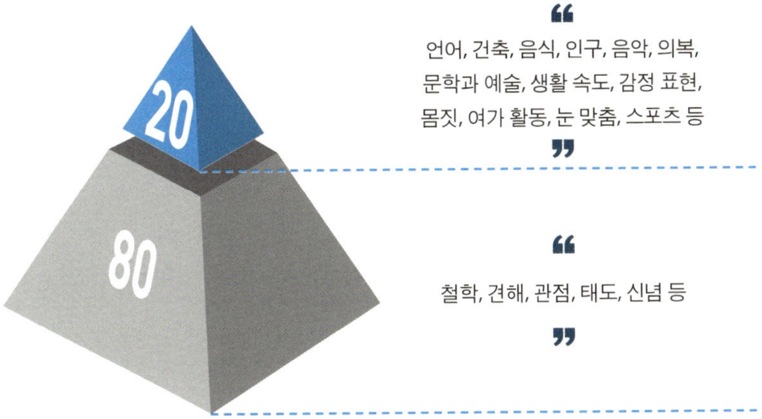

드러나지 않은 수면 아래의 80%. 이것이 어떤 특성을 지니느냐에 따라 한 사회의 외형이 변한다. 거리에서 형형색색의 미니스커트 행렬을 확인할 수도, 모노톤의 히잡과 차도르만 보게 될 수도 있다. 수면 아래의 문화 영역은 수면 위의 부분을 좌우한다. 그러니 당신이 겉으로 드러난 20%만 보고 남의 문화를 이해한 양 과신해서는 안 된다. 다시 말하거니와 상대의 문화는 쉽게 정형화하거나 고정 관념의 잣대로 바라볼 수 있는 대상이 아니다. 이란 여성들의 일상 풍경을 바꿀 또 다른 가치관의 혁명이 일어나지 말라는 보장이 있는가.

당신이 글로벌 비즈니스 협상에 나서다 보면 아마도 많은 종류의 인사법을 경험할 것이다. 오늘은 가슴에 손을 대고 우정을 표시하는 말레이시아인을, 내일은 큰 동작으로 서로 껴안고 등을 두드려야 인사 좀 했다고 생각하는 라틴 아메리카인을 만날지 모른다. 간혹, 절하지 않는 중국인과 절하는 일본인의 인사법을 거꾸로 구사했다가 혼자 민망해질 수도 있다. 글로벌 협상가가 익혀야 할 세상의 인사법은 많다.

중요한 것은 그 인사법 너머에서 협상 상대의 의식과 행위를 움직이는 '심층'을 이해해야 한다는 점이다. 문화적 배경이 이질적인 상대와의 협상이라는 게 이렇게 깊이 있는 준비를 필요로 한다. 이번 파트에서 우리가 얻고자 하는 것이 바로 거기에 필요한 입문적 지식이다.

지금, 상대가 보여주는 행위와 말의 바탕에는 과연 어떤 빙산의 80%가 작동하고 있을까? 그것은 또 당신이 임한 협상에 어떤 영향을 미칠 것인가?

니스벳의 실험으로 보는 개인주의와 집단주의

『생각의 지도』를 쓴 사회심리학자 리처드 니스벳(Richard E. Nisbett)이 미시간대 심리학과 연구진을 이끌고 흥미로운 실험을 했다. 백인 미국인 학생 25명과 중국인 학생 27명에게 정글 속에서 어슬렁거리는 호랑이 그림을 보여주고 눈의 움직임을 관찰한 것.

그 결과는 자못 흥미로웠다. 백인 학생들은 전면에 있는 물체에 반응해 호랑이를 오랫동안 주시한 반면, 중국 학생들의 시선은 그림의 배경에 오래 머문 다음 물체와 배경을 오갔다고 한다. 백인 학생들은 하나의 물체에 집중했고, 중국 학생들은 그림 전체를 주시했다는 것이다.

니스벳은 이 같은 차이가 상이한 문화적 배경에서 기인하는 것으로 분석했다. 중국인은 타인과의 관계에 신경을 쓰며 전체의 조화를 중시하지만, 서양인은 타인과의 관계에 신경을 덜 쓰는 개인주의적 성향이 강하다는 내용이다.

흔히 전자의 경우를 집단주의, 후자를 개인주의 성향으로 부르곤 하는데, 전문가들은 이 두 문화의 차이가 여전히 강력하며 광범위한 영향력을 미친다고 본다. 특히 문화심리학자 헤이즐 로즈 마커스(Hazel Rose Markus) 같은 이는 샌프란시스코 국제공항에서 벌인 실험으로 아예 '아시아=집단주의'라는 등식을 세운 듯하다. 오렌지색 펜 4자루와 녹색 펜 1자루를 늘어놓고 고르라고 하자 유럽인은 단 하나뿐인 녹색을, 아시아인은 개수가 여럿인 오렌지색을 주로 골랐다는 것이다. 마커스 교수에게는 그 결과가 꽤나 강렬했던가 보다.

호랑이부터 볼까, 밀림 먼저 볼까

지구상에서는 오늘도 문화적 차이로 인해 많은 갈등과 충돌이 발생하고 있다. 새뮤얼 헌팅턴도 1993년 작 『문명의 충돌』에서 다음과 같은 전망을 내놓은 바 있다. "새롭게 태동하는 세계 정치 구도에서 핵심적이고 가장 위험한 변수는 상이한 문명을 가진 집단들 사이의 갈등이 될 것이다."

문화의 차이가 '나'와 '너'를 가르는 잣대가 되고, 차이가 그저 차이로서 존재하는 것이 아니라 '너'를 배제하는 원리로 작동한다. 헌팅턴의 책이 서구중심주의적 견해의 산물이라며 많은 비판도 받았지만, 어쨌든 그가 예견한 대로 오늘날 서구 문명과 이슬람 문명의 충돌은 현실이 됐다. 이 갈등의 한편에 서구적 개인주의 문화에서 배태된 '독립적 자아'와 동양의 집단주의 문화가 낳은 '상호의존적 자아'가 부딪히는 일면이 있다. 샤를리 에브도 사태러 사건이 그런 경우다.

2015년 1월 7일, 프랑스 파리에서 풍자 주간지 《샤를리 에브도》 본사에 대한 테러 사건이 발생했다. 이슬람교 창시자인 마호메트를 풍자한 만평에 불만을 품고 이슬람 지하디스트(성전주의자) 3명이 일으킨 비극이었다. 개성과 자유를 존중하는 서구의 시각에서 《샤를리 에브도》의 만평 게재는 표현의 자유를 구가한 것일 뿐이다.

그러나 극단주의자의 시각에서 그것은 하나의 종교적 사상과 가치를 공유하는 이슬람 공동체 전체에 대한 모욕이었다.

개인주의와 집단주의의 차이는 조직 관리 측면에서도 드러난다. 서유럽의 네덜란드와 스웨덴 같은 나라에서는 합의적인 의사 결정 방식을 중요시한다. 독일도 예외가 아니어서, CEO 한 사람이 아니라 고위 관리자들로 이루어진 소규모 그룹에 의해 주요 의사 결정이 이뤄진다. 외형상으로만 보면 언뜻 집단적 경향을 띤다고 볼 수 있으나, 원래 '합의'라는 문화의 이면에는 구성원 개개인의 의견을 중시하는 정신이 내재돼 있다. 이와 달리 집단주의 성향이 강한 한국이나 중국의 경우 윗선의 의사 결정이 조직 전체를 움직이는 구조가 흔하다.

물론, 똑같은 서구권이라고 해서 다 같지는 않다. 미국도 개인주의 문화가 지배하는 나라지만 의사 결정에 있어서만큼은 조금 다른 경향을 보여준다. 최종 권한을 가진 개인이 주도하고 여타의 구성원들이 이를 따르는 방식을 취할 때가 많다. 이러한 특성은 흔히 '서부시대'로 일컬어지는, 그들의 식민지 개척 경험에서 영향을 받은 바 크다. 미지의 신대륙에서 거친 환경을 극복하며 생존의 터전을 가꿔야 했던 만큼 당면한 문제를 신속히 해결해 나가는 '속도'가 중요했던 까닭이다.

합의를 중요시하는 개인주의 문화에서는 의사 결정 과정이 더딜 수밖에 없다. 그러나 일단 결정이 내려지면 실행은 신속하게 이뤄진다. 상명하복의 집단주의 문화에서는 정반대다. 결정은 권한 있는 개인에 의해 빨리 도출되는 편이지만, 실행 과정에서 잦은 번복과 보완으로 결과에 이르기까지 시간이 더 걸릴 수 있다.

그렇다고 해서 개인주의와 집단주의 문화를 무엇이 더 좋고 나쁘다는 식의 획일적 잣대로 보라는 얘기는 아니다. 일본은 집단주의 문화가 강한 나라지만 조직 운영만큼은 이웃인 한국이나 중국과 달리 합의에 의한 의사 결정을 선호해 왔다. 1990년대까지 소니, 파나소닉 등을 앞세워 세계 전자 시장을 석권했을 때까지 그들의 방식은 유효했다.

하지만 2004년 일본 10대 전자 기업의 순이익 합계가 삼성전자 하나에 못 미친다는 성적표를 받아들자 심각한 위기의식에 빠진다. 그들이 처참한 상황을 분석하고 내린 결론은 '조직 문화의 차이'였다. 한국에서는 거대 개발 비용이 소요되는 프로젝트일지라도 기업 총수가 결정하고 하부 집단이 실행에 옮기는 과정이 일사불란하다. 이와 달리 일본의 기업들은 결정과 실행 과정별로 합의를 거쳐야 하기에 상대적으로 느릴 수밖에 없다는 것이다.

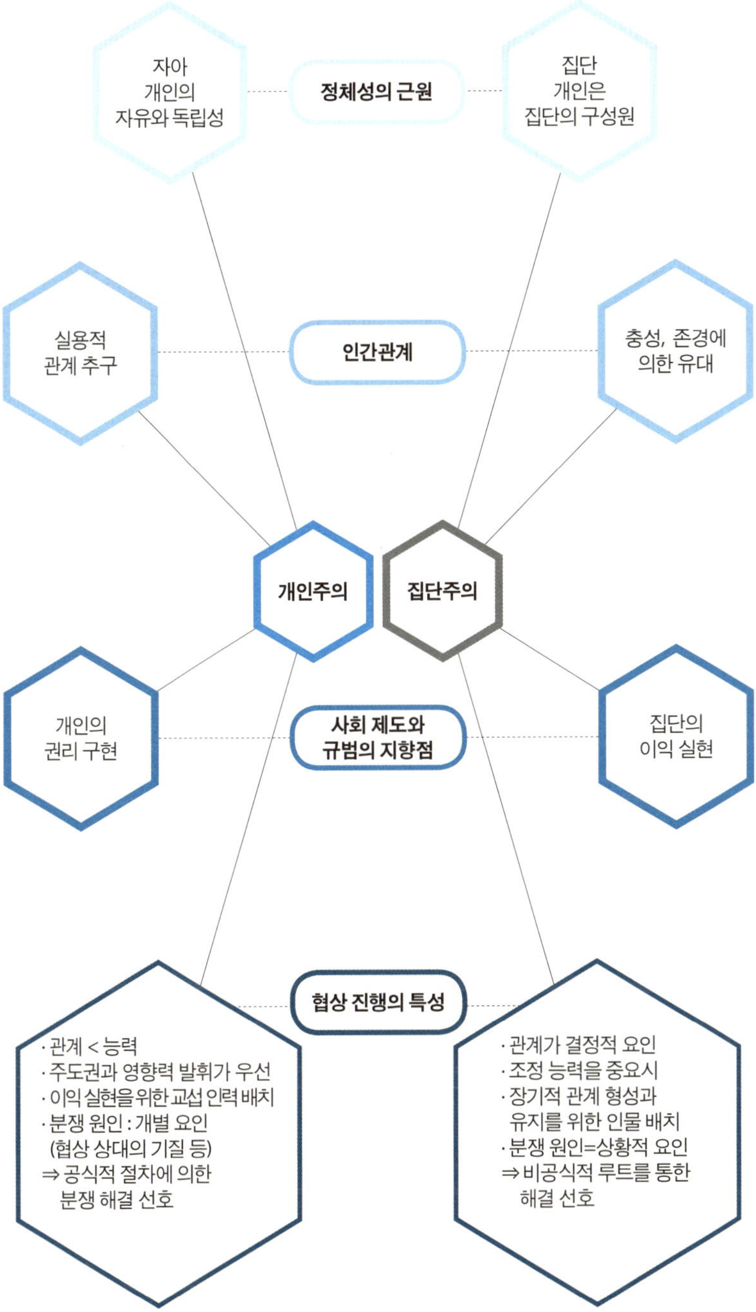
자아
개인의
자유와 독립성
정체성의 근원
집단
개인은
집단의 구성원
실용적
관계 추구
인간관계
충성, 존경에
의한 유대
개인주의
집단주의
개인의
권리 구현
사회 제도와
규범의 지향점
집단의
이익 실현
협상 진행의 특성
·관계 < 능력
·주도권과 영향력 발휘가 우선
·이익 실현을위한 교섭 인력 배치
·분쟁 원인 : 개별 요인
(협상 상대의 기질 등)
⇒ 공식적 절차에 의한
분쟁 해결 선호
·관계가 결정적 요인
·조정 능력을 중요시
·장기적 관계 형성과
유지를 위한 인물 배치
·분쟁 원인=상황적 요인
⇒ 비공식적 루트를 통한
해결 선호

KAL-801편의 추락 원인이 한국의 직장 문화였다고?

당신이 지금 덴마크의 한 회사에서 일한다고 가정해 보자. 한 직원이 직속상관인 당신을 건너뛰어 최고 경영자에게 직접 신규 사업 아이디어를 건넸다면 어떤 기분이 들까. 물론 당신이 수평적 사회 구조를 지닌 덴마크나 네덜란드 태생이라면, 적어도 그러한 문화를 깊이 경험해 본 외국인이라면 별로 개의치 않아 할 것이다. 그러나 동아시아의 서열 중심 수직적 문화에 익숙한 직장인이라면 그 당돌한 부하 직원에게 두고두고 괘씸죄를 물을지도 모른다.

평등 문화와 계층 문화

네덜란드의 비교문화심리학자 헤이르트 호프스테더(Geert Hofstede)는 1970년대에 '권력거리(power distance)'라는 개념을 제시한 바 있다. '어느 조직에서 부하들을 그들의 상사로부터 격리시키는 감정적 거리'를 말한다. 그는 이 권력거리가 큰 조직일수록 집단주의적인 경향을 띠고, 작은 조직일수록 더 개인주의적이 되는 경향이 있다고 말한다. 평등 문화와 계층 문화란 바로 이 거리의 길고 짧음에 따라 구분한 개념이라 할 수 있다.

평등 문화에서 리더는 서열상 가장 위에 있는 우두머리(top)가 아니라 평등한 관계 속에서 업무를 주도하는 조직의 중심인물(center)이다. 계층 문화에서 리더는 조직의 상석에서 직원들에게 지시하고 호령하는 우두머리(boss)다. 우두머리는 조직의 목표 달성을 위해 명령하고 강제한다. 반면에 중심인물은 조직의 구성원 간 이해관계를 조정하고 소통을 독려하는 구심점이다.

호프스테더가 세계 53개국을 대상으로 한 조사 결과 권력거리가 가장 먼 나라는 말레이시아였다. 그 반대편에 이스라엘과 오스트리아가 있다. 두 나라의 경우 조직 내 상하 개념이 뚜렷하지 않고, 총리일지언정 시민 참여 행사에서는 일반 시민과 거의 같은 대접을 받을 정도였다. 권력거리가 비교적 큰 한국에서는 상상하기 힘든 일이다(당시 조사에서 한국은 그리스와 함께 27위를 기록했다). 심지어 이스라엘에서는 군대조차 서열 의식을 거의 보여주지 않았다고 한다. 젊은 병사들은 자유로운 분위기에서 상관들과 논쟁할 수 있었는데, 이러한 평등 문화는 군의 창의력을 진작하고 집단 사고의 폐해를 막는 데도 도움을 준다.

평등 문화는 일반적으로 유럽에서 흔한 현상이지만, 여기에도 차이는 있다. 과거 로마제국의 영역에 속해 있던 나라들은 로마의 수직적이고 중앙집권적인 정치·사회 시스템의 영향 탓인지 계층 문화의 색채가 강하게 남아 있다. 이탈리아, 스페인, 프랑스 같은 남유럽 국가들이다.

이에 비해 북유럽의 덴마크, 스웨덴, 노르웨이 같은 바이킹 후예의 나라들은 평등하고 합의 중심적인 문화를 보인다. 부족의 문제를 함께 토론하고 해결하던 그들 특유의 문화적 배경 때문일 게다. 이 외에 영국이나 독일처럼 신교 세력이 강한 나라들에서도 평등 문화의 경향을 확인할 수 있는데, 가톨릭의 수직적 계층 문화를 붕괴시킨 그들의 역사적 경험에서 비롯된 것으로 이해할 수 있다.

어느 비행기 추락 사고에 나타난 일면

1997년 8월 6일 KAL-801편이 미국령 괌의 아가나 국제공항에서 추락하는 사고가 발생했다. 기상 악화, 착륙 유도 장치의 결함, 조종사 과실 등이 이유로 꼽혔다. 그런데 이러한 물리적 원인 외에 색다른 견해를 제시한 전문가들이 있었다. 당시 부기장이 기장에게 문제의 심각성을 명확하게 주장하지 못했고, 기장도 부기장의 말을 무시했다는 것이다. 그 전문가들의 주장에 따르자면, 비행기를 떨어뜨린 것은 결국 한국의 조직 사회에 만연한 계층 문화였다.

사실 우리 사회에는 아직도 직위나 계급이 낮은 자가 윗사람의 명령에 무조건 수긍하는 분위기가 남아 있다. 그런 풍토에서는 부하 직원의 소신을 상사(권위)에 대한 도전으로 왜곡하는 경우가 흔하다. 계층 문화가 드리운 그늘이랄까. 유교 문화의 부정적 잔재를 대물림한 사회라면 흔히 목격할 수 있는 풍경들이다.

2016년 초 애플을 제치고 전 세계 대장주로 등극한 구글의 사례는 그와 대척점에 선 문화를 보여준다. CEO가 말단 직원과 차 한 잔 나누며 스스럼없이 어울리는 오픈 마인드가 있고, 전 직원이 회사의 의사 결정에 참여하는 수평 문화가 존재한다. 이러한 평등 문화가 조직의 원활한 소통과 구성원의 창의를 진작시키는 원동력이 되는 것이다.

기업의 최종 목적은 이익의 실현이다. 최대의 이익을 얻기 위한 효율의 극대화야말로 기업 경영 활동의 본질이다. 실리콘 밸리의 평등 문화가 어떻게 기업의 이익을 가져오는지 확인한 이상 선두 그룹을 추격하는 신흥국의 기업들이 이를 벤치마킹하는 건 자연스럽다. 연공서열제를 대체해 성과급 제도가 확산되는 중이며, 학력 아닌 능력 위주의 승진 제도도 저변을 넓혀 간다. 서열식 호칭, 고위 간부 전용 엘리베이터가 점점 사라지는 추세임은 말할 것도 없다.

하지만 당신이 글로벌 협상가라면 다양한 문화적 양상에 대비할 수 있어야 한다. 자신이 비록 자유롭고 평등한 문화 속에서 길들여졌다고 해도 다른 문화권의 협상 상대에게 제 가치관을 들이대는 것은 금물이다. 그는 당신의 협상 상대이지 계도 대상이 아니지 않은가. 상대 문화를 존중한다는 글로벌 협상의 기본자세를 기억할 일이다. 그것은 협상 파트너가 경직된 집단주의와 계층 문화에 찌든 사람이라고 해서 예외일 수 없다. 협상가라는 직업을 가진 이상 당신은 유연해야만 하는 것이다.

평등한 조직

지방 분권적
기능별 권력 분산 구조
권한은 하부에 위임
상하 간 의사소통 원활
사회적 특권이나 권위에 저항
갈등 빈번. 해결은 구성원 스스로
협상력의 원천은 바트나(BATNA)
동급이 아닌 협상 상대도 OK!

계층적 조직

중앙 집권적
피라미드형
권한은 상부에 집중
상명 하달식 의사소통
권위주의적 가치(충효 등) 강조
갈등 미미. 상급자가 갈등 해결
협상력의 원천은 지위
레벨이 같아야 협상 상대로 인정

직설적인 미국인 vs 우회적인 일본인

당신 친구가 밤늦게 집을 방문했다. 그런데 안색이 영 허기져 보인다. 저녁 안 했느냐고 물었더니 우물쭈물한다. 식사를 건너뛴 게 분명하다. 인정이 흘러넘쳐서가 아니라 이쯤 되면 뭘 좀 먹겠느냐고 묻는 게 인지상정이다. 자, 여기서! 만일 그가 일본인이라면 틀림없이 '괜찮다'는 답을 듣게 될 것이다. 그래도 그냥 알겠다며 멈춰선 안 된다. 계속해서 두세 번을 더 권해 보라. 정말로 배가 고프면 그때서야 당신의 식사 제안을 받아들일 것이다. 몇 번 거듭된 질문에도 사양할 경우라면 정말로 괜찮은 것으로 받아들여도 좋다.

직접 의사소통과 간접 의사소통

일본 사람은 아무리 배가 고파도 이를 직접적으로 표현하지 않는다. 무례하고 부적절한 행동으로 여기기 때문이다. 그래서 일본인을 잘 아는 사람은 그들이 말하는 "괜찮습니다"를 간접화법으로 받아들일 때가 있다. "지금 몹시 배가 고프니 다시 한 번 물어봐 주실래요?"

그들의 암시적, 간접적, 우회적인 의사소통 방법은 협상에서도 자주 나타난다. 일본 협상가들은 상대방의 제안이 마음에 들지 않을 경우 명확하게 반대 의사를 표명하지 않는 편이다. 한국어로 '예(네)'를 뜻하는 일본어 '하이(はい)'는 영어에서 동의를 표

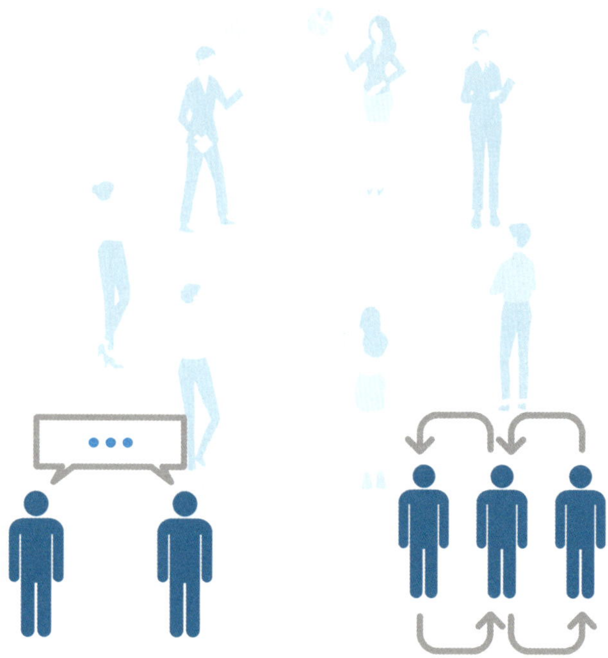

직접 의사소통 문화

- 명시적·직접적인 메시지
- 행동 및 해결 위주
- 명확한 정보 제공
- 상대의 관심사와 대안을 직접 질문
- 직접적 합의 전략 (선호, 우선순위에 대한 정보 요청)
- 간접 대화 방식에 취약
- 협상 진행이 우선
- 이해관계 위주의 분쟁 해결
- 갈등 요인에 대한 직접적 어필과 해결 도모

간접 의사소통 문화

- 암시적·간접적·우회적 메시지
- 추론적이고 모호한 표현 위주
- 메시지의 문맥을 알아야 이해 가능
- 상대의 이야기와 제안에서 간접적으로 정보 수집
- 간접적 합의 전략 (동시에 여러 대안을 제시)
- 직접·간접 대화 두루 가능
- 인간관계 구축이 우선
- 모두가 만족하는 분쟁 해결
- 갈등 상황 시 상대에게 망신을 줌 (거절 표시)

시할 때의 '예스(yes)'라기보다 '알아들었다(understand)'에 가까운 말이다. 겉으로 드러난 표현 너머에 감춰진 의도를 찾는 것이야말로 일본인과의 협상에서 주의할 부분이다.

미국인의 경우는 확실히 다르다. 그들과 의사소통할 때는 메시지를 정확하게 전달할 수 있도록 해야 한다. 최대한 간단명료하고 구체적으로 표현하라. 이들의 화법은 '미합중국'이라는 국가의 태생적 배경과 관련이 있다. 전 세계로부터 유입된 대규모 이민자들로 구성된 나라 아닌가. 함께한 역사라고 해봐야 고작 200년이니 서로 제각각인 문화와 언어 사이의 공감대를 놓을 시간도 일천했다. 이런 마당에 무슨 에둘러 표현하고 말고 할 게 있겠나. 상호간에 오해를 줄이기 위해서는 최대한 간단하고 직접적인 의사 표시가 효율적이었을 것이다.

미국 외에도 캐나다, 호주, 네덜란드, 독일 등이 직접 의사소통 문화를 발전시켜 온 나라들로 알려져 있다. 흥미로운 것은 동일한 앵글로-색슨 문화권에 속하면서도 영국인은 미국인에 비해 훨씬 우회적으로 메시지를 전달한다는 점이다. 미국인이라면 'bad(나쁘다)'라고 말할 상황도 'not that good(안 좋다)'이라는 표현을 쓴다. 그들의 화법은 무표정한 얼굴로 구사하는 영국인 특유의 역설이나 냉소의 도구가 되기도 한다. 가령 미국에서 "He's dead(그가 죽었어요)"라고 할 때 영국에선 "He's passed away(그 사람 세상 떴어)"라고 말하는 식이다.

문화에 따라 메시지 전달 방법은 달라진다. 살짝 맛본 영국식 표현과 미국식 표현의 차이처럼 메시지를 명시적으로 전달하느냐, 함축적(우회적)으로 암시하느냐에 따라 각각의 표현에 포함된 정보의 양이 달라진다. 쌍방 간에 의사 전달을 확실히 하고 내용 확인도 꼼꼼히 해야 하는 협상에서 이 사실은 아주 중요하다. 협상가가 상대의 의사소통 방식을 이해하고, 때로는 그의 발언의 진의를 집요할 정도로 확인해야 하는 까닭이 여기에 있다.

고맥락 문화와 저맥락 문화는 어떻게 다른가?

문화를 빙산에 비유한 사실을 기억하는가. 그때 우리는 수면 위로 드러난 20%와 바다에 잠긴 80%가 무엇을 뜻하는지 살폈다. 그리고 겉으로 드러난 20%의 문화 현상을 이해하려면 감춰진 80%, 곧 한 사회가 지닌 의식의 심층에 접근해야 한다는 원리도 이해했다.

미디어 연구에서 쓰이다가 이제는 일상어처럼 받아들여지는 말로 '콘텍스트(context)'가 있다. 사전적 의미로 '맥락'이나 '문맥'을 가리키는 이 단어를 앞선 비유에 적용한다면 빙산의 수면 아랫부분에 빗댈 수 있을 것이다. 톨스토이의 『안나 카레니나』는 텍스트 자체만으로도 많은 재미를 주지만, 독자가 19세기 말 제정 러시아 시대의 역사와 문화에 해박하다면 흥미는 배가될 것이다. 텍스트는 텍스트 바깥의 문맥을 이해할 때 더 깊이 있는 접근이 가능해진다.

지금까지의 이야기는 당신이 협상장에서 만난 저쪽 사람을 이해하려 할 때도 함의를 갖는다. 인간은 독립된 단자(單子)가 아니라 끊임없이 외부와 영향을 주고받으며 살아가는 존재다. 따라서 한 사람의 의식과 행위에는 어떤 식으로든 그가 속한 외적 요인, 곧 당대의 가치관, 인간관계, 제도와 문물 등이 투영되기 마련이다. 이것이 바로 그를 이해하기 위해 필요한 콘텍스트다. 인간은 언제나 '맥락' 안에 자리하고 있다.

다만, 외적 요인에 영향을 받는 정도에는 사람마다 차이가 있다. 우리는 이미 개인주의와 집단주의 가운데 어느 성향이 더 강한가에 따라 개인의 자아상이 독립적이거나 상호의존적일 수 있음을 살폈다. 그처럼 한 인간이 자신을 둘러싼 상황적 요인으로부터 얼마나 독립적인지, 다시 말해 외부 상황으로부터 영향을 받는 밀도가 어느 정도인지에 따라서 구분한 개념이 있다, 바로 고맥락 문화(high-context culture)와 저맥락 문화(low-context culture)이다.

관계 지향형 vs 독립 지향형, 당신의 인간형은?

당신은 고맥락 문화와 저맥락 문화 중 어느 쪽 성향에 가까울까. 그 결과에 따라서 당신이 보여줄 의사 전달 방식, 대인 관계, 자아의식, 시간관념, 협상 스타일은 달라질 것이다. 고맥락 문화의 경우 아시아, 중동, 중남미권에 주로 분포하는 만큼 앞서 살펴본 이 지역 문화권의 주된 특성들인 집단주의, 계층 문화, 간접적 의사소통 방식, (뒤에 언급할) 복수 시간 문화 등과 교집합 관계에 있다. 그 공통분모들을 추려 보면 다음과 같다(이하의 내용은 워렌 키건, 『Multinational Marketing Management』와 안세영, 『글로벌 협상 전략』을 참조).

- 상황 의존도가 높다.
- 암시적·우회적 의사 전달 방식을 쓴다.
- 신분과 인간관계를 중요시한다.
- 갈등과 마찰을 회피한다(화합과 협력 지향)
- 한꺼번에 여러 가지 일을 처리하려 한다.
- 과거가 현재와 미래에 영향을 미친다(연장자의 경험 중시).
- 시간관념이 느슨하다.
- 충성심을 강조하는 등 집단주의 성향이 있다.

여기에서 '상황 의존도가 높다'는 것은 고맥락 문화의 전형적인 특성이다. 하나의 의사 결정이나 문제 해결에 있어 사실에 기초하기보다는 '상황에 대한 이해'와 '관계'를 중심으로 문제를 해결하려는 속성이 있다. 이는 객관적 정보와 구체적인 사실에 근거해 결론에 도달하려는 저맥락 문화와 대척점에 놓인다. 이쯤 되면 유럽이나 미국 쪽에서 흔히 나타나는 저맥락 문화의 경향도 짐작할 수 있을 것이다.

- 의사 전달 방식이 명시적이고 직접적이다.
- 신분보다는 능력을 중시하고, 일과 관계를 분리한다.
- 갈등과 경쟁은 발전을 위해 불가피한 요소들이다.
- 일은 순서대로 한 번에 하나씩만 처리한다.
- 현재와 미래를 과거의 영향권에 가두지 않는다.
- '시간은 돈'이라는 엄격한 시간관념에 따라 움직인다.
- 독립적인 존재로서 개인을 우선한다.

이상의 사실을 종합하면 우리가 살핀 두 문화권 사람들의 특성을 비교해 볼 수 있겠다. 고맥락 문화권의 사람들은 사물의 가치를 상대적으로 파악할 것이다. 만물은 '관계' 속에서 저마다의 의미를 갖기 때문이다. 그들의 집단은 강한 구심력을 지닐 테고 세상을 '전체'로서 종합하는 시선을 공유할 것이다. 반면, 우리가 흔히 '서양인'이라 부르는 저맥락 문화권 사람들은 사물마다 고유한 개별적 가치가 있다고 믿으며 전체(집단)의 구심력에 복속되지 않는 자유롭고 개별적인 존재이고자 할 터이다. 전자가 관습과 관계에 의해 지배받는 사회를 산다면 후자는 법과 계약이 지배하는 세상을 산다.

스위스와 페루에서 시간이 다르게 흐르는 이유

어느 한국 외교관이 외국에서 현지인 다섯 가족을 저녁 식사에 초대한 적이 있다. 식사는 저녁 7시에 시작하기로 돼 있었다. 외교관 초년병 시절부터 그는 이미 '저녁 초대를 받으면 약속 시간보다 15분 정도 늦게 도착하라'는 조언을 들은 터였다. 정시에 도착해 식사 준비로 한창 바쁜 집주인에게 스트레스를 주지 말라는 이유였다. 하지만 식사 당일 초청 인사 대부분이 정시에 도착했고, 그 외교관은 꽤나 당황스러웠다. 손님들이 시계로 유명한 나라의 국민이기 때문일까? 필자의 스위스 제네바 근무 시절 이야기다.

그로부터 십수 년이 지나 이번에는 페루 대사로 근무하던 시절의 일이다. 그날도 현지인 가족들과 저녁 식사를 함께하기로 한 터였다. 하지만 초대받은 네 가족은 약속한 8시가 되어서도 나타나지 않았다. 시간을 30분이나 넘기고도 누구 하나 보이지 않더니, 40분 지났을 때에야 비로소 첫 번째 가족이 나타나는 게 아닌가. 그날 마지막 가족이 도착했을 때는 이미 시계 바늘이 9시를 넘긴 후였다.

단일 시간 문화와 복합 시간 문화

인류학자 에드워드 홀(Edward Hall)에 따르면, 세상의 시간은 한 줄기로 흐르거나 여러 갈래로 흐른다. 그는 여기에 맞춰 단일 시간(monochronic time) 문화와 복합 시간(polychronic time) 문화로 구분한다.

단일 시간 문화는 시간을 선형적(線形的)이고 세분화되고 관리 가능한 대상으로 본다. 영국인을 포함한 앵글로-색슨계, 노르웨이·스웨덴·덴마크인을 위시한 스칸디나비아계 사람들의 경우가 그렇다. 이들은 한 번에 한 가지씩, 주어진 일에 집중하며 미리 계획된 일정 안에서 일을 처리한다.

아시아, 중남미, 중동 같은 복합 시간 문화권 주민들이 사는 시간은 다르다. 그들은 시간을 실체적인 것으로 인식하지 않으며 관리의 대상으로 여기지도 않는다. 이들은 한꺼번에 여러 가지 일을 동시에 처리하는 습성이 있다. 일정보다 관계를 중요시하기 때문에 시간 관리에 탄력성을 부여한다. 삶은 끊임없이 변화하므로 일정 또한 쉽게 변할 수 있다는 식이다. 그러니 체계적인 계획에 따라 움직이는 서구인들보다는 융통성과 탄력성이 강조될 수밖에 없다.

이렇듯 서로 다른 시간관을 가진 사람들이 협상 테이블에서 마주하면 어떤 양상이 펼쳐질까? 단일 시간 문화권의 협상가들에게는 일정과 마감 시간 엄수만큼 중요한 게 없다. 게다가 시간 관리에 엄격한 그들로서는 협상 의제를 사전에 확정함은 물론 의제들을 어떤 순서로 논의할 것인지도 사전에 명확히 하고 싶어 할 것이다. 각 의제별로 논의 시간을 할당할 정도로 그들은 철저하다.

하지만 상대는 어떤가. 복합 시간 문화권에 속한 협상가는 예측 불가능한 방식으로 협상을 진행하는 것에 익숙하다. 새로운 필요가 생길 때마다 융통성 있게 대처한다. 협상가, 협상 의제, 논의 순서, 심지어는 장소까지도 예사로 바꾼다. 단일 시간 문화권 사람들로서는 이래저래 속이 답답한 일투성이다.

실제 협상에서는 시간에 관한 두 문화의 차이를 이해하고 적절히 대처해 나가야 한다. 다양한 방식으로 일을 처리하는 유연성은 필수다. 20세기를 살다 간 중국의 정치가 저우언라이에게 18세기 프랑스 대혁명에 대한 역사적 평가를 물었을 때, 그는 '아직 평가하기에 이르다'고 답했다 한다. 200년이라는 시간조차 평가의 표본으로 삼기에는 충분치 않다고 여긴 걸까. 당신이 저우언라이 같은 협상 상대를 만난다면 과연 어떻게 대응할 것인지 미리 생각해 봐야 할 대목이다.

복수 시간 문화

- 아시아, 중남미, 중동 지역에 분포
- 한꺼번에 여러 가지 일을 동시에 처리
- 공무와 사무를 병행하여 처리
- 긴 시간 지평
  - 전통과 경험을 중시한 의사 결정
  - 과거와 미래를 아우르는 장기적 안목에서 접근
- 협상에서 중장기적 이해관계 중시
- 협상 스케줄 조정 가능
- 느린 의사 결정

단일 시간 문화

- 미국, 유럽 지역
- 한 번에 하나씩 순서대로 일처리
- 일과 중에는 엄격하게 공무에 집중
- 짧은 시간 지평
  - 현재의 이해관계가 우선인 의사 결정
  - 통제할 수 있는 현재와 가까운 미래를 중요시
- 협상에서 단기적 성과에 집착
- 협상 스케줄에 엄격
- 신속한 의사 결정

Tip Box

협상 테이블에서 동양이 서양을 상대하는 방법

서양의 협상가들은 명료하고 투명한 의사소통을 추구한다. 그러나 동양권 협상가들은 함축적 표현을 구사하기 때문에 이들과의 협상에서는 발언의 행간에 담긴 진짜 의도를 파악하는 게 중요하다. 또한 서양 쪽은 팀원의 개인적 능력을 중요시하고 책임도 개인이 지는 반면, 동양은 팀 전체로서 평가받고 책임도 함께 진다. 칼로 무 베듯 기계적으로 나눌 순 없지만 대체로 동양과 서양의 협상 스타일은 각각의 특색이 있다. 이번 파트에서 살펴본 바를 토대로 한다면, 문화적으로 동양의 협상가들은 집단주의적·계층적·고맥락의 특성을, 서양 쪽은 개인주의적·평등주의적·저맥락의 특성을 공유한다고 볼 수 있다.

이처럼 서로 다른 문화적 배경을 감안할 때, 동양의 협상가들에게 요긴한 협상 전술이 하나 있다. '서양을 상대할 땐 집단의 구성원을 각개 격파하라'는 것이다. 한국-EU 간에 벌어지는 조선업 관련 갈등 국면에도 이를 적용해 볼 수 있을 듯하다.

1990년대 중반 이후 세계 1위로 올라선 한국의 조선업계에 EU 소속 국가의 선주들조차 발주하는 일이 늘어났고, 이에 위기를 느낀 EU는 WTO 제소로 견제 행위를 표면화했다. 한국 정부의 보조금 지원 등이 이유였다. 그러나 총 28개 회원국으로 구성된 연합체인 만큼 EU 집행위원회가 개별 회원국들의 다양한 이해관계를 조율하기는 쉽지 않을 것이다. 당장 독일, 스페인, 이탈리아를 필두로 한 조선국과 영국, 네덜란드, 덴마크, 핀란드 등의 해운국 간 이해가 대립되고 있지 않은가. EU 집행위 내의 부서 간 의견도 엇갈리는 마당이다. 보조금 재개를 수용하는 산업총국과 그것이 공정 경쟁에 위배되므로 반대한다는 경쟁총국의 입장만 해도 그렇다.

EU 내부에서 벌어지는 이해관계의 충돌이 '전체보다 개체'를 우선시하는 그들 특유의 문화적 영향에 의한 것이라면 너무 단순한 해석일까. 어쨌든 한국 조선업계로서는 나쁠 것이 없다. EU 내부의 다양한 이해관계자들을 각개 격파하는 식으로 협상에서 분할 지배 전략을 활용할 수 있기 때문이다(안세영, 『글로벌 협상 전략』 참조).

	동양 협상 문화	서양 협상 문화
상황 의존도	• 고맥락 문화적 협상 스타일	• 저맥락 문화적 협상 스타일
협상 접근 방식	• 관계 지향적(협상 전 신뢰 관계 구축) - 막후 설득, 제3자를 통한 설득 • 협상 상대의 지위, 소득 등이 중요 • 중·장기적 이해관계 추구 • 경쟁보다는 상호 교환과 양보가 중요 • 상대방에게 생각할 시간적 여유 제공	• 정보와 사실에 기초한 협상(사안별 정보, 사실에 기초한 직접 설득) • 협상 상대의 능력과 전문성이 중요 • 단기적 성과 추구 • 자기주장, 경쟁이 필요하다는 인식 • 많은 질문을 던지며 상대를 파악
의사 결정	• 집단적 의사 결정(컨센서스 형성) • 상당한 시간 소요(합의 후 집행은 신속)	• 개인적 의사 결정(필요시 표결로 결정) • 신속한 의사 결정(원칙 합의 후 최종 계약 및 집행까지 시간 소요)
협상 권한	• 비위임형 협상 권환(정부나 본사의 훈령 아래 협상 진행)	• 위임형 협상 권환(대표의 결정·지휘·감독하에 협상 진행)
협상 인원	• 다수(전문성 부족, 의전 중요시)	• 소수 전문가 그룹
보상 문화	• 집단적 보상	• 개인적 보상(성과에 대한 보상 및 책임까지)
계약서 내용	• 포괄적, 원칙적 합의 규정 • 새로운 상황에선 계약 수정 가능 • 서류상의 법적 의무보다 공동의 목표와 신의에 기초하는 장기적 협력 관계 중요시	• 구체적, 명시적 합의 규정 • 계약은 가능한 한 준수되어야 함 • 계약 내용을 충실히 이행하려고 하되 계약내용을 벗어난 사항에 대해서는 의무감을 느끼지 않음
분쟁 해결 방식	• 분쟁 발생 시 신의, 성실의 원칙에 따라 해결 선호 • 비사법적 해결 방안 선호	• 분쟁 발생 시 해결 방안을 계약서에 명시 • 사법적 해결 방안 선호

part 2

언어, 세련된 협상 진행을 위한 화룡점정

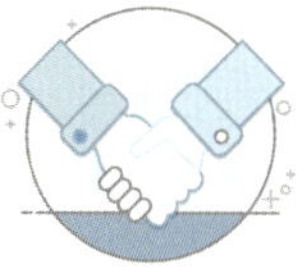

세련된 외국어 구사는 협상의 제일 자산

지구상에는 몇 개나 되는 언어가 있을까? 학자들 간의 견해는 엇갈린다. 언어에 대한 정의, 표준어와 방언을 구분하는 기준이 다를 뿐만 아니라 오지나 미개 언어에 대한 연구도 부족한 까닭이다.

그래도 몇 가지 참고할 만한 지표는 있다. 가장 권위 있는 언어 백과사전인 『에스놀로그(Ethnologue)』에 따르면, 현재 지구상에서 사용되는 언어의 수는 7,097개(2016년 기준)에 달한다. 이와 달리 대부분의 언어학자들은 (관점에 따라 차이는 있지만) 대략 4,000~5,000개 정도를 꼽고 있다. 어쨌든 꽤나 많은 숫자임에는 틀림없다.

문화는 말 또는 행동을 통한 의사 전달에 영향을 미친다. '협상 그 자체가 의사소통'이라는 말도 있지만, 상이한 문화권 사이의 글로벌 협상에서는 실상 의사소통의 엇박자 때문에 많은 문제가 발생한다. 그래서 성공적인 글로벌 협상의 사례들은 언제나 당사자 간 세계관, 논리, 시간과 공간에 대한 관점의 차이들을 극복했다는 공통분모를 갖는다.

결국 수월한 의사소통을 위해서는 상대방의 문화적 규범들을 숙지해야 하고, 이때 필요한 핵심 수단이 언어임은 두말 할 필요가 없다. 언어는 타 문화를 향해 열린 창(窓)이다.

미래의 협상가가 알아야 할 세계 언어 지도

세계의 언어 중에서 무엇이 가장 많이 쓰일까. 아마도 영어를 꼽는 이들이 많을 것이다. 그럴 듯하지만, 잘못 아는 사실이다. 흔히 '북경어'라고 일컬어지는 베이징관화(또는 만다린, mandarin)가 1위인데, 원어민 수나 사용자 수 모두 최다라는 것이 『에스놀로그』의 집계다. 다시 한 번 드러나는 세계 최대 인구대국의 진가라니! 어쨌든 북경어를 이어 원어민 수 기준 2~3위로는 스페인어와 영어가, 사용자 수 기준으로는 영어와 스페인어가 각각 2~3위에 놓여 있다. 자세한 내용은 다음과 같다.

원어민 수가 가장 많은 언어

(단위 : 백만 명)

순위	언어	인구
1	베이징관화(mandarin)	1,311
2	스페인어	460
3	영어	379
4	힌디어	341
5	아랍어	319
6	벵골어	228
7	포르투갈어	221
8	러시아어	154
9	일본어	128
10	란다어	119

출처 : 2019 Ethnologue: Languages of the World, Twenty second edition. Dallas, Texas: SIL International

사용자 수가 가장 많은 언어(원어민 + 비원어민)

(단위 : 백만 명)

순위	언어	인구
1	베이징관화(mandarin)	1,090
2	영어	942
3	스페인어	570
4	아랍어	385
5	힌디어	380
6	프랑스어	274
7	포르투갈어	262
8	러시아어	275
9	말레이시아어	250
10	독일어	210

출처 : 2015. Ethnologue: Languages of the World, Eighteenth edition. Dallas, Texas: SIL International

그러나 한 나라에서 꼭 한 가지 언어만을 사용하리라는 법은 없다. 독일어, 프랑스어, 이탈리아어, 로망슈어를 쓰는 스위스처럼 공용어가 여럿인 나라는 흔하다. 당신이 캐나다 기업과 비즈니스를 하더라도 영어만 잘해서는 충분치 않다. 만일 그 기업의 활동 무대가 퀘벡 같은 프랑스어권 지역이라면 부랴부랴 통역가를 구해야 할 것이다.

이처럼 일국(一國) 다공용어의 현실을 감안한다면, 협상 대상국의 현지 사정을 파악하는 데 있어 공용어 사용 현황도 미리 파악해 둘 필요가 있다. 한 언어 교육 블로그를 살펴보니 공용어(사실상의 공용어인 경우까지 포함) 사용국 분포가 영어, 프랑스어,

주요 언어별 공용어(사실상의 공용어 포함) 사용 현황

순위	언어	국가 수	사용 권역
1	영어	64	영국, 북미(미국, 캐나다-퀘벡 제외), 오세아니아, 아시아, 아프리카 등
2	프랑스어	43	유럽(프랑스, 벨기에, 스위스 등), 북미-카리브해(캐나다, 도미니카 연방 등), 아시아, 아프리카 등
3	아랍어	26	사우디아라비아, 이집트, 이라크, 모로코, 알제리 등(서아시아 및 북아프리카의 아랍 문화권)
4	스페인어	21	스페인, 라틴 아메리카(멕시코, 아르헨티나, 칠레, 베네수엘라, 콜롬비아 등), 적도 기니, 필리핀 등
5	러시아어	11	러시아, 우크라이나, 벨라루스, 카자흐스탄, 우즈베키스탄, 에스토니아, 라트비아 등 구소련 국가
	포르투갈어	11	포르투갈, 브라질, 아프리카(앙골라, 모잠비크 등), 아시아, 오세아니아 등

출처 : ESL Blog-Language Study Abroad(2012), 위키피디아를 참고하여 저자 작성

아랍어, 스페인어, 러시아어/포르투갈어 순으로 돼 있다. 유럽 국가들의 식민 지배가 세계 언어 분포에 얼마나 많은 영향을 미쳤는지를 말해 준다. 각 언어별 공용어 사용 국가 수와 권역에 대해 좀 더 알아보자.

현재 193개 회원국으로 이뤄진 유엔의 공식 언어 목록은 지금까지 살펴본 언어 분포 현황을 고스란히 반영한다. 유엔 헌장이 규정한 공용어는 영어, 프랑스어, 중국어, 스페인어, 러시아어, 아랍어이다.

전통의 강호와 신흥 강자

세상에는 참 많은 언어가 있지만, 뭐니 뭐니 해도 세계의 기축 언어는 역시 영어다. 글로벌 협상에서 영어가 갖는 영향력을 새삼스레 강조할 필요는 없다. 지구촌의 하늘과 땅을 누비는 우편물 가운데 4분의 3은 영어 사용자들이 수취인이다. 영어는 국제기구 업무의 85% 이상을 차지하는 공식어이며, 당신의 컴퓨터에 저장된 정보의 8할, 인터넷 메일의 9할 이상을 구성하는 언어이기도 하다. 오늘날 영어가 가진 영향력은 20세기 이래 영국과 미국이 세계의 정치, 경제, 통상, 외교, 학문, 과학기술 등 제반 영역에서 절대적 우위를 점하게 된 결과다.

스페인어 또한 세계의 언어 가운데 많은 지분을 차지한다. 2019년 현재 이 언어를 모국어로 사용하는 인구는 약 4억 6,000만 명으로 중국어 원어민에 이어 2위에 올라 있다. 영어권 국가인 미국 내에서도 스페인어의 중요성은 날로 증가하는 추세여서, 고등 교육 과정의 학생 80% 이상이 제2외국어로 배우고 있을 정도다. 캘리포니아, 뉴멕시코, 플로리다 같은 주에서는 스페인어만 써도 사는 데 별 지장이 없다니 말 다 한 거 아닌가.

이런 현상은 흑인을 제치고 미국 내 최대의 소수 인종 그룹으로 대두한 히스패닉계의 위상을 반영한다. 2014년 그들은 이미 캘리포니아주에서 백인 인구수를 추월했고, 2015년 미국 내 인구수도 5,541만 명에 달했다. 향후 2050년경이면 그 숫자가 1억을 상회할 터여서 장차 이들이 미국의 정치, 경제, 사회 전반에 막강한 파워 그룹이 되리라는 전망도 있다. 사정이 이러니 백인 주류 사회도 긴장하지 않을 수 없을 터. 백인우월주의자인 트럼프 대통령이 미-멕시코 간 국경 장벽 세우기에 혈안이 된 데에는 저런 상황도 한몫하지 않을까.

영어와 스페인어가 전통의 강호라면 중국어는 글로벌 신흥 강자로 부를 수 있다. 명실상부하게 G2의 한 축이 된 중국의 위세를 등에 업고 세계 언어에서 영향력을 높여 가는 중이다. 베이징관화를 모국어로 쓰는 인구만 해도 13억 명이 넘으니 스페인어(약 4억 6,000만 명)와 영어(약 3억 8,000만 명)의 원어민 숫자를 합친 것보다 많다.

다만, 중국의 경우 56개 민족이 함께 살아가는 만큼 좋게는 언어 다양성이 있는 나라, 나쁘게는 언어 소통이 난감한 나라라 해야 할 것이다. 바깥 세상에 널리 알려진 중국어란 주류 민족 한족이 쓰는 한어(漢語)를 가리킨다. 이마저도 7개 방언이 있는데, 그 중 최대의 유력 언어인 북경어(베이징관화)가 표준어이다. 이를 중국 대륙에서는 보통화라 하고 대만에서는 국어, 싱가포르나 말레이시아에서는 화어라고 한다. 외국인들이 차이니스(Chinese) 또는 만다린(mandarin)이라 부르는 바로 그 말이다.

중국어의 언어 다양성과 관련해 재미있는 에피소드가 하나 있다. 1949년 10월 1일 베이징의 천안문 성루에 오른 마오쩌둥이 드디어 역사적 선언을 하기에 이르렀다. "지금 중화인민공화국의 건국을 선포한다!" 그런데 그거 아는가. 평생 북경어 배울 시간이 없던 이 후난성 출신자의 사투리를 알아듣는 이가 거의 없었다는 얘기 말이다.

하나의 언어는 역시 그 언어를 사용하는 국가나 민족의 성쇠에 따라서 힘을 갖기도, 잃기도 한다. 글로벌 협상에 나서는 이들이 세계의 유력 언어를 익히는 데 주력하는 사정은 당연히 이해가 간다. 그러나 지금의 대한민국이 어떤 나라인가. 전 세계를 상대로 비즈니스에 임하는 무역 1조 달러 클럽 회원국이다. 선진국, 신흥국, 저개발국의 국경을 넘나들며 전방위로 협상을 벌이는 마당에 언어의 우열을 나누는 시선은 결코 바람직하지 않다. 비즈니스 상대가 어느 국경 너머에 있을지 모르는 일인 까닭이다.

협상 준비에 나서는 순간, 언어의 우선순위는 바뀌어야 한다. 당신의 커리어에 새로운 성공담을 추가해 줄 협상 상대의 말. 당신에게는 그것이 기축 언어다. 그의 언어에 집중하라. 세상의 모든 언어는 소중하다.

통역사 활용에도 전략이 있다

한 프랑스인이 "아이 디맨드(I demand…)"라며 미국 측 협상 파트너에게 말을 건넸다. 영어에서는 무언가를 강력히 요구하거나 따질 때 쓰는 표현으로 꽤나 무례하다고 느낄 수 있는 언사였다. 다행히 저 미국인에겐 약간의 프랑스어 지식과 상대에 대한 배려심이 있었던 듯하다(알다시피 자국어에 대한 프랑스인의 자부심은 '만렙'에 가까운 수준 아닌가. 외국어 익히기에 소홀할 수도 있었을 터). 어쨌든 그 덕에 정중한 부탁의 표현인 '제 드멍드(Je demande…)'를 영어로 직역한 프랑스인의 실수는 무사히 넘어갈 수 있었다.

상대의 언어를 유창하게 구사하는 것. 글로벌 협상에서 이만한 자산이 없다. 꼭 그만큼은 아니더라도 감사 표현이나 인사말, 건배 제의 같은 기초적 표현 정도는 배워 둘 일이다. 그들 나라의 대표적인 음식이나 술 이름 따위도 미리 알고 사용하면 협상 테이블의 감성적 거리를 좁히는 데 도움이 될 것이다.

하지만 당신이 상대할 나라와 협상가는 한둘이 아니고, 세상에 언어는 많다. 더욱이 당신이 특정 언어를 능숙하게 구사할 수 있다고 해도 정확한 의사 전달과 이해가 필수인 협상에서는 더 나은 언어 도우미가 필요할 것이다. 아니, 글로벌 협상에서 통역사를 동반하는 일은 사실 필수다. 물론 통역 잘하는 재원을 뽑는 것이 능사는 아니다. 중요한 것은 그와의 콤비 플레이에 있다. 통역사를 뽑기에 앞서 몇 가지 활용 방법을 참고하자.

우선, 통역사의 고용은 협상 상대측에 의존하지 말고 자신이 직접 해야 한다. 그가 전달할 내용은 협상가의 말 외에도 생각, 암시, 말투, 억양까지 포함된다. 이 정도의 이심전심이 되려면 당연히 자기와 손발이 맞을 만한 사람을 협상가가 직접 고르는 것이 좋다.

통역사의 자격 조건도 고려할 부분이다. 가능하면 원어민이면서 정기적으로 통역에 종사하는 인력을 채용하자. 원어민도 이민자보다는 현지인을 추천하는 바이다. 통역사는 협상의 전문 분야 이외에 방언까지 숙지할 필요가 있는데, 이 점에서 더 유리하기 때문이다. 마땅한 인물이 없다면 방문할 나라의 한국 대사관에 추천을 부탁하는 것도 한 가지 방법이다.

통역사 채용은 협상 준비 과정에서 바로 이행해야 한다. 통역사가 당신의 음성, 어휘, 말하는 속도와 특수한 표현 등에 익숙해질 수 있는 시간을 줘야 한다. 더불어 소속 기관, 전문 용어, 협상 내용 등에 대한 상세한 정보도 숙지시켜야 한다.

1977년 폴란드를 방문한 카터 미국 대통령의 낭패담은 협상가와 통역사의 궁합이 얼마나 중요한지를 새삼 일깨운다. 당시 대통령의 화법에 익숙지 못했던 신참 통역사의 활약(?)은 눈부셨다. 카터가 “had left the US that day(그날 미국을 떠났다)”로 표현한 것을 “미국에게 마음이 떠났다”로 통역한 것은 애교 수준이다. 당신이 그 자리에 있던 폴란드인이라면 이어지는 미국 대통령의 연설에 얼굴이 꽤나 화끈거리지 않았을까 싶다. “미래에 대한 폴란드인의 욕정” 앞에서!

원래 카터의 말은 “미래지향적인 폴란드인의 열정”을 표현한 “Poles’ desires for the future”였다. 그런데 정신적 열망과 육체적 욕망을 모두 포함하는 ‘desire’에 대해 그 신출내기 통역사께선 그만 후자의 의미를 선택해 버린 것이다. 머지않아, 하이라이트

통역 활용 시의 대화 요령

① 의사 표현은 간결하게! ☞ 통역사가 당신의 주장이나 견해를 전하는 데는 두 배의 시간이 든다. 한두 문장으로 끊어서 한 번에 한 가지씩만 발언하자.
② 천천히, 또박또박 말하기 ☞ 최대한 짧은 문장을 사용하고, 중요한 부분을 상대가 이해했는지 확인할 것. 그가 이해하기 힘든 내색을 보이면 가급적 다른 표현을 쓴다.
③ 통역사와 사전에 신호를 정해서 발언하라 ☞ 당신의 발언 속도가 너무 빠르거나 늦을 경우 신속하게 템포를 맞출 수 있게 말이다.
④ 통역사가 아닌 대화 상대를 주시할 것 ☞ 상대를 보면서 직접 대화 형식으로 협상한다. 그의 언어를 알아듣지는 못해도 제스처나 얼굴 표정은 살필 수 있다.
⑤ 언어 표현은 품격 있게 ☞ 속어, 방언 등의 사용은 가급적 자제한다. 목소리 톤과 보디랭귀지도 활용하자 ☞ 비록 협상 파트너가 당신의 언어를 알아듣지 못하더라도 목소리의 톤, 몸짓 언어를 활용해서 당신의 열정, 신념 등을 전달하라.
⑥ 간단한 인사 정도는 통역 없이! ☞ 협상 후 만찬에서 현지어로 하는 간단한 건배 제의 정도는 직접 하자. 상대방과 거리를 좁히는 데 기여할 것이다.

의 순간이 다가왔다. "I'm pleased to be here in Poland grasping your secret parts." 카터가 말했고, 통역사는 전했다.

"대통령께서는 폴란드에 와서 여러분의 은밀한 부분을 잡게 되어 기쁘다고 말씀하십니다."

동사 'grasp'는 '이해하다' 말고 '꽉 쥐다', '잡다'라는 뜻도 갖고 있다. 이 날 저 통역사의 단어 선택은 어째 매번 다른 과녁을 향한 듯하다. 대체 뭘 잡았다는 건지는 각자의 상상에 맡기기로 한다. 통역 실수 하나가 사람을 참 아찔하게도 만든다.

피가 되고 살이 되는 영어 협상 매너

2015년 12월 12일 프랑스 파리에서는 교토의정서를 대체하는 새 기후 변화 협정이 체결되었다. 2020년부터 세계 거의 모든 국가가 참여할 '신기후 체제'의 출발을 알리는 신호탄이었다. 가장 큰 성과는 선진국과 개도국 모두 온실가스 감축 의무 분담에 합의한 것이다. 얼마나 각고의 노력 끝에 얻어 낸 결실이던지.

참가국 대표들을 전례 없이 길고 치열한 국면으로 몰고 간 쟁점 중 하나는 언어 선택의 문제였다. 파리 협정에 가입할 경우 화석 연료 중심의 산업 구조를 가진 개발 도상국으로서는 경제적 손실이 불가피할 터였다. 따라서 미국을 위시한 선진국들이 그 손실을 보전(補塡)해 준다는 규정이 필요했는데, 여기에 shall을 쓰느냐 should를 쓰느냐로 난항이 거듭됐다. 애초에는 shall보다 구속력이 약한 should가 쓰였다가 교섭 막바지에 모두 shall로 교체되는 우여곡절이 있었다.

그래서 지금 협정문을 보면 shall을 확인할 수 있다? 아니다. 결국 쓰인 것은 should였다. 또 한 번 반전을 일으킨 주역은 미국이었다. 최종 단계에서 shall을 발견하고 놀란 존 케리 미 국무장관이 프랑스의 로랑 파비우스 외무장관에게 엄포를 놓은 것이다. "만일 should를 쓰지 않으면 미국은 협정을 지지하지 않겠다!" shall이 또다시 should로 둔갑한 내막이다.

위의 사례는 협상에서 단어 하나가 첨예한 쟁점이 되기도 하는 실상을 보여준다. 합의문만이 아니라 협상 대표 간에 오가는 대화에도 단어 선택과 화법은 매우 중요하다. 1994년 핵 문제 해결을 위한 8차 남북 접촉 때 박영수 북측 대표가 꺼낸 '서울 불바다' 발언이 남한 사회를 얼마나 뒤집어 놓았나. 협상가라면 자신의 신중치 못한 언행이 불러올 폐해를 늘 경계해야 한다.

자극적이고 도전적인 표현은 금물!

글로벌 협상에서는 예의 바르며 친근감을 주는 표현에 주력한다. 전술적으로 도전적인 표현을 쓸 경우가 있지만 극히 일부일 뿐이다. 대개는 상대의 반발을 야기함으로써 협상에 부정적인 영향만을 초래하기 일쑤다. 저 '서울 불바다' 발언이 있고 난 후 당장 이듬해부터 대한민국 『국방백서』에는 북한이 공식적인 '주적(主敵)'으로 등재됐다. 협상가라면 자극적인 방식이 아닌 완곡어법으로 의사를 표시하는 매너를 익혀야 한다.

자극적·도전적 어법		완곡하면서도 예의 바른 어법	
I ask you to… (~해주십시오)	(X) ☞	I expect you to ~ (~해주시길 기대합니다.)	(O)
Why did you do that? (왜 그러셨습니까?)	(X) ☞	Who has influenced you? (누구의 영향으로 그리 하셨나요?)	(O)
You're wrong. (틀렸습니다.)	(X) ☞	I'm afraid you're mistaken. (잘못 알고 계신 듯합니다.)	(O)
Listen. (들어보세요)	(X) ☞	Let me explain. (제가 설명해 보겠습니다.)	(O)
I can't agree to your statement. (귀하의 발언에 동의할 수 없습니다.)	(X) ☞	Your statement is fair enough. However, it is regrettable that I'm not in a position to go along with you on those points. (말씀은 충분히 타당합니다만, 제가 동의할 수 있는 입장이 아니어서 유감입니다.)	(O)

자주 사용하는 영어 표현을 습관화하자

격식과 예의라는 게 때론 거추장스러울 때가 있다. 협상이 오래 진행되다 보면 파트너끼리 서로를 이해할 시간도 많아지므로 때로는 격의 없는 대화가 가능해진다.

그러나 협상을 시작하는 단계에서 서로에 대한 파악이 부족할 경우에는 기본적인 매너를 앞세우는 것이 좋다. 상대가 어떤 정서적 성향을 지닌 사람인지 모르는 바에야 그것이 가장 안전하다. 또, 격식과 예의를 갖춘 언어는 협상장을 달구는 대립의 와중에도 감정적 폭주를 제어하는 완충 효과를 발휘한다. 몇 가지 상황에 맞는 언어 표현들은 몸에 배이게 한다고 해서 전혀 해로울 게 없다.

협상 테이블에서의 기본 매너

I'm sorry to interrupt you.
(말씀 중에 죄송합니다만~)

I'd like to interrupt you, if I may.
(실례가 아니라면 잠시 끼어들어도 될는지요.)

I'm sorry. I couldn't hear what you said.
(죄송합니다. 말씀을 잘 못 들었습니다.)

협상 의제의 정리와 집중이 필요한 경우

I would ask you to confine yourself to the point under discussion.
(토론 중인 사안에만 논의를 집중해도 될는지요.)

We would be better served to focus our discussion on~
(~에 대한 논의에만 초점을 맞추는 게 좋겠습니다.)

I'm afraid we're straying a little from the point under discussion.
(우리 논의가 요점에서 조금 빗나간 것 같군요.)

I'm afraid we're digressing from the point under discussion.
(우리의 논점이 흐려질까 염려됩니다.)

Let me try to summarize where we stand now in our negotiation.
(제가 우리 협상의 현황을 요약해 보겠습니다.)

상호간에 의도를 파악할 때

I hope I understood you correctly. You're referring to~?
(~에 대해 말씀하신 것인지요. 제가 제대로 이해한 건가요?)

I wonder whether you could elaborate on~
(좀 더 설명해 주실 수 있을까요?)

Could you be more specific about~?
(~에 대해 좀 더 구체적으로 설명해 주시겠습니까?)

I have a few more questions I'd like to ask you.
(몇 가지 질문 드리고 싶은 게 더 있는데요.)

Yes. I'd be glad to answer your questions.
(그럼요. 질문에 기꺼이 답해 드리죠.)

I don't know if I fully answered your question.
(질문에 충분한 답이 됐는지요.)

Could you tell me more about your concerns?
(염려되는 부분이 더 있으신가요?)

Let me tell you where I have a concern.
(염려되는 점을 말씀드려도 될까요.)

If I may presume, I believe that~
(추측컨대 저는 ~라고 믿습니다.)

교섭의 진행 또는 교착 국면에서

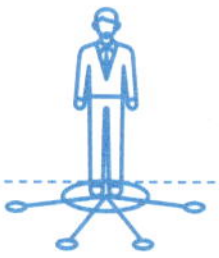

What would it take for us to strike this deal?
(우리의 거래를 성사시키려면 뭐가 필요할까요?)

I feel disappointed that we haven't made more progress.
(우리 논의가 좀 더 진전되지 못해 아쉽습니다.)

Let's leave it at that at this stage.
(이 안건은 현 단계에서 보류해 두기로 하죠.)

We're not as far apart as it may seem.
(사실, 귀하와 저의 입장은 그리 다르지 않습니다.)

As a middle ground, I would like to suggest the following:
(다음과 같은 타협안을 제시해 볼까 합니다:)

We might be able to consider X if you could consider Y.
(Y를 고려해 주신다면 저희도 X를 고려해 보겠습니다.)

순조로운 협상 분위기에서

I think we've had a great first day and I hope you all got something out of it.
(출발이 좋네요. 귀하께서도 소득이 있으셨기를 바랍니다.)

I really appreciate the progress that we've made.
(논의가 진척되어 정말 고맙게 생각합니다.)

I've enjoyed doing business with you.
(함께 일하게 되어 즐거웠습니다.)

기타 유의할 것들

글로벌 협상에서 영어가 많이 사용되고는 있으나 모든 외국인들이 미국식 영어를 사용하는 것은 아니다. 영국식 영어를 사용하는 협상가도 많은데 그들은 미국식 영어와 상당수 다른 단어와 표현을 구사한다. 미국과 영국에서는 자동차의 부품을 지칭하는 데 약 60여 개나 다른 용어가 쓰일 만큼 차이를 보인다. 미국에서 쓰는 머플러(muffler), 윈드실드(windshield, 전면 유리), 대시보드(dashboard) 같은 용어를 들이대면 영국인 정비공이 조금 난감해 할지도 모른다. 각각에 해당하는 영국식 표현은 사일런서(silencer), 윈드스크린(windscreen), 파시아 보드(fascia board)이다.

20세기 초까지만 해도 표준 영어로서 권위를 인정받던 것은 영

주목! 영어로 하는 글로벌 협상 포인트

① 구어체 표현, 속어, 은어, 전문 용어, 약어 등의 사용을 가급적 피하고 스포츠 용어나 군대 용어의 사용도 자제한다.
② simple & lively! 간결하고 또박또박 말하되 적당히 생기 있는 말투로.
③ 실제 사례와 이야기를 자주 사용하고, 중요 요점은 반복한다. 가급적 많은 그래프, 도표 등을 사용하면 좋다.
④ 전문 용어를 꼭 사용해야 한다면 해당 용어에 대한 정의나 개념 설명을 미리 문서로 준비해서 상대측에 전달하자.
⑤ 상대측 협상가의 이름이나 직함 등은 그들의 관습이나 예절에 맞춰야 하며, 사전에 숙지한다.
⑥ 같은 영어권이라도 미국은 영국과 달리 미터(m)와 킬로그램(kg) 단위를 쓰지 않는다. 협상 상대국에서 어떤 물리량 척도를 쓰는지 파악해서 이해하기 쉬운 측정표를 제공할 필요가 있다.

국 영어였다. 그러나 오늘날에는 세계 최강대국 미국의 영어가 훨씬 더 큰 영향력을 행사한다. 표현과 발음뿐만 아니라 철자도 미국식이 영국식을 대체해 나가는 형편이다. 컴퓨터 디스크나 프로그램의 영문 철자를 disc와 programme으로 쓰는 경우는 흔치 않다. 이렇게 disk가 disc를 누르고 program이 programme을 대체하는 영미 영어의 역전 현상은 앞으로도 이어질 전망이다.

표정과 몸짓에서 상대를 읽어라

협상에서 입으로 전달되는 말만이 중요할 것이라 생각하는 건 착각이다. 의사소통에서 표정, 눈, 자세, 호흡 등 몸짓 언어가 차지하는 비중이 훨씬 크다. 음성 언어와 문자 언어가 의사소통에서 차지하는 비중은 고작 25%에 불과하다. 나머지 75%는 몸짓 언어의 몫이다.

일부 협상가는 상대편을 혼란에 빠뜨리기 위해 사전에 표정이나 동작을 연습하기도 한다. 그러나 순간적인 감정 표현이나 행동은 대개 무의식적 반사 작용인 경우가 많다. 입으로는 얼마든지 거짓말을 할 수 있어도 비언어적 의사소통은 의식적 통제가 어렵다. 몸짓 언어의 정보 가치를 더 높이 쳐주는 이유다.

이스라엘의 저명한 중동 문제 연구가인 아맛지아 바람(Amatzia Baram) 교수(하이파 대학)가 1997년 사담 후세인 이라크 대통령의 행동 표현에 대한 연구 결과를 발표한 적이 있다. 후세인의 몸짓에서 이스라엘보다 이란에 대해 더 강렬한 증오심을 읽은 바람 교수는 이라크의 이란 침공 가능성을 높게 전망했고, 이로부터 11개월 만에 그의 예측은 현실이 됐다. 상대방의 심리를 파악하는 데 있어 이 같은 몸짓 언어 연구의 유용성은 이미 CIA, FBI 같은 미(美) 국가 기관들에 의해 입증되어 첩보나 대테러 분야에서 활용되고 있다. 특히 CIA의 페이셜 프로파일링(facial profiling)은 그 분석의 치밀함에 있어 세계적으로 정평이나 있다.

치밀한 정보와 수 싸움이 오가는 협상 테이블에서도 비언어적 행위를 읽는 능력은 중요하다. 글로벌 협상에서의 중요도는 이루 말할 수 없다. 언어나 문화가 상이한 사람들 간의 교섭에서는 사람의 몸짓, 동작, 눈동자의 움직임이나 얼굴 표정 등이 상대의 심리 파악에 아주 요긴하기 때문이다. 그처럼 겉으로 쉬이 드러나지 않는 메시지를 간파해 내기 위해선 예리한 시선이 필요하다.

짧은 시간의 관찰이나 분석으로 얻어지는 것이 아니다. 협상 기간 내내 관심을 기울여야 한다. 거짓말을 하면 '눈을 많이 깜빡인다'거나 '먼 곳을 쳐다본다'는 식의 단순 일반화도 경계할 일이다. 예리한 눈을 갖고 싶다면, 한 발자국 물러나 제3의 귀로 듣고 제3의 눈으로 볼 수 있어야 한다. 그것을 가능케 하는 기질적 토양이 바로 냉정함과 초연함이다. 상대의 머리부터 발끝까지, 차분하고 끈질기게 탐색할 일이다.

눈맞춤, 그의 마음속으로 입장하기

영국 뉴캐슬 대학 심리학과의 멜리사 베이트슨((Melissa Bateson) 교수가 한 실험을 했다. 실험실(?)은 교직원용 구내식당. 그곳의 자율 계산대에 놓인 메뉴판 위에 '감시한다'는 의미로 사람의 눈동자 사진을 붙여 두고 일주일 동안 이용자 행동을 관찰했다. 다시 일주일 뒤에는 전에 붙인 사진을 떼고 꽃 그림을 붙여 보았다. 결과는 어땠을까? 눈동자 사진과 꽃 그림의 수금 차이가 3:1로 나타났다. 단순한 눈동자 사진 하나로도 사람들은 계산대 앞에서 3배나 더 정직해진 것이다. '꽃보다 눈동자'였다.

눈은 인간의 오감 중 가장 예민한 감각 기관이다. 우리의 신체 중 감정 표현이 가장 잘 드러나는 곳이기도 하다. 새로운 상황이 발생하면 동공이 수축하거나 팽창하고, 눈동자의 크기가 달라진다. 그 변화는 대개 즉각적이고 자동적이다. "말은 속일 수 있어도 눈은 속일 수 없다"는 말이 괜히 나왔을까. 그래서 눈은 협상에서 중요한 의사 표현 수단이 된다. 협상 상대와 대화하거나 의사를 전달할 때 눈맞춤(eye-contact)의 효과는 크다.

프랑스, 미국을 비롯한 많은 서양인과 아랍권 사람들은 자연스러운 눈맞춤을 무척 중요시한다. 눈이 사람의 영혼을 들여다보는 창이기 때문이다. 그러므로 이들 문화권에서 눈맞춤을 피하는 것은 제 마음에 커튼을 치는 행위다. 눈맞춤은 대화 중 '내가 당신의 말을 경청하고 있습니다'라는 메시지를 보내는 데에도 효과적이다. 그러니 눈을 맞추자. 익숙지 않다면 '거울'이라는 아주 훌륭한 연습 상대도 있으니.

서양인과 아랍인을 상대로 실컷 눈 맞추고 와서 갑자기 동양 사람들을 만나야 한다면 조심할 것이 있다. 이번에는 눈길을 돌려라! 유교 문화의 영향으로 연장자나 상급자와 눈맞춤하는 것은 결례이거나 건방진 행동으로 여겨지기 십상이다. 당신이 일본의 전국시대에 태어난 평민이라면 칼 빼 들고 돌진해 오는 사무라이를 마주할 수도 있다. 한국도 사정은 별반 다르지 않다. 연장자를 빤히 쳐다보며 이야기하는 젊은이는 별로 좋은 소리 못 듣는다. 시대가 많이 바뀌었어도, 장유유서의 전통에서 눈맞춤은 여전히 불편한 행위로 받아들여지곤 한다.

눈으로 말하는 언어

① 동공이 커지거나 작아진다면? ☞ 즐거움, 기쁨, 호감 등 긍정적 감정을 가질 때는 주로 동공이 확대되고, 부정적 감정을 가질 때는 축소된다.

② 눈을 깜빡일 때 걸리는 시간은? ☞ 보통 눈 한 번 깜빡일 때 걸리는 시간은 0.1~0.4초이다. 만일 상대가 1~2초 이상 눈을 감으며 이야기한다면 거짓말을 하고 있을 확률이 높다. 필요 이상으로 자주 눈을 깜빡여도 수상쩍긴 마찬가지.

③ 눈을 아래로 깐다? ☞ 회피, 항복, 순응을 의미한다.

④ 눈꺼풀이 떨려요! ☞ 심기가 불편하거나 설득이 안 먹힐 때 흔한 증상.

⑤ 협상 자료를 보고 눈을 감거나 손으로 눈을 가린다면? ☞ 위협적이거나 원치 않는 상황에서 나타나는 대표적인 차단 행동이다. 상대는 당신이 건넨 자료의 내용이 영 맘에 들지 않는 것이다.

⑥ 어디 아픈가, 왜 이렇게 눈을 오래 감고 있지? ☞ 아픈 건 아니니 염려하지 마라. 당신에게 더 이상 시간 낭비하고 싶지 않다는 거부 의사일 뿐이다.

⑦ 얼굴을 찡그리며 실눈을 뜨고 있어요 ☞ 그는 당신과 마주한 현재의 상황이 몹시 불편하다. 할리우드 서부 영화에서 주인공이 이런 표정일 땐 꼭 사고가 터짐을 유의할 것.

- 표창원의 『숨겨진 심리학』을 부분 인용하여 다시 정리

세계 보편의 인사법, 악수

세계인의 인사법은 기질적 차이만큼 다양하다. 일부 아시아 국가에서는 신체 접촉 없이 간단히 고개를 끄덕이는 것으로 충분하다. 하지만 스페인이나 중남미 사람들의 눈에는 아무래도 영 마뜩치 않을 것이다. 서로 포옹하든지 등을 토닥이든지 팔을 어깨위로 올려놓으며 요란한 신체 접촉을 해야 직성이 풀리는 그들 아닌가.

첫인사를 하며 요란 떨고 싶지 않은 아시아인과 좀 더 끈끈한 환영이 필요한 중남미계. 그 둘이 만날 때는 어떻게 해야 할까. 가장 무난한 합의점으로 악수(handshake)를 추천한다. 그만큼 가장 보편화된 인사법이다. 아직도 무협 영화의 등장인물처럼 포권(抱拳)으로 인사하는 중국인도 외국인과 인사할 때는 이 방식을 택한다. 다만 사우디나 태국에서는 여성과의 악수를 금하므로 유의하는 게 좋겠다.

악수할 때의 기본자세는 전 세계 공통이다. '고개를 들고 허리와 어깨는 편 채로 상대의 눈을 똑바로 볼 것.' 상당수 동양인이 여전히 고개를 숙이거나 허리를 굽히고, 때로는 눈을 내리깔기도 한다. 비록 겸양의 미덕에서 나온 태도일 수 있겠으나 올바른 악수 자세는 아니다.

다만 문화권에 따라서 약간의 스타일 차이는 있다. 미국인은 강하고 참을성 있게, 유럽인은 적절한 강도로 빠르게 악수하는 편이다. 또 여성의 경우 미국에서는 앉은 채로 남성과 악수해도 무방하나 유럽에서는 일어나서 해야 한다. 서구에 비해 동양의 스타일은 손을 가볍게 쥐고 점잖게 한다는 차이가 있다.

그래도 상대에게 강한 인상을 심어 주려면 악수가 짧고 강한 게 낫다. 최근에 본 가장 인상적인 악수로는 2017년 트럼프 미 대통령과 마크롱 프랑스 대통령이 첫 대면에서 나눈 것을 꼽을 수 있겠다. 취임 초 저 유명한 '뼈를 으깨는 악수'로 국제 무대에 강한 인상을 남긴 트럼프였다. 그런 이에게 마크롱이 악수로 기싸움을 건 것인데, 두 사람의 하얗게 바랜 손이 인상적으로 남은 장면이었다. 유럽인이 가장 미국적인 방식으로, 그것도 '슈퍼 파워' 미국의 대통령을 상대로 행사한 무력시위였다고나 할까.

뜻도 모르고 제스처 함부로 쓰지 마라

"동양 사람은 입으로 이야기하고 서양 사람은 몸으로 이야기한다"라는 말이 있다. 대화할 때 전자는 얼굴에 과장된 표정이나 큰 몸짓을 삼가는 경향이 있는 반면 후자는 다양한 표정을 지으며 활발한 액션을 취하는 데서 온 말이다.

적당한 제스처는 상대방과의 거리를 좁히는 데 도움이 된다. 미국의 심리학자 앨버트 메러비안(Albert Mehrabian)은 소통 시 공감과 신뢰를 주는 비율로 신체가 55%, 음성이 38%, 언어가 7%를 차지한다고 밝힌 바 있다. 여기에서 신체란 태도(20%)와 표정(35%)을 포괄한다.

일부 협상가들은 교섭을 벌이다가 초조해지거나 자극을 받으면 특정한 제스처를 취한다. 무의식중에 구두끈을 만지고, 펜을 돌리거나 입술을 깨무는 식이다. 그러나 '구두끈 만지기 = 초조함'으로 일반화하는 처사는 위험하다. 제스처는 만국 공통어가 아니기 때문에 똑같은 동작도 정반대로 받아들이는 경우가 흔해서이다. 한국인이 '우리 사랑 영원하자'며 내민 새끼손가락에 중국인 애인은 몹시 불쾌해 할 것이다. 중국에서 그것은 서양인이 경멸의 의미로 내어 보이는 가운뎃손가락과 같은 신호이기 때문이다.

필자도 1990년대 중반 브라질 근무 시절에 곤혹스런 경험을 했다. 현지인 친구와 이야기하다 손으로 '오케이(OK)' 표시를 했는데 갑자기 분위기가 싸해지는 것 아닌가. 그 친구의 설명을 듣기까지는 한동안의 침묵이 필요했다. 실상을 알고 보니, 브라질에서 엄지와 검지로 동그라미를 만드는 동작은 영국이나 미국에서 욕할 때 쓰는 가운뎃손가락에 해당한다는 얘기였다. 미국 남북전쟁 당시 병사가 상관에게 '사망자 없음'을 보고할 때 썼다는 제스처의 의미가 어쩌다 그런 흉한 몰골이 됐는지는 모르겠다. 그저 제스처 함부로 쓸 일이 아니라는 교훈으로 만족할 수밖에.

표정과 무표정의 적절한 조화가 필요하다

얼굴은 다양한 인간 감정을 띄우는 스크린이다. 협상가들이 표정 단속에 나서는 것도 이런 이유에서다. 상대에게 자신의 비밀이나 감정의 동요를 내색해 봐야 결코 좋을 건 없다. 그런데 과연 포커페이스 전략이 늘 만병통치약인지는 의문이다. 지나친 포커페이스가 상대의 포커페이스를 유도하고, 결국 양측 모두의 감정 파악 능력을 저하시켜 협상 타결 가능성을 낮춘다는 연구 결과도 있다. 지나친 감정 표현은 삼갈 일이다. 그러나 가끔은 상대방의 제의나 의견에 공감하는 표정도 보여주자. 협상의 효율성을 높이려면 유념해야 할 부분이다.

얼굴 표정 중 가장 중요한 것으로는 역시 웃음을 들 수 있다. 미소나 웃음만큼 타인에게 호감과 신뢰를 주는 시그널도 없다. 문제는 그것을 드러내 보일 타이밍이다. 협상 파트너가 심각한 얘기를 꺼냈는데도 바보처럼 내내 웃고나 있을 텐가. 무시당했다는 느낌만 그에게 줄 것이다. 그러므로 이인삼각처럼, 당신이 웃을 때 한 묶음으로 따라야 하는 것이 있음을 생각하라. 바로, 당신의 진정성이다.

문화가 다를 때 고려해야 할 대화 시의 거리

다가서면 물러나고, 다가서면 물러나던 영국과 브라질 기업인을 기억하는가. 대화할 때 요구되는 '심리적 안전지대(safety zone)'의 폭이 문화권마다 상이함을 알려주는 사례였다. 함부로 이 공간을 침입하면 심각한 감정적 마찰도 일으킬 수 있다. 그것은 문화가 낳은 일종의 심리적 안전거리이기도 하다. 나라마다 교통 법규에 차이가 있듯이 이 같은 거리의 기준도 같을 순 없다.

자꾸 다가서려는 브라질 사람으로부터 물러나려던 영국인. 그의 심리적 안전거리를 다르게 표현하면 '어깨에서 손가락 끝까지' 문화로 부를 수 있다. 대화 시 팔 하나 정도의 거리는 유지해야 안정감을 느끼는 속성 때문이다. 독일, 영국, 미국, 여러 북유럽권 국가와 일본 같은 나라들이 이러한 경향을 공유하는데, 프라이버시와 개성을 존중하는 특성이 있어 대화 시에도 개인의 영역을 보장받고 싶어 한다.

이에 반해 저 브라질 사람의 행동은 '팔꿈치' 문화를 대변하는 것이다. 대부분의 중남미, 중동, 한국 사람들이 대화할 때 안정감을 느끼는 거리가 팔 길이의 절반 정도다. 특히 라틴계 사람들은 간혹 '끈적거린다'는 소리를 듣는 이들답게 조금 유별나 보이기도 한다. 여기에는 다 이유가 있다. 그들은 상대의 숨결이 자기 얼굴에서 느껴질 만큼 다가서지 않으면 충분히 존경의 표시를 하지 않았다고 생각한다. 특히, 라틴계 사람이나 중동인은 협상 시작 전 악수와 함께 서로를 껴안는 습관이 있는데 이는 당사자 간 우정과 신뢰를 상징한다. 이런 문화권에서는 뒤로 물러나는 동작이 우정과 신뢰에 대한 회피 행위로 받아들여질 것이다. 특별한 이유가 없는 한 상대에 대한 존중 차원에서 처음의 자리를 고수할 필요가 있다.

명함 교환에도 메시지를 담을 수 있다

명함은 협상뿐만 아니라 일상적인 비즈니스에서도 반드시 챙겨야 할 필수품이다. 본인의 소속 기관(기업), 지위 및 연락처 등 많은 정보를 포함하므로 명함 교환 역시 효과적인 소통 행위에 해당한다. 단, 교환 시 우호적인 메시지를 전하려면 몇 가지 매너들을 익혀 둬야 한다.

- 자신을 소개하면서 준다.
- 반드시 서서 준다.
- 넉넉하게 준비해서 모든 협상 대상자와 교환한다.
- 인사가 끝난 후 느닷없이 명함을 주지 않도록 한다.

명함을 받는 행위도 약간의 격식을 필요로 한다. 그냥 무신경하게 받아서 대충 훑어보는 태도는 실례다. 받을 때도 줄 때처럼 선 자세로 행하고, 정중하게 챙기는 모습을 보여주자. 명함을 보며 그의 직위나 소관 업무에 대해 묻는다면 상대에 대한 호의적인 관심 표명이 될 것이다. 이때 들은 답변을 명함 뒷면에 적는 것도 좋다. 자신에 대해 꼼꼼히 인지하려는 당신을 보며 상대의 호감지수는 더 높아질 것이다(단, 명함이 곧 명함 주인의 인격이나 얼굴로 여겨지는 일부 국가에서는 금물이다).

넥타이 하나에도 로컬 문화에 대한 배려를!

주스페인 대사로 근무하던 2016년 9월, 필자는 아프리카 서부 해안의 라스팔마스섬에서 열린 '한국 원양 어업 진출 50주년 기념' 리셉션에 참가했다. 당시 한국과 스페인 양국기가 새겨진 커플 배지를 달고 가서 호응을 얻은 기억이 있다. 반세기 동안 지속된 한-스페인 간 우호 협력이 한층 더 발전하기를 바라는 마음의 표시가 스페인 사람들에게 공감과 환영을 얻은 것이다.

당신도 글로벌 협상에서 이런 아이디어를 활용하면 어떨까. 국가를 대표해 협상에 나설 경우 상대방의 국기 색에 맞춰 넥타이나 스카프를 하는 것도 하나의 방법이다. 협상 의제가 합작 사업이라면 양쪽 회사의 로고나 해당 사업의 엠블럼 색깔과 맞출 수도 있다.

그러나 색깔을 활용하더라도 상대편이 금기시하는 것은 피해야 한다. 중국 기업인을 만나면서 노란색 넥타이를 맸다면 협상 상대 앞에서 자신을 '황제'로 드높인 격이니 결례다. 그리고 당신이 백의민족의 후손이라고 해서 굳이 흰색을 강조할 필요는 없다. 중국인에게 그것은 검은색과 더불어 죽음을 의미하기 때문이다. 당나라 시절부터 하급 관리들의 복색으로 자리 잡은 녹색도 그리 반기진 않을 것이다. 상대가 이스라엘인이라면 각별히 황색 옷을 멀리해야 한다. 유대인에게 그것은 아주 무서운 집단 기억을 불러일으킬 테니 말이다(황색은 나치 독일이 아우슈비츠 수감자들의 팔뚝에 역삼각형을 문신할 때 유대인을 구분하기 위해 쓰던 코드 컬러였다).

자신이 의도하지 않았음에도 상대 문화에 대한 무지와 부주의(때로는 오만) 탓에 언제든 파장을 일으킬 수 있다. 2009년 6월 8일 오바마 대통령이 백악관 집무실에서 네타냐후 이스라엘 총리와 통화하는 사진이 공개됐을 때가 그랬다. 책상 위에 다리를 얹어 놓은 그의 포즈로 인해 사진에는 '구두 밑창'이 보일 수밖에 없었다. 이는 아랍이나 중동권 국가에서 커다란 모욕으로 받아들여지는 행위였다. 하긴, 이스라엘도 2018년 방문한 아베 일본 총리에게 '남자 구두에 담긴 초콜릿 디저트'를 만찬 메뉴로 내놓았으니 도긴개긴일 수도 있겠다(밥상머리에 신발 얹는 것을 좋아할 동양인은 드물 테니까). 글로벌 협상에서는 글로벌 문화 못지않게 로컬 문화에 대한 세심한 준비도 필요함을 일깨워준 사례들이다.

협상의 윤활유, 선물에 얽힌 심리학

2017년 1월 초순 차이잉원 대만 총통이 미국 휴스턴을 방문해 그레그 애벗 텍사스 주지사와 면담했을 때였다. 이 자리에서 두 사람은 서로 선물을 교환했는데, 차이 총통은 애벗 주지사에게 꽃병을 건넸다. 그다음이 문제였다. 주지사가 정성껏 마련한 선물이 다름 아닌 텍사스주 휘장이 새겨진 시계였기 때문이다. 애벗 주지사가 '외교적 결례'라는 비난을 피할 수 없었음은 물론이다.

'시계'를 나타내는 단어인 '쇠북 종(鐘)'의 중국어 발음은 '끝'을 의미하는 '마칠 종(終)'의 경우와 같다. 그래서 텍사스 주지사의 선물은 차이잉원에게 '총통께서 하시는 일이 두루두루 망하기를 빕니다'라는 뜻을 갖게 된다. 게다가 종(鐘) 자에 '보내다', '드리다'라는 의미의 '송(送)'이 합쳐지면 더 난감해진다. '시계를 선물하다'는 '송종(送鐘)'의 중국어 발음이 '송종(送終)'일 때와 같아지는 것인데, 바로 '장례를 치르다'라는 의미다. 큰 내색이야 안 했겠지만, 차이잉원으로서는 상당히 당황스러웠을 게다.

주지 말아야 할 선물에는 이유가 있다

협상에서 선물은 때때로 윤활유의 역할을 한다. 그러나 앞서 봤다시피 잘못 준비한 선물에까지 적용되는 말은 아니다. 겉치레일 뿐이거나 도를 넘는 선물이 탐탁지 않기도 매한가지다. 선물은 마음에서 우러나야 하며, 주는 사람의 정성과 성의가 깃든 것이어야 한다. 무엇보다 분수에 맞게 준비하는 것이 중요하다. 고가의 선물은 때로 뇌물로 오해되어 협상에 부정적인 영향을 미칠 수 있거니와 너무 과할 경우에는 처벌도 감수해야 한다.

협상 상대로부터 지나치게 비싸거나 부적합한 선물을 받고 고민되는 상황이 있을지도 모른다. 그렇다면 정중한 편지와 함께 돌려보내는 것이 좋다. 너무 후한 선물은 그만한 대가를 요구하는 법이니까. 편지에 쓸 문구로는 이 정도가 어떨까.

“호의는 대단히 감사합니다만, 정부(또는 회사) 정책상 이런 선물을 받을 수 없습니다. 꼭 주고 싶으시다면 더 조그만 선물로 교환하면 좋겠습니다.”

나라에 따라서는 선물을 받지 않는 곳이 있고, 중국처럼 선물 앞에서 세 번 정도 거절하는 게 기본인 나라도 있다(그러니 중국인에게 선물을 주고 싶다면 몇 번 더 권해 볼 일이다). 여담이지만 아랍인의 소유물을 칭찬할 때는 주의하는 것이 좋다. 그들의 풍습에 비춰 보건대 칭찬받은 쪽에서는 그것을 당신에게 선물로 줄 공산이 크다. 깜짝 놀라 사양하자니 저 아랍인을 모욕하는 일이 된다. 이래저래 피차 부담되는 일이다.

선물은 줄 때뿐만 아니라 받을 때의 예의도 고려해야 한다. 동양 문화권의 경우 선물 준 사람 앞에서 포장지를 뜯는 행위는 결례지만 서양에선 반대다. 반드시 그 사람 앞에서 뜯어보고 감사 표시를 하자.

협상장에서 만난 이에게는 어떤 선물이 좋을까? 선물이 일상화된 나라에서는 사람들이 자잘한 아이템을 주고받으며 즐거움을 나눈다. 물론, 선물이라면 으레 크고 거창한 것이어야 한다는 강박에 사로잡힌 이들도 있다. 생전 처음 보는 사람을 협상 파트너로 만났다면 그 부담은 더욱 커지기 마련이다. 하지만 어깨에 힘주고 준비한 선물은 상대의 어깨도 무겁게 할 수 있다. 작고 실속 있는 선물도 충분히 제 기능을 다한다. 이를테면 펜과 같은 문구류, 수첩이나 달력, 민속음악 CD, 열쇠고리, 책, 스포츠 용품, 과일이나 꽃, 괜찮은 와인이나 민속주 등이다.

선물로 적합하지 않은 품목들도 염두에 둬야 한다. 일단 지나치게 값비싼 품목은 상대를 부담스럽게 할 것이므로 제외한다. 나라에 따라서는 일정액 이상의 선물을 정부에 신고하거나 제출하는 복잡한 절차가 있어 받은 사람만 더 번거로워진다. 부피가 크거나 깨지기 쉬운 것, 외설적인 것, 질 낮은 것, 애완동물류도 제외한다. 술, 담배 따위도 금주, 금연에 열심인 사람들을 심란하게 할 수 있으니 미리 알아보고 준비하는 게 좋겠다.

중국인과 시계의 관계처럼 나라에 따라서는 반드시 피해야 할 선물 목록이 있다. 경험상 체득한 내용들을 몇 가지 알려 주려 한다.

죽음을 의미하는 백합(부활절 제외)

미국

시계, 관계의 단절을 의미하는 칼,
'이별(離別)'의 중국어 발음과 유사한 우산

중국

빨간 장미(연인 사이에만 사용),
장례식에서만 사용하는 카네이션,
프랑스인은 향수 전문가들이므로 향수

프랑스

눈물, 이별을 의미하는 손수건,
여성 누드화, 애완동물,
관계의 단절을 의미하는 칼

중동

죽음을 상징하는 흰색(밝은 색)
포장지·흰꽃, 숫자 '4'와 관련된 물건,
자살을 상징하는 칼

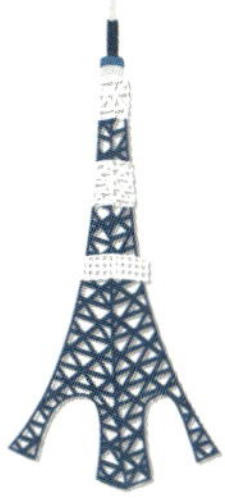

일본

흰색·검은색·갈색 포장지와 리본,
13송이의 꽃(꽃은 포장하지 않고 주어야
하고, 빨간 장미는 연인 사이에만 사용)

독일

죽음을 뜻하는 자주색·보라색 꽃,
관계의 단절을 의미하는 칼
(라틴 아메리카 공통)·손수건

브라질

몇 개의 숫자에 나타난 몇 개국 사람들 생각

숫자에 사연이 스미고, 사연 스민 숫자가 한 집단의 기억에 뿌리내린다. 사람살이가 다르니 나라마다 문화마다 숫자에 반응하는 정서도 다르다. 선물을 준비하는 데도 반드시 고려해야 할 숫자의 심리학을 엿본다.

4가 싫은 두 나라

한국과 중국에서는 숫자 4를 기피한다. 한국은 "사", 중국은 "쓰"로 두 나라 모두 '四'와 '死'의 발음이 같다. 한국의 엘리베이터 버튼처럼 중국에는 아예 4가 들어가는 층수를 빼버린 빌딩도 많다. 스페인의 몇몇 호텔은 객실 번호와 엘리베이터 버튼에서 이 숫자를 없앰으로써 중국인 유커들의 흐뭇한 미소를 끌어내기도.

홀짝으로 행·불행 나누기?

중국인이 4 다음으로 싫어하는 수가 3이다. '흩어진다'는 의미의 '싼(散)'과 발음이 비슷해서이다. 9를 제외하면 그들은 대체로 홀수를 싫어한다. 그러므로 결혼식 등 잔치에 선물이나 부조를 할 때는 1, 3, 5 같은 홀수 말고 짝수와 연관되도록 신경 쓸 일이다. 홍콩인도 짝수를 좋아한다. 특히 6과 8에 대한 선호가 높은데, 6, 8과 발음이 비슷한 '路'와 '發'가 쓰인 '록파록파(路發路發)'라는 표현이 '재물을 계속 지키다'라는 뜻으로 사용된다. 9를 으뜸으로 선호하는 베트남 사람들도 대개 홀수는 싫어하는 경향을 보인다. '위험'을 뜻하는 5(5의 배수도 포함), '실패(bại)'와 발음이 비슷한 7(bảy), 액운을 가져오는 13을 기피한다. 3을 가장 싫어해서 "세 명이 사진을 찍으면 가운데 사람에게 불행이 온다"고 말할 정도다(그러나 3과 5는 사원에서 꽃이나 과일 같은 공양물의 개수를 정하는 성스런 단위가 되기도 한다).

7에 관한 두 생각

서양인에겐 설명이 필요 없는 행운의 러키 세븐! 기독교적 전통에서 의미 있는 숫자다. 안식일은 일주일 중 7일째이고, 미국에서 독립기념일은

7월, 회계연도 기준월과 학교의 개강 시기 역시 7월이다. 그러나 한자 '七'의 발음이 '사라지다'를 뜻하는 '去'와 비슷하다는 이유로 중국인은 금기시한다.

8을 보는 두 시선

팔등신, 팔방미인… 좋은 데는 다 갖다 붙였다. 중국인이 가장 좋아하는 숫자는 8이다. '돈을 많이 번다'는 뜻의 발재(發財), 중국 발음으로 "파차"의 '파'와 '八'의 발음이 비슷해서란다. 2008년 베이징 올림픽 개회식을 8월 8일 오후 8시 8분에 개최한 것만 봐도 알 만하다. 그러나 이 풍요로운 숫자가 서양으로 넘어가면 표정을 바꾼다. 전쟁과 파괴를 상징하는 불길한 수가 되는 것이다.

인도와 중국은 9를 좋아해!

아라비아 숫자를 발명한 인도인에게 9는 '완성'을 뜻하는 상서로운 숫자다. 힌두교, 자이나교, 불교에서 9의 배수인 108이 많이 쓰이고 9999라는 자동차 번호판은 높은 거래가에 매매된다. 한편 중국에서는 '장수하다'를 나타내는 '久'와 '九'가 똑같이 "주"로 발음되는데, 홀수임에도 중국인이 8 다음으로 9를 좋아하는 이유다. 해마다 9월 9일이면 결혼식으로 풍년이다.

Tip Box

유능한 협상가는 거짓말 감별사

거짓말, 허세 부리기(Bluffing)는 협상의 단골 메뉴다. 눈치껏 상대의 속내를 간파하면 협상에 적잖이 도움이 될 텐데 결코 쉽지가 않다. 비언어적 행위 속에서 거짓을 구별해 낼 줄 아는 민감함은 지적 능력과 관계가 없다. 어느 정도는 타고 나야 한다는 얘기다. 그래도 다행히 훈련으로 일정한 수준까지는 숙달시킬 수 있다. 검경이나 첩보 기관, 심리학자 그룹이 검증해 낸 거짓말 탐지법을 알아보자.

직접적인 방법

① 질문을 다각화하라_ 아무리 능숙한 사기꾼이라도 완벽한 거짓말을 하기는 힘들다. 여러 관점에서 확인할 수 있도록 상대에게 다양한 질문들을 던진다.

② 객관적 증거를 요구하라_ 중고차 딜러가 아무리 좋은 차라고 해봐야 소용없다. 당신에게 필요한 건 차량 정비사의 확인서다.

③ 말투를 살피자_ 이야기를 지어 내야 하므로 거짓말을 할 때는 말투에서 차이가 난다. 좀 더 망설이고, 말실수도 잦으며 질문에 짧게 답변하는 경향이 있다.

④ 인지부하 활용하기_특정 과제를 수행할 때 인간의 뇌는

바빠진다. 다양한 인지적 처리 과정을 수행하면서 부하가 걸리게 마련인데, 검사나 형사가 피의자에게 같은 질문을 반복하는 것은 이러한 인지부하(認知負荷)를 활용하려는 데 있다. 피의자 진술이 거짓일 경우 반복해서 답변하려면 어디선가 모순되는 지점이 생기기 때문이다. 이때 그 거짓말쟁이는 심문자의 질문에 뜸을 들여 답한다거나, 입으로는 "예"라면서 정작 고개는 가로젓는 식의 몸짓을 보일 것이다.

간접적인 방법

① 의사소통 방법을 다양화하라_ 직접 얼굴을 마주 보고 있을 때 상대의 거짓을 간파하기가 쉽다. 그러나 전화, 이메일 등을 활용한 비대면 협상법도 활용할 필요가 있다. 이런저런 '찔러 보는' 수단이 많을수록 상대는 자신을 통제하기가 더 어려워진다. 의사소통 방식을 다양화하라는 것이다.

② 말투나 표정 등 외적 징후에만 의존하지 말 것_ 거짓말하는 사람이 그렇지 않은 사람보다 오히려 상대방의 눈을 더 똑바로 쳐다보며 자신 있게 말하더라는 연구 결과가 있다. 얼굴 표정만 살펴선 안 될 일이다. 최악의 경우 사실을 오도하는 것은 물론 기껏해야 거짓의 단서로 사용될 수 있기 때문이다.

③ 비언어적 행위로부터 모순을 찾아내자_ 프로는 거짓말 탐지기도 농락한다. 거짓을 간파하기 위해서는 평소 상대방이 가진 작은 습관이나 몸짓도 알아 두어야 한다. 도발적인 질문을 했을 때 이전과 어떻게 다른 반응을 보이는지 살펴라. 또, 거짓말을 할 때는 '보여주는 동작'이 줄고 '상징 동작'이 늘어난다는 특징도 있다. 보여주는 동작은 말과 함께 따라오는 몸짓이고, 상징 동작은 경매인의 수신호처럼 말을 대신하는 몸짓이다. 거짓말하는 자는 과하게 인지부하가 걸려 말과 동작을 동시에 처리하기가 힘들다. 그래서 제가 꺼내는 말만큼 몸짓을 동반하지 못하며, 말이 끊기는 순간에 쓸데없이 '엄지 척'을 해보이든지 하는 식으로 상징 동작을 남발한다.

part 3

사람마다, 나라마다 다른 협상 스타일

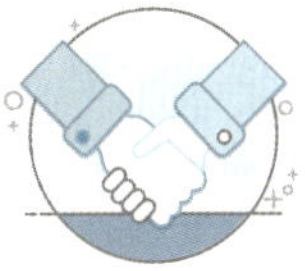

미·중·일·러, 달라도 너무 다른 세계 4강의 협상법

국제 사회에서 협상에 능하다는 평가를 받는 국가들이 있다. 네덜란드가 대표적이다. 서구에서는 "유대인에게 싸게 사서 아일랜드인에게 비싸게 팔아먹을 수 있는 유일한 민족이 바로 네덜란드인이다"라는 말이 있을 정도다. 싱가포르, 영국, 캐나다, 모로코, 요르단, 핀란드, 뉴질랜드 사람들의 협상 능력도 좋은 평가를 받는데, 한결같이 해당 분야에서 뛰어난 외교관들을 보유하고 있다. 그들은 전문적인 실무 역량과 더불어 타 문화에 대한 이해와 적응력을 지녔으며, 주요 외국어 구사 능력도 출중하다.

지피지기(知彼知己)면 백전불태(百戰不殆)라고 했다. 장차 대한민국의 협상가로서 상대하게 될 주요 국가들의 협상 문화를 살펴보는 일은 의미가 있을 것이다. 그 대상국은 한반도를 둘러싼 주변 4강, 미·중·일·러다.

치밀한 카우보이 스타일의 미국

미국인의 협상 스타일은 한마디로 서부영화의 카우보이형(型)이다. 그들은 협상의 데드라인을 제시하고 상대가 따르지 않을 경우 초래될 엄청난 비용을 거론하며 압력 행사에 나선다. 세계 유일의 초강대국이라는 지위를 이용해 힘으로 압박하는 경향이 강하다. 국제 무대에서 미국 협상가들은 자기중심적 원칙을 고집하는 모습을 보여줄 때가 많다. 마치 '내 것은 내 것, 네 것은 교섭 가능한 것'이라는 투다.

그렇다고 해서 그들이 위압적이고 냉정한 태도로 일관한다는 것은 아니다. 외면적으로는 물론 친절하고 상냥하다. 다만, 때로는 거친 표현도 불사할 만큼 솔직하고 직설적이라는 얘기다. 상대방의 기분이나 권위를 고려해서 "검토해 보겠다"라든지 "최선을 다하겠다"는 식으로 모호하게 발언하는 경우는 찾아보기 힘들다. 속내를 쉽게 드러내는 사람을 하수(下手)로 여기는 중국인과는 많은 차이가 있다.

이처럼 솔직하고 직설적인 성향 때문인지 미국인의 교섭 속도는 여타 문화권 국가들에 비해 빠르다. 그러자니 일과 시간의 효율적 이용이 아주 중요한 덕목으로 꼽힌다. 당신이 뚜렷한 이유 없이 제안에 대해 침묵하거나 결정을 유예한다면, 그들은 초조하거나 못마땅한 기색을 내비칠지도 모른다.

협상 결과에 대한 내부 합의 과정이 복잡하다는 사정도 교섭의 속도를 높이는 배경이다. 정부 간 협상의 경우 행정부가 타결한 협상 내용은 의회라는 관문을 통과해야 한다. 정부-의회 간 권력 분립이 엄격한 그들에게 있어 의회 인준은 협상 타결보다 어려운 관문일 때가 있다. 때로는 정부 기관 간에도 의사 결정 과정에서 갈등 국면을 연출한다. 여기에 다양한 이해관계자와 언론의 입김까지 생각하면 넘어야 할 산이 참으로 많다.

한·미 간 범죄인 인도 조약 같은 양자 협상이나 유엔 등의 국제기구에서 미국인을 상대해 본 필자의 경험상 그들은 대단히 논리적이고 냉철하다. 자국의 입장을 강하게 주장하는 경우라도 합리적으로 설득하는 상대의 말은 경청하고 수용한다. 협상가 중 변호사 출신이 많다는 것도 이러한 논리적인 경향에 일조한다. 미국 법조계는 냉정한 분석과 정확한 용어의 사용, 치밀한 합의를 높이 사는 전통이 있기 때문이다.

따라서 미국 협상가와 대면하게 되면 간단한 합의라도 집요할 만큼 문서화하려는 성향을 확인할 수 있을 것이다. 아무리 단순해 보이는 사안도 변호사나 공증인의 조력을 받는 일이 일상화된 탓이다. 미국처럼 소송이 보편화되고 법률만능주의가 득세하는 나라도 드물다. 이러한 전통은 글로벌 교섭에도 그대로 적용된다.

종합하자면, 그들은 지극히 목표 지향적인 사람들이다. 자국의 위세를 등에 업은 미국인의 거만함, 논리성, 그리고 저돌적인 태

한 프랑스인의 눈에 비친 아메리칸 스타일

19세기 중반 프랑스의 사회학자 알렉시스 드 토크빌(Alexis de Tocqueville)은 미국을 방문한 후 『미국의 민주주의』라는 책을 남겼다. 그의 통찰력 있는 시각에 비친 미국인의 특징을 정리해 본다.

① 미국인은 쉽게 흑백을 가릴 수 있는 간단명료한 쟁점을 좋아한다. ☞ 2001년 9·11 테러 이후 부시 대통령이 이끈 대테러 전쟁의 슬로건이 기억나는가. “우리 편이냐, 우리 적이냐?(with us or against us)?”
② 언제나 쾌활하고 희망에 차 있는 미국인 ☞ 열정과 친근감, 맹목적일 만큼의 낙천성은 미국인이 좋아하는 가치다.
③ 미국인은 인간미 넘치는 사람을 좋아한다. ☞ 레이건 전 대통령이 지금도 미국 국민의 사랑을 받고 있는 것은 그의 겸손함과 정직, 유머 감각과 더불어 이웃집 아저씨 같은 친근함 때문일 것이다.
④ 미국인은 대체로 직설적이고 솔직하다. ☞ 청교도주의의 영향으로 ‘정직’은 최고의 미국적 가치가 됐다. 그것은 에두르지 않는 행동을 낳는다. 미국 협상가들이 중국이나 유럽 사람들처럼 브로커에 의존하지 않고 직접 거래를 선호하는 것도 여기에서 유래한다.

도는 목표 지향적인 습성과 동전의 양면을 이룬다. 그들은 동양권 협상가들처럼 상호 대립적인 입장이나 이해관계의 차이를 우회하려 하지 않는다. 문제가 되는 사안은 즉시 테이블 위에 올려놓고 최대한 빨리 실용적인 결과를 도출하려 한다. 전체와 관계를 중시하는 동양권 협상가들이 ‘하나의 쟁점이 어떤 배경으로부터 생긴 것인가’를 고민하는 사이, 그들은 문제가 되는 개별 원점을 신속히 정밀 타격하려 들 것이다.

이런 설명만 듣다 보면, 미국인에게 협상에서 인간관계의 중요성을 운운하는 것이 '삶은 호박에 이도 안 들어가는 소리'로 들릴 법하다. 하지만 그들도 우리와 같은 사람이고, 사람이 하는 일인 이상 그들과의 협상에서도 개인적인 유대 관계는 중요하다.

저 미국인 협상 파트너가 당신을 성(姓)이 아닌 이름이나 애칭으로 불러준다면, 나아가 당신을 자기 집으로 초대라도 한다면 꽤나 성공한 것이다. 프라이버시가 강한 그들의 풍습에서 이만한 사적 유대를 맺기란 쉽지 않기 때문이다. 그런 우정을 나눈 상대라면 협상 테이블에서 한결 우호적인 교섭이 가능해질 것이다. 단, 그 우정을 담보로 협상 테이블에서 '더 많은 양보를 얻어 낼 수 있다'는 식의 허황된 착각에만 빠지지 않는다면 말이다. 그들에게 우정은 우정이고 협상은 협상이다.

국제 교섭에서 경험한 미국과 미국인에 대한 인상은 전반적으로 그들이 '우월하다'는 것이었다. 한낱 국력 콤플렉스에서 나온 열등감의 표현이 아니니 오해하진 마시라. 그저 협상 시 보여주는 저들의 압도적이고 치밀한 시스템에 대한 경탄일 뿐이다.

미국 협상가들은 엄청나게 상세한 정보와 전문 지식을 최대한 활용한다. 상대방이 갖지 못한 고급 정보까지도 수집할 수 있어 자국의 입장을 설득력 있게 전개해 나갈 수 있다. 협상의 세부 내용을 최고위 교섭자도 잘 파악하고 있다는 점 역시 매우 인상적이다. 능력 있는 협상 인력들이 톱니처럼 맞물리며 보여주는 '미국'의 아우라는 강력하다. 정치적 분열 같은 상대국의 약점을 교묘히 활용한다든가, 한 쟁점의 타결을 다른 합의의 전제 조건으로 연계하며 협상의 국면을 능란하게 이끈다.

물론 한 나라의 협상력이란 결국 국력에서 뒷받침되는 것이긴 하다. 미국의 협상가들이 협상 상대에게 우월할 수 있는 이유도 개인적 역량을 넘어 '세계 최강국'이라는 든든한 뒷배가 버티고 있기 때문이다. 경우에 따라 그들의 오만은 미국적 가치가 전 세계의 기준이 되어야 한다는 데까지 미친다. 이러한 우월감이 때로는 협상에서 심각한 갈등과 낭패의 원인이 되는데도 말이다.

자국 우선 원칙의 중국인, 그들의 꽌시 문화

2006년 후진타오 중국 국가주석이 부시 미국 대통령을 만나러 갈 때 준비한 선물이 있다. 홍목과 호두나무로 만들어 저장성산(産) 최상품 비단으로 겉을 싼 케이스에는 양국 언어로 각각의 제목이 적혀 있었다. 영어로는 'The Art of War', 중국어로는 '孫子兵法(손자병법)'이었다.

무척이나 예를 갖춘 호사품이었지만 실상 그 이면에는 전하고픈 메시지가 따로 있었으리라는 추측이 많다. "백 번 싸워 백 번 이기느니 싸우지 않고 이기는 것이 최선(是故百戰百勝, 非善之善者也, 不戰而屈人之兵, 善之善者也)"이라는 저 병법서의 금언 말이다. 당시 이라크와 아프가니스탄에서 힘자랑 깨나 하고 있던 미국에게 던지는 중국의 조언이었다고나 할까, 아니면 냉소였거나.

중국인의 정치와 경영, 처세의 근간을 이해하려면 『손자병법』

을 필독해야 한다. 공산당원, 관료, 군인과 기업인 할 것 없이 모든 이들의 지침서 노릇을 한다고 해도 과언이 아니다. 협상에서 '상대를 미치게 만드는' 그들의 만만디 전술도 이미 '풍림화산(風林火山)'의 비유로 설파돼 있지 않던가. "흔들리지 않음은 산처럼 하라(不動如山)." 중국인의 협상 문화를 거론하기에 앞서 그들의 정신적 DNA로 자리 잡은 손자의 금언 몇 구절을 음미하자. 협상에 관한 시사점을 얻는 데도 큰 도움이 될 터이다([ ]은 편집자 주).

- "적을 알고 나를 알면 백 번 싸워도 위태롭지 않다(**知彼知己 百**戰不殆)."
- "이기는 군대는 먼저 이겨 놓고 싸움을 걸고, 지는 군대는 먼저 싸움을 건 뒤 이기려고 한다(**勝兵先勝 而後求戰 敗兵先戰 而後求勝**)."
- "무릇 군대를 운용함에 있어 적국을 온전히 하여 이기는 것이 최상이요, 적국을 파괴하여 이기는 것은 차선이라(**凡用兵之法 全國爲上 破國次之**)."
- "포위된 군사는 필히 도망할 길을 터주고, 궁지에 몰린 적을 압박하지 말라. 이것이 용병의 방법이다(**圍師必闕 窮寇勿迫 此用兵之法也**)."
- "병법이란 속이는 일이다. 그런 연유로 능력이 있으면서 없는 것처럼 하고 사용하면서 하지 않는 것처럼 한다. 가까운 곳을 노리면서 먼 곳을 보듯 하고, 먼 곳을 노리면서 가까운 곳을 보듯 한다. 적에게 이익을 줄 것처럼 유인하고, 적을 혼란케 하여 격파한다. 적의 군세가 건실하면 대

비하고, 강성하면 회피한다. 적을 진노케 하여 소란을 일으키고, 저자세를 보여 교만케 한다. 적이 편안하면 힘들게 하고, 적이 화친하면 이간한다. 승자의 병법이 이러하다. [그러나 이런 전술들이] 미리 알려져선 안 된다(兵者 詭道也 故能而示之不能 用而示之不用 近而視之遠 遠而示之近 利而誘之 亂而取之 實而備之 强而避之 怒而撓之 卑而驕之 佚而勞之 親而離之 此兵家之勝. 不可先傳也)."

중국인의 협상 문화를 거론할 때 제1의 원칙으로 드는 것이 있다. 『서경(書經)』에 나오는 '구대동존소이(求大同存小異)', 줄여서 '구동존이'라고 하는 말이다. '크게 보면 같고, 작은 데서 차이가 있으니 서로 이해하자'는 말로 해석 가능하다.

이를 협상 버전으로 풀면 '커다란 원칙부터 합의하고 작은 의제들을 다루자'가 된다. 뜻 자체는 아주 좋다. 문제는 그 '원칙'이라는 것이 다분히 중국적이라는 데 있다. "이것은 우리들의 원칙입니다. 부디 이해해주십시오." 중국인과의 협상 테이블에서 늘 듣게 되는 말이다. 조금 일방적인 느낌이 들지 않나.

실제 협상에서 구동존이가 전개되는 방식을 보면 이렇다. 먼저 교섭 상대자로 하여금 별문제 없어 보이는 일반 원칙에 동의하도록 만든다. 그것이 명문화되면 상세한 사항에 대한 합의를 시작한다. 그러나 이때부터 중국 협상가는 저 원칙을 자기편에 유리한 쪽으로 갖다 붙이며 세부 논의를 끌어가려 할 것이다. 이들의 페이스에 말리다 보면 상대측으로선 의도치 않은 최종 결과에 고

개만 가로저을 수도 있다. '이게 아닌데….'

1972년 2월 28일 발표된 미·중 간 '상하이 공동 성명'이 구동존이의 맞춤한 사례였다. 1979년의 '미·중 수교 공동 성명', 1982년 대만과의 무기 거래 규제 원칙을 밝힌 '8·17 공동 성명'과 함께 미·중 관계를 규정하는 3대 주요 공동 성명이다. 상하이 공동 성명이 채택된 것은 닉슨 미국 대통령의 역사적인 중국 방문 기간 중이었다.

그러나 당시 성명서의 문구를 둘러싼 양국의 협상은 난관의 연속이었다. 협상은 키신저 외교안보수석보좌관과 중국 외교부 부부장 차오관화의 주도로 진행됐는데, 양국 정상 간의 논의 사항을 모두 합의문 형태로 담는 것이 불가능해 보였다. 이 난관을 해결한 것이 바로 마오쩌둥의 구동존이 원칙이었다. "합의 사안부터 우선 합의문에 담되 미해결 사안은 뒤로 미룬다는 중국의 입장에 따라 처리하라"는 지시를 내린 것이다.

이에 따라 미·중은 공동 성명에서 양측이 동의하는 사안을 '합의 사항'으로 발표하고, 미합의 사항에 대해서는 성명서 안에 병렬 표기하는 방식으로 난제를 해결했다. 이때의 합의 사항이 '평화 5원칙'으로서 나열하면 다음과 같다.

① 영토와 주권의 상호 존중

② 상호 불가침

③ 상호 내정 불간섭

④ 호혜 평등

⑤ 평화 공존

상하이 공동 성명은 협상 문서에 쌍방이 합의하는 사항(구동)뿐 아니라 서로 다른 입장(존이)도 병렬적으로 담을 수 있다는 선례를 세움으로써 협상문 작성에 기념비적인 역할을 했다고 평가된다.

그러나 이때 정립된 평화 5원칙은 훗날 중국이 인권 문제로 시비를 걸어오는 미국에게 '내정 간섭'이라며 뻗대는 배경이 되기도 한다. 미국으로서는 일종의 족쇄가 된 셈인데, 1993년 미·중 정상 회담에서 보여준 장쩌민 주석의 태도가 이를 잘 대변한다. 이때 그는 인권을 빌미로 자국 내정에 간섭하려 한다며 미국에 대한 비난 성명을 하염없이 읽어 내려간 것이다. 기다리다 지친 클린턴 대통령이 짜증을 내든 말든 상관없이.

한편으로 당시 장 주석의 태도는 매우 중국적인 의사 결정 문화를 보여주는 것이었다. 미국에 대한 비난이 장 주석 개인의 견해였다면 회담 자리에서 좀 더 유연한 교섭 방식을 구사했을지 모른다. 그러나 로봇처럼 글을 읽어 내려가던 그의 모습은 성명서 내용이 중국 공산당 차원에서 미리 주어진 대본이었음을 짐작케 한다. 협상단의 수석대표가 전권을 행사할 수 있는 미국과 달리 중국은 철저히 집단적 합의에 따라 움직인다. 국가 주석도 이 룰에서 자유롭지 않다. 그러니 트위터 한 방으로 판문점에서 3차

북미 정상 회담을 연 트럼프의 예측 불가 행동에 시진핑은 얼마나 당황했을까.

끝으로 중국의 '꽌시(關係)' 문화를 들여다보자. 중국적 인간관계의 핵을 구성하는 이 단어를 모르고선 그들의 협상 스타일을 파악하기 힘들다. 중국인을 상대하는 협상가들은 교섭에 들어가기도 전에 누구의 소개로 왔는지, 또 소개한 사람과 어떤 관계인지를 묻는 질문에 당황하는 경우가 있다. 그만큼 인맥이 중요시되는 사회다. 교섭 상대국의 정부 관리, 기업인, 정치인과 친밀한 인맥을 쌓고 이를 효과적으로 활용하는 데 중국인만큼 능란한 사람들도 없지 싶다.

왜 이처럼 꽌시가 중요해졌을까? 무엇보다도 그들의 사회주의 체제를 꼽지 않을 수 없다. 개개인의 의사가 당(黨)의 결정에 맞춰 이뤄지는 사회는 개인보다 집단이 우선시되기 마련이다. 사회주의권의 폐해로 종종 지목되는 '독자적 의사 결정의 결여'나 '책임 전가' 따위의 양상은 여기에서 비롯된다. 개인이 아니라 관계에 의존함으로써 혼자 짊어질 책임 추궁의 리스크를 분담하려는 것이다. 그래서 중국의 협상가들은 교섭에 필요한 최소한의 정보만 교환할 뿐 민감한 정보에 대해서는 입을 다물기 일쑤다.

대륙에 만연한 배타성도 꽌시의 형성에 큰 영향을 미친다. 하지만 이때의 꽌시는 순기능의 역할을 담당한다. 성(省)은 물론 시(市) 사이에, 좁게는 한 지역 주민 간에도 '타인'에 대한 중국인의 배척과 경계심은 유명하다. 꽌시는 이 같은 부정적 정서를 극복하는 매개가 된다. 협상가 사이에서도 그대로 적용된다. 처음 구축하기가 어렵지, 구축만 해놓으면 아주 유용한 자산이다. 일단 꽌시의 자기장 속에 발을 들인 중국인은 그때부터 협상 파트너인 당신을 최대한 도와주고자 노력할 것이다.

그럼 어떻게 꽌시를 쌓을 것인가. 동서고금을 막론하고 인간관계를 유지하는 근본은 단순하다. 시간과 노력이다. 중국인과의 관계 맺기를 성실과 정직, 훌륭한 매너라는 인간적 자산이 오래 투입돼야 하는 장기 투자로 여기자. 한 번 구축한 꽌시를 유지하는 것도 중요한데, 서로 실익이 되는 상생 관계가 이어지도록 노력할 일이다.

한국에서 인맥은 혈연, 지연, 학연이 복합적으로 작용하는 영역이다. 초면인 상대라도 동향(同鄕)이든 동문(同門)이든 동기간(同氣間)이든 뭐 하나 연줄이 걸리면 일이 수월해진다. 그러나 인연이란 자신의 노력으로 얻어진 것이 아닌 그저 우연히 주어진 산물일 뿐이다. 그것을 빌미로 신뢰가 쌓이지 않은 누군가의 청탁을 들어주거나 뒤를 봐주는 문화는 권장할 만한 게 아니다. 꽌시가 한국의 인맥 문화와 다른 점이 여기에 있다. 중국인은 아무리 동향이거나 동문이라도 꽌시가 없는 상대의 부탁은 들어 주지 않기 때문이다.

국립국어원의 표준국어대사전은 '협상'을 '어떤 목적에 부합되는 결정을 하기 위하여 여럿이 서로 의논함'으로 규정한다. 중국인이 좋아하는 '흥정'을 찾아보니 '물건을 사고팖'으로 되어

중국적인, 너무나도 중국적인 협상의 스타일들

필자의 오랜 협상 경험에서 깨달은 중국인의 특성을 정리해 본다. 내가 만난 중국인, '그들은 ○○○이(하)다!'

① 중국인은 2인자를 중요시한다! ☞ 중국 개혁·개방의 설계자였던 덩샤오핑은 한 번도 1인자의 위치에 오른 적이 없다. 중국에서는 2인자가 1인자보다 실세인 경우가 많다. 그러니 중국인과 협상할 땐 명함에 '부(副)' 자가 찍힌 직위의 인물을 눈여겨볼 것. 부부장, 부국장, 부회장 등등.

② 중국인은 시간 끌기의 명수다! ☞ 중국산 '만만디' 문화는 글로벌 브랜드다. 저들은 협상 상대의 전략이나 목표, 스타일 등을 파악하는 데 오랜 시간을 들인다. 합의도 마지막에 이뤄지기 일쑤이며, 자기편에 불리할 경우 협상 지연이나 결렬도 불사한다.

③ 중국인은 체면을 중요시한다! ☞ 중국인의 체면을 손상시키는 것은 협상 결렬로 치닫게 하는 행위다. 감정이 격앙되는 상황에서도 끝까지 상대에게 예를 갖춰라.

④ 중국인은 흥정하는 민족이다! ☞ 중국인에게 한 번 계약은 영원한 계약이 아니다. 이미 타결된 협상도 상황 변화에 따라 다시 협의하자는 주의다. 그들에게 협상은 가격에 대한 흥정과 진배없다.

⑤ 중국인은 간접 거래를 선호한다! ☞ 겉으로 대범한 척하지만 실제로는 쉽게 남을 믿지 못하는 성향이 있다. 중국인이 생소한 사람과 직거래를 하기보다 친구나 브로커를 선호하는 이유다.

⑥ 중국인은 여성을 공경한다? ☞ 중국에서 전족(纏足)으로 대변되던 가부장제 문화는 1949년 중화인민공화국 수립과 함께 역사의 뒤안길로 사라졌다. 이제 저들은 "출근하면 당을 따르고 퇴근하면 마누라를 따른다." 중국인과의 교섭에서 명심해야 할 유행어다.

있다. 중국인은 협상을 일종의 흥정으로 생각하는 경향이 있다. 때로는 자신의 이익을 지키기 위한 생존 수단이라 여길 정도다.

하지만 흥정은 협상보다 작은 개념이다. '흥정=협상'이라는 지극히 현실주의적인 태도에는 어딘지 자국 이익만을 우선하는 경향이 얼비친다. 글로벌 협상 전문가 닐 필링(Nil Peeling)도 말하지 않던가. 교섭(협상)과 달리 흥정에서는 자신의 몫이 최대가 되는 만큼 타인의 몫은 최소가 된다고. 강력한 군사력과 경제력을 보유한 대국이 일방주의로 기울 경우 상대국이 협상에서 입을 피해가 예상되는 대목이다.

2010년 노르웨이 노벨위원회가 중국 반체제 활동가 류샤오보(劉曉波)를 노벨평화상 후보로 발표했을 때, 그리고 2012년 남중국해 스카버러섬(황옌다오) 주변 해역에서 필리핀과 영유권 분쟁이 발생했을 때가 그랬다. 전자에 대해 중국은 노르웨이산 연어 수입과 양국 간 FTA 교섭 중단으로 대응했다(심지어는 전직 노르웨이 총리의 방문 비자 발급마저 거부했다). 후자에 대해서는 '수입한 바나나와 파인애플에서 해충이 발견됐다'는 표면적 이유를 들어 거의 모든 필리핀산 농산물의 수입 금지 조치를 취했다. 자국의 경제력을 앞세운 중국의 압력은 한국도 이미 2016년 사드 배치 여파로 실감한 터이다.

당사자 간 만족도가 높을수록 협상은 성공적이라는 평가를 받는다. 그러나 중국의 흥정 방식은 때때로 횡포에 가까워 협상 상대에게 굴욕감을 안기곤 한다. 당장의 이익은 실현할 수 있을지 모르나 그게 과연 장기적으로 현명한 선택일까. 미·중 무역 전쟁의 영향권에서 벗어나려는 서방 기업들이 사드 배치 사태 이후 중국 의존도를 낮추려는 한국 대기업들의 경험을 참고한다는 홍콩《사우스 차이나 모닝 포스트》 보도는 시사하는 바가 크다.

그들이 자랑하는 공자의 표현으로 "군자는 의에 밝고, 소인은 이익에 밝다(君子喻於義 小人喻於利)"는 말이 있다. 국제사회에서 중국이 G2의 위상에 어울리는 대접을 받고 싶으면 되새겨야 할 경구다. 협상은 눈앞의 이익도 중요하지만 대의(大義)라는 명분도 필수인 장르이기 때문이다.

일본은 합의와 막후교섭을 중시한다

1998년 11월에 체결된 한일 어업 협정이 한창 교섭 국면일 때의 이야기다. 어느 기자가 새로 임명된 한국 고위 관리에게 협상 성공의 비책을 물었다. 그런데 이 관리 왈, "일본의 카운터파트와는 호형호제(呼兄呼弟)하는 사이니까 안심해도 됩니다" 하는 게 아닌가. 그 말에 깜짝 놀랄 수밖에 없던 것이, '저렇게나 일본의 협상 문화를 모를 수 있나'라는 생각이 들었기 때문이다.

일본인이 개인 간의 관계를 중요치 않게 생각한다는 말은 아니다. 협상 과정에서 보면 그들은 자기보다 나이 많은 상대에게 깍듯이 '센빠이(先輩)', '센세이(先生)'라는 호칭을 붙인다. 그만큼 관계의 예를 갖추는 데 철저한 사람들이다. 그러나 적어도 협상에 임할 때만큼은 냉철한 손익 계산에 따라 움직인다. 앞의 한국

고위 관계자마냥 '공사 구분 없이 기분 내키면 거저 주는 사람'으로 대했다간 오판을 범하기 쉽다.

일본인이 협상이나 비즈니스에서 보여주는 모습은 대단히 합의(consensus) 중심적이다. 전권 대사가 단독으로 결정할 수 있는 미국식과는 거리가 멀고, 오히려 북유럽이나 독일 같은 유럽 스타일에 가깝다. 그렇다면 일본의 의사 결정 방식이 수입산이라는 얘기? 그보다는 '와'로 발음되는 '和(わ)', 곧 조화를 중시하는 내면 풍경과 더 관계가 있다. 자기네의 고유한 정신을 대화혼(大和魂)이라 부르는 일본인 아닌가. 전통 옷과 음식조차 와후쿠(和服), 와쇼쿠(和食)로 부르는 그들에게 합의만큼 맞춤한 방식이 또 있으려고. 네마와시(根回し)란 바로 이런 일본풍 합의 문화를 가리키는 이름이다.

여기, 무인도에 도착한 두 남자와 한 여자가 있다. 남자 둘이 이태리인이면 누구 하나는 죽을 각오를 해야 한다. 그들은 여자를 나누지 않기 때문이다. 프랑스인이라면 한 사람이 남편, 다른 사람은 애인이 됨으로써 평화 공존을 추구할 터이다. 가장 안정적인 상태는 두 남자가 영국인일 때다. 누군가가 나서서 여자를 소개하지 않는 이상 그들은 아무런 액션도 취하지 않을 것이다. 자, 여기서 문제! 두 남자가 일본인이면 과연 무슨 일이 일어날까?

정답은 '도쿄의 본사에 문의한다'이다. '네마와시'에 대한 우스갯소리에 불과하지만, 일본인의 행동 특성에 대한 촌철살인의 기지를 드러내고 있다. 그들은 본국(또는 본사) 차원의 합의된 지침이 없으면 아무런 액션을 취하지 못한다. 본디 "나무를 다른 장소로 옮겨심기 쉽도록 사전에 뿌리를 자르고 정리하는 작업"을 가리키던 네마와시는 오늘날 '정식 회의 전 실무자들이 모여 미리 의견을 조정한다'는 뜻으로 확대되어 쓰이는 중이다.

일본 협상가들이 얼마나 이 행동 준칙에 충실한지는 예기치 않거나 돌발적인 상황이 발생할 경우 확인할 수 있다. 현장 실무자로서는 당장 해줄 말이 없으니 기존의 입장만 반복해 대는 식이다. 아니면 새로운 합의를 모색하기 위해 귀국해 버린다. 이런 특성들로 인해 때때로 일본인과의 협상은 서로 주고받는 게임이 아니라 그저 공식 입장을 표명하는 기회 정도로 여겨지곤 한다.

일본의 협상 문화를 대표하는 것이 또 하나 있는데, 바로 '막후 채널(back channel)'이다. 협상 상대방의 입장을 떠보거나 자신들의 입장에 대한 상대 반응을 파악하기 위해 자주 활용하는 비공식 협의 창구다. 이는 교섭이 교착 상태에 빠져 타개책이 필요할 때도 유용한 선택이 될 수 있다.

이런 상황에선 의사 결정권을 가진 사람이 나설 수밖에 없으므로 총리나 장관을 비롯한 고위급 관료가 동원되는 게 보통이다. 때로는 상대에게 영향력을 지닌 기업이 나서기도 하는데, 우리에게도 알맞은 예가 있다. 김대중 정권 시절인 2000년 6월 제1차 남북 정상 회담이 성사되는 데에는 당시 정주영 현대그룹 회장도 적지 않은 활약을 했다.

막후 채널의 이점은 불가능할 것으로 여겨진 협상조차 극적인 합의를 유도할 수 있다는 데 있다. 협상 대표는 최고 권력자의 위임을 바탕으로 활동하며 국회의 견제를 받지 않기 때문에 협상 진행 속도를 높일 수 있다. 복잡한 관료 내부의 다툼을 피할 수 있다는 점도 효율적이다. 결국 이런 이점들을 살리려면 무엇보다 비밀 유지가 관건이다.

그러나 단점도 많다. 우선, 민주적 통제와 견제의 이념에 어긋날 뿐 아니라 절차상 불법적인 경우가 많다. 공식 채널(front channel) 협상가의 사기가 저하될 수 있고, 자칫 외교 관계의 악화를 부르게 된다. 막후교섭의 목적이 과연 정당했느냐의 문제도 남는다. 그것은 과연 국익을 위한 것이었나, 최고 권력자의 정치적 이익을 위함이었나. 더욱이 그 과정에서 막후 인사들이 개인의 영달과 이익을 추구할 가능성도 배제할 수만은 없을 터.

막후 협상은 팀 단위가 아닌 개인에 의해 이뤄지는 탓에 추후 이행 과정에서 문제가 불거질 수 있다. 1960년대 한일 국교 정상화 회담은 36년간의 일제 식민 통치에 대한 대일(對日) 청구권 문제가 쟁점이었다. 회담의 교착 국면에 새 물꼬를 틔운 것은 1962년의 김종필-오히라 비밀 회담이었다. 전형적인 막후 채널이 가동된 것이다.

그러나 당시 두 사람 간에 교환한 '김-오히라 메모'가 공개되면서 김종필은 중앙정보부장에서 물러나야 했다. 여기에는 식민 통치의 불법성을 인정한다는 의미의 '배상금'은 물론, 한국 정부가 한 발 양보한 '청구권'이라는 표현도 적혀 있지 않았다. 대체 '독

일본 협상가들의 애티튜드 관련 Q&A

가깝고도 먼 이웃, 일본인을 바라보는 시선이 이렇다. 누군가는 그들을 치밀하다고 하고, 그 치밀함을 음흉함과 동의어로 쓰기도 한다. 복잡미묘한 그들의 속내를 엿본다.

Q. 그들은 왜 방어적이고 수동적으로 보일까?

A. 조화를 중시하는 이들인지라 대립과 갈등이 빈번한 협상 테이블이 달갑지 않다. 협상 중단이나 결렬 카드를 내세우는 식으로 우악스럽게 압박하는 상대에게는 좀 취약한 것도 사실이다(엄청난 국력의 차이에도 불구하고 여전히 북한에게 무시당하는 모습을 보라).

Q. 그렇다면 일본의 협상력은 별볼일없다는 얘기?

A. 절대 그렇지 않다. '목소리 큰 놈이 이긴다'는 식의 협상은 질색인 터라 치밀한 사전 준비와 대안 제시에 주력할 뿐이다. 그들은 현지 자국 대사관이나 주재 기업과 연결된 네트워크를 곧잘 활용하는데, 이때 보여주는 정보 수집과 분석 능력은 아주 탁월하다. 단, 의사결정이 더디고 종종 외부 영향력에 기대어 문제를 해결하려는 약점도 보인다.

Q. '노(No)'라고 말하지 않는 이유.

A. 나름대로 상대의 체면을 배려하는 방식이다. 일본인 협상가가 내보이는 침묵에도 그러한 의미가 담겨 있다. 침묵에 대해서는 또 다른 해석도 가능하다. 하나의 제안을 받고서 말 없는 태도로 일관한다면, 사실 '좀 더 생각하고 내부적으로 토의할 시간을 벌고 싶다'는 신호다. 이 문맥을 읽지 못한 서구 협상가들은 자신의 제안이 거부당했다며 지레짐작할 수 있다. 이로 인해 불필요한 양보를 할 때도 있는데, 억울한 건 그의 몫이다.

Q. 대체 '일본인의 미소(Japanese smile)'가 뭐길래?

A. 미국의 심리학자 폴 에크만이 "극한 상황에서도 보이는 일본인의 스마일 마스크 증후군"을 지칭한 표현이다. 그들은 상대방에게 동의하거나 호의를 느낄 때 웃는다. 상대방의 제의에 당황하거나 겸연쩍을 때 웃는다. 기뻐서 웃고, 화나거나 슬퍼도 웃는다. 에크만은 그들의 문화적 규칙이 '감정의 은폐와 억제'라고 했다. 일본이 웃음 천국인 이유다.

립 축하금'이라니! 타인을 불법적으로 지배한 자들이 제 올가미에서 벗어난 이들을 축하한다는 게 말이 되는가. 박정희 군사 정권의 '굴욕 외교'를 비판하는 6·3 시위가 일어날 만했다. 막후교섭은 이처럼 항상 위험 요소를 내포하기 마련이다.

따라서 꼭 필요한 경우에만, 최소한으로 가동해야 한다. 적합한 사람과 적절한 시점을 선택하는 것도 필수다. 이 방식이 비록 공식 채널의 촉진자(facilitator) 역할을 한다는 점에서 유용할지라도 다다익선은 될 수 없다. 어느 정도 돌파구가 마련되면 공식 채널로 전환하는 것이 바람직하며, 협상 후의 이행 단계는 민주적 통제 절차를 밟아야 한다.

집요하고 공세적인 러시아인의 불곰 이미지

러시아 불곰에는 두 종류가 있다. 하나는 순수한 동물이고, 또 하나는 러시아 사람이다. 러시아의 전통적인 협상 스타일을 경험한 이들은 저 비유가 맞다고 여길 것이다. 목표를 높게 잡고 그것을 달성하기 위해 강력하게 밀어붙이는 것이야말로 러시아식 승리 방정식이니까.

그러나 이 나라 협상가들을 브레이크 고장 난 시베리아 열차쯤으로 생각하면 곤란하다. 그들은 경직된 입장을 견지하면서 살라미 소시지 자르듯 조금씩 양보할 뿐이다. 협상 상대로서 러시아인과 마주하는 시간은 극도의 인내심을 테스트하는 과정이다, 협상과 결렬, 밤샘 교섭을 밥 먹듯 해대며 상대의 진을 빼는 그들에게 웬만한 상대는 쉽게 혼이 빠질 것이다. 오죽하면 1950년대 미국의 대표적 강경파인 딘 애치슨 전(前) 국무장관조차 정색을 했을까. "러시아인을 상대하는 일은 길고 긴 임무이다."

소비에트 시절에 보여준 그들의 협상 스타일은 지금도 현재진행형이다. 최우선 가치가 '공산주의 이데올로기'에서 '국가적 위신'이나 '경제적 이익'으로 바뀌었을 뿐, 경직되고 공세적인 태도로 공식 입장을 반복해 대는 양상은 그대로다.

그들의 공격성은 감정을 가감 없이 노출하는 방식으로 표현되는데, 제 편의 입장을 강조하기 위해 협상장에서 큰소리를 내는 건 예사다. 심하면 고함을 지르며 테이블도 두드린다. 속내를 숨기기로 유명한 중국이나 일본의 협상가들은 이 모습 앞에서 과연 어떤 표정을 지을는지.

제임스 굿비(James Goodby) 전 미 국무부 한반도 핵안보 대사와 언론인 제럴드 섹터(Jerrold L Schecter)는 러시아 협상 스타일에 관한 전문가로 유명하다. 이 미국인들이 한결같이 거론하는 것이 바로 러시아에 잔존하는 소비에트적인 상명하복 문화인데, 그것이 현재도 러시아의 협상 행태를 지배한다는 것이다. 당의 결정을 따르던 사회주의 체제의 잔재가 여전한 까닭에 21세기의 러시아 협상가들은 아직도 독자적인 재량권을 쉬 갖지 못할 때가 많다.

한편, 협상가로서 러시아인을 만났을 때 함부로 건드리지 말아야 할 것이 있으니, 조국에 대한 저들의 자긍심이다. 여전히 세계 최대의 국토를 보유하고 있는 나라, 냉전 시절 미국과 더불어 세계를 양분한 소련의 적통이 아니던가. 1991년 구소련 붕괴 이후 비록 과거의 명성은 잃었지만, 2000년대 들어 다시 강대국으로서의 정치·경제적 위상을 회복해 나가는 중이다. '강력한 러시아' 건설을 천명한 푸틴의 지지도가 한때 87%를 찍기도 했음을 기억하자(2017년 6월 퓨 리서치 센터 여론 조사 결과). 과거 '형사 사법 공조 조약', '구러시아 공사관 부지 문제' 등의 협상에서 필자도 이 점에 각별히 신경을 썼다. 당시 그들의 자긍심, 특히 전문지식이나 예술에 관한 러시아 국민의 높은 식견을 상찬함으로써 호감을 얻은 기억이 난다.

그들의 정신을 구성하는 주요 요소 중의 하나는 우리말로 '우정'을 뜻하는 '드루즈바(Druzhba)'이다. 당신이 대(對)러 협상에 나선다면 아마도 자주 듣게 되는 말일 것이다. 아무리 좋은 계약 조건이라고 해도 러시아 협상가가 첫 만남부터 서명하는 일은 거의 없다. 시간을 두고 우정이 쌓인 상대만이 계약 성공의 기쁨을

맛볼 것이다. 러시아인과 개인적이고 비공식적인 접촉 기회를 넓힘으로써 드루즈바를 쌓도록 하자. 그와 같은 유대는 계약 이후 문제가 발생했을 때도 효과적인 해법을 제공해줄 수 있을 것이다.

협상은 '개인'의 하기 나름이다!

글로벌 시대의 협상에서 가장 큰 영향을 미치는 것은 협상가 개인이다. 개인의 성격이나 능력, 한 사람이 성장해 온 교육 환경, 또는 그가 얽힌 이해관계와 경쟁 상황 따위가 특정 협상가의 동기 부여 방식과 업무 스타일을 형성한다.

흔히 21세기 글로벌 시대를 가리켜 다원화된 수평 사회라고들 이야기한다. 이러한 사회 구조의 중심은 역시 개인이다. 언어와 지역, 소속된 국가와 문화권의 차이를 넘어 그러한 개개인이 77억 세계 인구를 구성한다. 첨단 정보화 기반의 과학 기술 문명이 '소통(communication)과 융합(convergence)'이라는 테제 아래 저 수많은 개인을 잇는 매개가 되고 있다. 그 속에서 다양한 문화 간 이종교배가 일어난다. 이제 동양과 서양, 문화와 문화, 사람과 사람의 경계는 서로를 향한 삼투압으로 분주하다.

이런 마당인데, 지구상의 서쪽은 개인주의자의 서식지, 동쪽은 집단주의의 밀림이라는 식으로 구분하는 게 과연 의미 있을까? 문화권이나 국가에 따라 협상 스타일이 어떻게 다른지를 살펴본 바 있지만, 이는 어디까지나 이해를 돕기 위한 일반화였을 뿐이다. 논리적 사고를 위한 도구로서 일반화는 물론 유용하다. 하지만 경우에 따라서는 악용될 소지가 있다.

2017년 3월초 미국은 이슬람 테러리스트들의 입국 방지라는 명분으로 최소 90일간 이슬람 6개 나라 국민의 입국을 금지시키기로 했다. 트럼프 대통령이 이 행정명령에 서명한 순간 리비아, 이란, 시리아, 수단, 소말리아, 예멘의 국민들은 '모두' 잠재적인 테러리스트가 된 셈이다. 특정 인종이나 민족을 하나의 특성으로 일반화시켰을 때 어떤 비극이 일어날 수 있을까. 인류는 이미 그 극단적인 사례를 아우슈비츠에서 보여준 바 있다.

물론, 각각의 지역이나 문화권별로 특징지을 만한 일반적 경향이 전혀 없는 건 아니다. 다만 그 차이는 갈수록 희미해질 것이다. 또, 차이를 구분하는 기준도 거시적 대상(동·서양, 문화권, 국가)으로부터 점점 더 미시적인 단위(개인)로 바뀌어 갈 것이다. 요컨대 이제 당신의 협상 상대가 일본인이냐 하는 것보다는 '나카무라'냐 '호시노'냐가 더 중요하다는 얘기다. 호시노와 시작한 협상인데 중간에 나카무라로 파트너 체인지가 될 수도 있다. 국적이 같은 상대라도 당신은 새로운 인물의 특성에 맞춰 협상 전략을 다시 짜야만 한다.

이번 파트에서는 서로 다른 유형의 협상가들을 살펴보려 한다. 캐릭터에 따라서 협상의 스타일은 강경하거나 온건할 수 있으며, 이기적이거나 협조적일 수도 있다. 성별에 따른 차이도 결코 무시할 순 없다. 다양한 협상 스타일을 살펴보며 교섭 현장에서 순발력 있게 적용할 수 있도록 노력해 보자. 누군가는 '개인의 협상 스타일을 유형화하는 것 또한 일반화 아닌가'라는 문제제기를 할는지도 모르겠다. 그의 의구심은 정당하며, 옳다. 그러므로 이제 펼쳐질 내용 역시 어디까지나 참고용일 뿐 불변의 계명(誡命)

은 아님을 밝혀 둔다. 가장 중요한 협상의 법칙은 당신의 경험으로 채울 일이다.

강경한 놈, 온건한 놈, 원칙적인 놈?

로저 피셔(Roger Fisher)의 공저 『YES를 이끌어내는 협상법』에서 저자들은 '강경' '온건' '원칙'이라는 키워드에 따라 협상가의 유형을 분류하고 있다. 하나하나의 성향별 협상 스타일을 요약하면 다음과 같다.

먼저, '강경한 협상가'가 있다. 말 그대로 공격 본능이 드센 인간형이다. 그는 상대방이 받아들이기 어려운 요구를 하면서 별로 양보할 기색이 없다. "거래 관계를 유지하려면 양보하라"는 식이다. 끝까지 버티기의 명수인데다 상대의 합리적 제안마저 거부하는 옹고집도 불사한다. 타인을 적으로 보고 무조건 불신하는 정서가 내면에 깔려 있어서다. 그는 오직 승리를 향해 '돌격 앞으로!'를 외칠 것이다. 협박과 압력은 그가 지닌 총검이다.

'온건한 협상가'는 어떤가. 수동적, 방어적 성향을 지닌 그는 양보도 참 쉽게 한다. 타인의 의도나 기분에 지나치게 신경 쓰는 탓도 있지만, 기본적으로 그는 인간에 대해 우호적이다. 무조건적인 신뢰를 보이기에 그에게서 협상 타결을 끌어내기란 그리 어려운 일이 아니다. 이런 사람이 경직되고 위압적인 태도를 보일 리가 있나. 그는 부드러운 사람이며, 양보는 그의 천성과도 같다.

당신이 누군가에게 협상을 위임할 위치에 있다면, 강경주의자와 온건주의자 중 누구를 택할 것인가. 보다 많은 몫을 취하려면 아무래도 전자에게 완장을 채우는 게 낫지 않을까. 협상의 이익을 극대화하는 데 최고의 효율을 보일 것이기 때문이다. 그러나 이 선택은 오판으로 결론 날 가능성이 많다. 한 연구 결과를 보더라도, 교섭 상대의 감정을 자극하고 고집을 부린다거나 비윤리적인 행태를 마다 않는 경우 협상의 효율성이 저하된다. 강경 협상가가 때때로 물러나는 법을 배우지 못한다면 실패의 이력이 쌓일 수 있다.

그렇다면 선택은 온건주의자? 그도 아니다. 무골호인(無骨好人)에게 기업의 명운이 달린 M&A 협상권을 맡길 CEO는 없다. 결국 강경이든 온건이든 협상가에게는 그리 권장할 만한 성향이 아니다. 강경 협상가의 경우 상대편을 겁먹게 할 수는 있으나 교섭의 파이를 키우지 못한다. 대체 어떤 파트너가 제 몫에만 집중하는 사람과 폭넓게 논의하고 싶을까. 온건 협상가로 말하자면, 파이를 키우기는커녕 제 몫이라도 제대로 챙기는 게 급선무인 사람이다.

너무 흑백 논리로만 보지 말고 이쯤에서 제3의 눈을 틔우자. 새로운 대안으로 '원칙적인 협상가'가 있다. 그는 협상 파트너를 친구로도 적으로도 보지 않고 냉정하게 문제 해결자로 여길 뿐이다. 이런 유형들은 협상에서 명분보다 이익에 초점을 맞춘다. 강경 협상가가 날뛰어도 그 기세에 굴복하지 않고 이성적이고 합리적으로 협상을 진행한다. 그가 지향하는 협상 원칙은 상처뿐인 영광이 아니라 서로 이익을 얻는 것이다. 자신이 갑(甲)의 위치에 있어도 을(乙)과의 협상에서 위력 행사를 하지 않는다. 갑을 관계는 관계고 협상은 협상이다. 이해관계가 걸린 협상 의제에 대해서 강경할 순 있어도, 상대에 대해 존중을 잃는 법은 없다. 그의 원칙이 꽤 매력적이지 않는가?

남녀 협상가의 차이

"남자와 여자가 합의할 때는 결론만 그럴 뿐이다. 둘이 합의한 이유는 항상 다르다." 미국 철학자이자 시인인 조지 산타야나(George Santayana)의 말이다. 이 말을 입증하듯, 린다 배브콕(Linda Babcock)과 사라 라셰버(Sara Laschever)는 『Women Don't Ask : Negotiation and the Gender Divide』에서 남녀 협상가의 차이를 설명한다(국내에는 『여성을 위한 협상론』으로 번역·소개됨. 본서의 내용은 조슈아 와이스의 『협상의 힘』에서 재인용한 것임).

- 여자들은 협상에서 제안된 것을 남자보다 더 쉽게 받아들인다. 제안이란 주고받을 수 있는 것이 아니라 단 하나만 존재하는 것으로 생각하기에 더 많은 것을 요구하지 않는다.
- 협상에 임할 때 여자들은 기대치를 더 낮게 설정하는 경향이 있다. 그래서 훨씬 더 조심스럽게 행동한다.
- 여자들은 남자들처럼 자신만만하게 굴지 않는다. 남자보다도 강도가

약한 것을 요구하며 관계를 유지하거나 거래를 성사시키기 위해 더 많이 양보하는 편이다.

- 남녀 협상가 모두 남자 협상가를 대할 때보다 여자 협상가를 대할 때 더 강경한 자세를 취한다.
- 여자들은 좀더 관계 지향적이며 협력하려는 경향이 있다.

일반적으로 여성은 남성에 비해 상대의 표정과 감정을 더 정확하게 읽을 수 있는 능력이 있다. 협상 테이블에서 남성 협상가가 거짓말을 할 경우 상대측 여성 협상가의 레이더에 금세 잡힐 가능성이 농후하다. 하기야 남자가 여자보다 눈치가 둔한 동물임은 인류의 발생 이래 늘 입증돼 온 사실이다. 이처럼 민감한 여성의 천성은 언어 능력에서도 드러난다. 이야기의 내용과 문장의 의미 파악에 관여하는 뇌의 베르니케 영역(Wernicke's area)에서 여성이 남성보다 12%나 높은 신경 세포 밀도를 보인다는 것이다.

그러나 남자와 여자는 태생부터 조금 다른 존재인 듯하다. 미국 펜실베이니아 대학의 '표정 읽기 테스트' 실험을 보면 남녀에 따라 두드러지는 감정의 양상이 다르다. 결과적으로 여성은 '행복'과 '슬픔'이라는 감정에, 남성은 '분노'와 '공포'라는 감정에 민감한 반응을 보였다고 한다. 남성이 '위협'에 약하다면 여성은 '슬픔'에 약하다고 할 수 있겠다.

영국 캠브리지 대학도 남녀의 차이에 대한 연구에 가세했다. 이 대학 실험심리학자인 사이먼 배런-코언(Simon Baron-

Cohen) 교수에 따르면, 남성은 '시스템화 능력'이 뛰어나고 여성은 '공감 능력'이 앞선다. 시스템화란 사물의 변화가 어떤 규칙에 따라 일어나는지를 간파해 내는 능력이고, 공감은 말 그대로 타인의 상황에 감정 이입할 수 있는 능력을 말한다. 그래서일까. 코언의 연구 결과는 공감 능력에서 열세인 남자가 자폐증 발생 빈도 면에서 여자보다 훨씬 높다는 사실을 보여준다.

일반화의 오류를 경계한다면, 우리는 성별에 따른 기질과 행동의 차이가 남녀 협상가의 일 처리 방식에도 반영된다고 말할 수 있다. 이를 근거로 남성 협상가들에게 한 가지 전하고 싶은 조언이 있다. 여성 협상가를 상대할 경우 말하는 방식에 주의하라는 것이다.

섬세한 감성의 여성은 남성에 비해 직설화법에 익숙하지 않다. 따라서 여성과의 협상에서는 보다 세심한 주의와 배려가 필요하다. 우선, 자신의 감정을 잘 조절해야 한다. 감정에 치우치지 말고 사실을 토대로 논의를 이어갈 필요가 있다. 과거의 사실에 연연하지 않고 미래 지향적인 관점을 보여준다면 당신을 향한 호감도가 증가할 것이다. 상대 여성의 논리에 다소 어폐가 있다고 여겨도 단도직입적인 부정은 금물이다. 그녀의 제안이 지닌 가치와 장점을 인정하는 가운데 당신의 주장도 개진할 일이다. 그것도 완곡하게.

"매사 철두철미하신 대표님(상대 여성)께서 이런 허점을 보이시다니, 오히려 인간미가 느껴질 정도인데요? 따로 당부할 필요가 없는 분이니 알아서 잘 보완하시리라 믿습니다. 다음부턴 조금만 더 신경 써 주세요."

여성이 나약하다고? 글로벌 협상계의 철녀들

여성은 섬세하고 부드럽다? 싱가포르 신문인 《스트레이트 타임스》는 그러한 생각이 편견이라고 말하는 듯하다. 1999년 11월 21일자에 소개된 전설적인 여성 협상가들이 그 증거다.

칼라 힐스(Carla Hills)

미국의 초대 무역대표부(USTR) 대표로 1989~1992년간 대외 무역 전쟁을 진두지휘했다. '철(鐵)의 여인'이라 불리는 대표적인 강경 협상가로서 1990년대 초 쌀 시장 개방 협상에서 한국도 매운 맛을 봤다. 교역 대상국의 불공정 무역 행위에 보복할 수 있는 '슈퍼 301조'는 그녀가 휘두르던 전가의 보도였다. 자유무역의 전사인 그녀에게 '칼날'이라는 또 다른 별명이 잘 어울리는 이유다.

우이(吳儀)

'철의 낭자'로 불리며 1990년대 초반 치열했던 미·중 간 지적 재산권 분쟁에서 칼라 힐스와 '맞짱' 뜬 인물이다. "좀도둑과 담판하러 왔습니다"라며 으름장을 놓던 힐스 대표에게 당시 중국 대외경제무역부 부부장이던 그녀도 대차게 맞받았다고 한다. "우린 과거에 중국 유물을 강탈해 간 날강도와 담판하고 있지요." 훗날 중·일 관계가 악화됐을 때 고이즈미 일본 총리의 목전에서 회담을 취소해 버린 일은 유명하다.

샬린 바르셰프스키(Charlene Barshefshy)

칼라 힐스의 후임 무역대표부 대표 가운데 대표적인 강경파. 중요한 협상 때마다 두르고 나오는 실크 스카프는 그녀의 시그니처가 됐다. 대일 무역 협상에서 무려 51시간 동안 수면 없이 강행군을 했다거나, 중국과의 협상 도중 공항으로 가겠다며 회의장을 박차고 나온 일화도 있다. '철옹성', '마왕 같은 여자(dragon lady)'로도 불린다.

이기적 협상가, 경쟁적 협상가, 협력적 협상가

협상가의 스타일은 그가 어떤 동기로 움직이느냐에 따라 구분되기도 한다. 개인의 이익 추구, 경쟁에서의 승리, 상호간의 윈-윈. 이 중에서 당신에게 동기 부여를 하는 것은 무엇인가.

자기 이익의 극대화만 추구한다면 '이기적 협상가'라고 불릴 것이다. 당신은 타인의 이익에 별로 관심이 없다. 협상 상대와 정보를 직접 공유하는 것도 탐탁지 않다. 어쩔 수 없을 경우 이 사람 저 사람을 거치는 간접 공유 방식을 선택할 뿐이다.

당신이 경쟁을 즐기는 타입이라면 협상의 승리를 최우선 가치로 둘 것이다. 이익보다는 승리에 방점이 찍힌다. 이 말은 당신 같은 '경쟁적 협상가'들이 때로는 전투에서 이기고 전쟁에서 질 수 있음을 말해 준다. 상대방을 이기는 데 몰두한 나머지 자신의 이익에는 신경을 쓰지 못한 까닭이다.

협상의 이익 배분 문제를 다룬 한 조사는 이기적 협상가와 경쟁적 협상가의 차이를 극명하게 보여준다. 어떠한 일의 결과로 두 사람 모두 300달러를 받는 경우와 한 사람이 500, 한 사람은 800을 받는 경우가 있다. 당신이 이기적 협상가 유형이라면 저 두 경우 가운데 당연히 후자를 택할 것이다. 자기 몫의 크기만이 중요한 사람에게는 300보다야 500이 훨씬 낫기 때문이다. 그러나 경쟁적 유형은 다르다. 비록 자기에게 돌아올 파이가 아무리 커진다 해도 남이 자기보다 우위에 서는 상황은 용납할 수가 없다. 그래서 그는 차라리 두 사람 모두에게 300이 돌아가는 선택

버튼을 누를 것이다.

이기적이거나 경쟁적인 사람과는 또 다른 유형이 있다. 상호 이익이 되는 윈-윈에 동기가 부여되는 '협력적 협상가' 스타일이다. 협상에 임하는 그의 목표는 교섭 당사자 간의 이익 차이를 최소화하는 데 있다. 하지만 그랬다가 자기 몫이 줄어들기라도 한다면? 이 경우 협력을 좋아하는 이들은 전체 파이를 키움으로써 각자의 몫을 늘리려 한다. 같은 성향을 가진 협상가끼리 모여 있다면 그 과정은 더 원활해진다. 서로 도움될 만한 정보와 제안이 더 많이 오갈 것이기 때문이다.

경쟁적 협상가의 관심은 파이를 키우기보다 나누는 데로 몰린다. 그에게 이익의 총량은 제한돼 있을 뿐이고, 그 안에서 하나라도 더 내 것으로 삼는 일만이 중요하다. 이런 사람을 협상 테이블에서 마주해 '최선의 결과'를 운운하기란 어렵지 않을까. 반면에 협력적 협상가는 큰 그림을 보고 판단함으로써 협상 이익의 극대화를 지향한다. 그러니 사소한 문제쯤이야 시빗거리가 되지 않는다.

그러나 협력이 꼭 만능의 열쇠는 아니다. 유연하게 양보할 줄 아는 협상가가 혹여 신뢰할 수 없는 상대를 만났다간 쓰디쓴 배반을 경험할 수도 있기 때문이다. 따라서 타인과의 협력이 아무리 중요하다 해도 그저 허허거리는 것으로는 곤란하다. 때로는 과감하게, 그리고 계산적으로 자기주장을 펼치라는 얘기다. 남의 면전에서 '노'라고 말하기가 어려운가? 그럼 대리인을 써서라도 해야 한다. 당신의 선의와 우호적인 노력이 씁쓸한 미소로 마무리되지 않으려면, 협상 상대에게 충실한 합의 이행에 대한 약속, 그리고 이를 위반했을 때의 책임 소재까지 꼼꼼히 각인시켜야 할 것이다.

협상가를 나누는 감성 코드 : 합리, 우호, 적대

이제 '합리적 협상가', '우호적 협상가', '적대적 협상가'에 대해 알아보자. 이들을 나누는 기준은 감성 유형이다. 합리적 협상가란 감정보다는 이성으로 협상을 이끌어 가려고 노력하는 유형이다. 그는 자제력이 강해서 감정 절제에 능하다. 흔히 포커페이스란 이런 사람을 두고 하는 말인데, 감정이 널뛰기하는 협상가는 합리적 인간 앞에서 허점을 노출하기 쉽다.

감정은 협상을 교착 상태로 몰고 가는 원인이 되기도 한다. 물론 협상가도 인간이기에 감정을 가졌을 터. 그래도 과도하거나 잦은 감정 표출로 패착을 놓는 일은 없어야 한다. 안도감이나 만족 등을 쉽게 표현하는 협상가는 포커페이스를 유지하는 협상가보다 더 나쁜 결과를 초래할 수 있다.

허나 이 말이 협상 테이블에서 내내 경직돼 있으라는 것은 아니다. 적당한 감정 이입은 상대 협상가와 조화를 이루어 나가는데 도움이 된다. 지나친 감정의 표출만큼 지나치게 억제하는 것 역시 협상 분위기를 어그러뜨릴 우려가 있으니 유의할 일이다. 결론적으로 감정의 컨트롤이 중요하다는 얘기인데, 이천 년 전 한 로마인의 말에서 합리적 협상가의 이상형을 볼 수도 있겠다.

"공격적인 행동을 할 필요가 있을 때면 미덕은 화를 내듯 폭발하지 않고 자연스레 솟아나와 꼭 필요하다고 생각되는 만큼만 흥분하고는 이내 원래의 평정심을 되찾는다. 이는 투석기로 무기를 발사할 때 어느 정도의 힘을 가할지는 포수에게 달린 것과 마찬가지다."(세네카, 『화에 대하여』 중에서)

합리적 협상가의 얼굴이 포커페이스라면 우호적 협상가의 무기는 친화력이다. 친밀한 감정을 숨기지 않고 드러냄으로써 상대로부터 동질적인 감정 상태를 유도하는 사람이다. 역사적 인물에서 사례를 찾자면 로널드 레이건 전 미국 대통령이 떠오른다. 1985년 11월 23일자 《워싱턴 포스트》는 같은 달 19~20일간 스위스 제네바에서 열린 미소 정상 회담의 에피소드 하나를 전한다. 당시 레이건은 고르바초프 서기장에게 건넨 농담 하나로 긴장된 회담 자리에서 적국의 수장을 웃음 짓게 만들었다.

"한 미국인이 말했다죠. '우리 미국 국민은 백악관을 방문할 수 있고, 거기서 미국이 세계 제일이라고 외칠 수도 있지. 그런 미국이야말로 세계에서 제일 좋은 나라 아니겠어?' 그러자 이 말을 듣던 소련인이 말하더랍니다. '크렘린의 고르바초프 앞에 가면 레이건이 정치 참 못한다는 것도 자유롭게 말할 수 있는걸. 그러니까 소련이 훨씬 좋은 나라지.'"

미 대통령의 조크 덕에 미·소 정상 간 냉전 종식을 향한 첫 걸음이 훨씬 편안한 분위기에서 시작됐음은 물론이다. 한 연구 결과는 레이건 같은 우호적 협상가들이 합리적 협상가나 적대적 협상가보다 통합적 합의를 끌어내는 데 더 큰 효과를 거둔다고 한다. 이유는 두 가지다.

첫째, 적대적 분위기나 중립적 분위기보다는 우호적 분위기에서 협상가들이 더 협력적인 전략을 구사하기 때문이다. 이 경우 그들은 더 많은 정보를 교환하며 더 많은 대안을 고안해 낼 것이다. 둘째는 협상에서 느끼는 감정이 협상가에게 일종의 자가 예언이나 자기 최면의 도구가 된다는 점이다. 즉, 우호적인 감정을 느끼다 보면 협상의 결과 역시 긍정적일 거라고 전망하는 식이다.

끝으로, 적대적 협상가를 마주할 순서다. 그의 감성 유형이 적대감에 기반해 있다는 건 상대의 공포심을 자극할 만한 비이성적인 방법을 쓴다는 의미다. 1938년 독일과의 합병을 요구하며 슈슈니크(Kurt von Schuschnigg) 오스트리아 총리를 몰아붙이던 히틀러가 그랬다. 일국의 정상끼리 만난 자리에서 미친 사람처럼 소리 지르고 흥분해 손을 떤 것은 둘째로 치자. 히틀러는 제 요구를 들어주지 않을 경우 감금하는 것은 물론 오스트리아에 대한 진군 명령까지 불사하겠다며 슈슈니크를 압박했다.

저항하던 슈슈니크도 히틀러의 거듭되는 압력에 결국 굴복하고 말았다. 조국의 합병은 잠시 지연시켰지만, 오스트리아 내에서 나치당을 합법화하고 그 당원에게 두 개의 장관직을 내주는 등 저 미치광이의 요구를 대부분 수용하고 만 것이다.

히틀러의 행동은 다분히 비이성적인 것이었다. 그런데 똑같이 비이성적임에도 결이 달라 보이는 태도가 있다. 북한 지도부가 핵 실험과 탄도 미사일 발사를 강행하며 구사하는 벼랑 끝 전술이 그것이다. 서구의 많은 정치 평론가나 군사 전략가들도 이들의 도발을 미치광이의 행동으로 바라보곤 한다. 헌데 과연 그럴까?

미국 전략국제문제연구소(CSIS)의 한국석좌 겸 조지타운대 정치학과 교수인 빅터 차(Victor Cha)는 이 점에서 생각이 다르다. 그는 "북한 지도부가 생존을 위해 이성적인 판단을 하고 있다"고 말하며 겉으로 드러난 북한의 행동 이면에 냉철한 계산이 있다고 본다. 콜린 파월 전 미 국무장관도 말하지 않던가. "북한이 미치광이 전략에 의해 협상에서 하나도 잃지 않고 얻을 건 다 얻었다"고 말이다.

당신이 만난 상대가 히틀러 같은 유형이라면 진짜로 미친 협상가다. 그에게서는 협상의 파이를 키우기는커녕 합리적인 이익 분배도 기대하기 어려울 것이다. 이에 반해 상대가 전략적으로 화를 내는 북한 협상가라면 어느 정도 이야기가 오갈 수 있다. 잘하면 양보도 얻어낼 수 있다. 하지만 이런 상대와 만족스러운 협상 결과에 도달하려면 상당한 에너지를 소모해야 할 것이다.

일단 저들로서도 체력 저하를 염려해야 한다. 전략적인 미치광이 짓이 효과를 얻으려면 도발과 위협의 강도를 자꾸 높여 가야 할 것이기 때문이다. 그것이 이 전략의 한계다. 미국 같은 나라를 상대로 계속 비이성적인 접근을 하기에는 상대의 체력이 너무 세다. 더욱이 한계선(red line)을 넘으면 감당할 수 없는 결과를 초래할 수도 있다. 그런 점에서, 최근 들어 변화의 조짐을 보이는 북한 외교가 이 기조를 계속 유지했으면 하는 바람이다. 국제사회 모두를 위해서도 그게 바람직하다.

비이성적 스타일에는 어떤 메커니즘이 작동하나?

① 대비 효과
상대에게 강한 임팩트를 가했다가 강도를 낮추면 고분고분해질 때가 있다. 실전에서 확인하고 싶다면 자동차 딜러를 관찰하라. 그는 고객이 관심 있어 할 만한 차를 보여주기 전에 매장에서 가장 비싼 차로 안내할 것이다.

② 미치광이 이론(madman theory)
비상식적인 상대는 누구나 버거워한다. 당신이 타인의 뇌리에 강한 인상을 심는다면 그에게서 원하는 몫을 취할 수도 있다. 러시아의 푸틴 대통령이 곧잘 쓰는 방식이다.

③ 부정적 강화(negative reinforcement)
협상 상대에게 좋지 않은 존재로 비춰짐으로써 양보를 얻는 방식은 자신의 위상을 깎는 선택이다. 그래도 효과는 있다. 이는 '떡 하나 더 먹기 위해 우는 아이가 된다'는 큰소리 지르기 법칙(squeaky wheel principle)과도 통한다. 하지만 그 효과가 지속되려면 당신은 미친 척하는 강도를 계속 높여야 하며, 상대 역시 당신처럼 돌변할 위험도 감수해야 한다.

④ 자제심(self-regulation)
대부분의 협상가들은 자기 자신을 다스리는 과정에서 일부러 상대방에게 져주는 경향이 있다. 비이성적인 협상가와의 적대적인 분위기를 최소화하고 우호적인 분위기를 유지하기 위해서다.

이문화 협상에 앞서 '기본'을 점검하자!

어느 저명한 협상 전문가가 아들과의 의사소통을 시도했다. 생후 두 달밖에 안 된 아이와 울고 웃는 것 외에 좀 더 높은 차원의 대화가 가능할지를 알아보고 싶다는 이유에서였다. 실험은 필라델피아의 한 호텔방 바닥에서 이뤄졌다. 그는 주의를 집중하도록 아이의 팔을 만진 다음 자신의 손으로 바닥의 카펫을 가볍게 내리쳤다. 그랬더니 아이도 아빠를 똑같이 따라하더란다. 아빠가 두 번, 세 번, 네 번을 쳤을 때도 마찬가지였다. 이 경험에 감격한 그는 이후로 어린 아들과 대화할 수 있는 온갖 방법을 찾는 데 세밀한 노력을 기울였다고 한다.

이야기의 주인공은 세계적인 협상 전문가 스튜어트 다이아몬드(Stuart Diamond) 교수다. 미국 와튼스쿨에서 가장 비싼 강의료를 받는다는 이 협상의 대가는 국내 인터파크 도서 북DB와의 인터뷰에서 '협상 전문가로서 느낀 최고의 순간'을 그렇게 회고했다. 거창한 협상 성공담을 기대한 이들에겐 다소 의외였을 게다. 허나 그가 이 경험에서 얻은 깨달음을 곰곰이 생각해보면 그리 이상할 것도 없다.

"의사소통을 시작하는 적절한 레벨을 찾는 것은 협상의 핵심입니다. 아주 간단한 방법일지라도, 깊은 의미를 담은 소통을 할 수 있습니다."

낯설고, 말이 설고 문화도 선 이들과의 만남은 글로벌 협상에서 흔히 겪는 상황이다. 이런 이문화 협상에서는 무엇보다 상대를 이해하는 커뮤니케이션 능력이 핵심이다. 그러니 다이아몬드의 말처럼 타 문화권 협상가와의 조우 시에도 '의사소통의 적절한 레벨'을 찾아 가야 한다. 협상 성공에 이르는 특별한 왕도란 없다. 그저 기본을 충실히 반복하며 스스로 체득해 나갈 뿐이다. 그 기본 몇 가지를 다시 점검해 보는 시간이다.

상대의 언어와 문화에 대한 기본자세

최근 인공지능(AI)의 발달로 이제는 영어를 비롯한 외국어를 배울 필요가 없을 것이라는 기대가 커지고 있다. 지금도 스마트폰에 담긴 번역기 앱을 사용하면 외국 여행이나 출장에 큰 불편이 없을 정도이다. 과연 인공 지능이 협상에서 통·번역사를 대체하는 날이 오게 되려나? 결론적으로 말해서 필자의 대답은 '아직은 아니다'이다. 음성 인식이라는 난제를 극복하기 위해서는 앞으로도 상당한 시간과 기술의 발전이 필요할 것이다.

협상은 의사소통을 통해 이루어진다. 협상가는 상대방과의 논쟁, 요구, 협박, 감언이설, 잔소리, 아첨, 비판 등을 통해 상대방의 의도, 우선순위, 약점 등 내면의 소리까지 읽을 수 있어야 한다. 기계가 인간에 의한 통·번역을 대체하기에는 아직 멀었다고 확신하는 이유이다.

언어는 협상 상대의 특성과 그 배경에 깔린 문화로 안내하는 입장권이다. 글로벌 협상에서 협상가 자신이 상대의 언어를 유창하게 구사할 줄 안다면 더할 나위 없다. 그럴 사정이 아니라면 유능한 통·번역사를 옆에 둬라(그래도 현지 언어로 최소한의 인사말이나 기본적인 대화 정도는 성의 표시로 당신이 직접 할 일이다).

상대방의 언어는 몰라도 그의 문화를 이해하는 준비는 일찍 시작할 수 있다. 첨단 정보화 사회에는 수많은 전문가와 그들이 제공하는 데이터들이 뷔페 음식처럼 요모조모 구색을 갖추고 있다. 책, CD, 테이프와 잡지를 이용하거나 워크숍 또는 컨설턴트를 활용하는 것도 가능하다. 특히 상대방의 문화에 정통한 사람을 '문화 조언자(cultural mentor)'로 활용하는 것이 좋다. 이 같은 정보의 뷔페에서 볼 수 있는 메뉴는 협상 상대의 역사, 경제, 정치, 지리, 관습, 문화, 문학, 예술 등에 관한 기초 지식이다. 아울러 상행위 시의 관습, 선물, 환율, 팁, 음식, 교통, 날씨, 비즈니스 시간, 에티켓 같은 사이드 메뉴에도 관심을 가지면 좋다.

'악마의 변호인'을 활용하라

1995년 멕시코 외환 위기가 발생했을 때였다. 당시 미국의 재무장관이던 로버트 루빈은 국가 부도 위기에 몰린 멕시코에 250억 달러 규모의 차관을 지원하는 문제로 고민에 빠졌다. 결국 그는 훗날 재무장관에 오를 티모시 가이트너에게 하나의 임무를 맡기게 된다. 그가 지원 프로그램의 부당성만을 지적하도록 요청한 것이다.

중세 가톨릭 교황청에서는 성인을 추서할 때 그 사람이 생전에

행한 선행 이외에도 악행이나 교회의 계율 위반 여부 등을 철저히 조사했다고 한다. 이를 위해 임명된 이가 바로 '악마의 변호인(devil's advocate)'이다. 그는 한 인간의 미세한 결점까지 샅샅이 들춰냄으로써 오직 무결점 존재만이 성인의 반열에 오를 수 있도록 악역을 수행해야 했다.

협상을 준비하는 과정에서 악마의 변호인은 어떤 역할을 수행할까. 대화나 토론 중 상대방의 입장과 반대되는 의견을 제시함으로써 통상적으로 용인되는 의견이나 입장이 지닌 모순을 지적한다. 그는 일종의 백신이다. 어젠다에 대한 피상적인 분석이나 집단 편견으로 인한 마취 효과로부터 협상팀을 방어하는 것이다. 이 과정에서 일어나는 의견 대립은 균형적인 시각과 입장을 도출하는 데 있어 매우 생산적이다.

어찌 보면 일종의 게임 같기도 하다. 협상이라는 전장에서 상대로부터 나를 보호함은 물론, 상대를 효과적으로 공략하기 위한 일종의 시뮬레이션 게임 말이다. 그렇다면 악마의 변호인은 '아주 공세적인 커뮤니케이션'의 도구라 말할 수도 있다. 이 과정을 거치며 상대를 더 깊이 이해하게 되고, '적절한 의사소통의 레벨'을 찾는 데도 많은 도움이 될 테니 말이다.

자기중심적 시선으로부터 벗어나기

글로벌 협상에서 자주 발생하는 갈등은 '상대방이 상이한 문화적 배경을 가지고 있다는 사실 자체'에서 발생한다. 따라서 글로벌 협상 전략을 세울 땐 본인과 상대방 사이의 문화적 차이가 존재한다는 사실을 기본 전제로서 인식해야 한다. 그 바탕 위에서 서로가 가진 능력, 기대치, 각자의 위험 요인들이 어떻게 다른지를 이해하고 이익을 교환(trade-off)함으로써 공동의 가치를 극대화할 수 있다.

하지만 무엇이든 협상할 수 있어도, 무엇이든 결과를 도출할 수 있다고 여겨선 안 된다. 교섭 과정에서는 상대가 양보할 수 없는 마지노선이라는 게 있다. '어떤 문화에 깊이 심어져 있는 신념, 관습과 가설 등'을 의미하는 신성 가치(sacred value)가 그런 경우다.

어떤 가치가 신성한가에 대한 절대적인 기준은 없다. 문화권마다 다르기 때문이다. 수쿼미시 인디언 추장 '시애틀'은 자신들의 땅을 팔라던 '워싱턴의 대추장'(미국 14대 대통령 프랭클린 피어스)에게 보낸 편지(1854)에서 '어떻게 신성한 어머니인 땅을 팔라는 것인가?'라는 질문을 던진다. "이 생각은 우리에게 생소하다."

땅을 어머니와 같은 신성 가치로 여기는 문화에서 땅의 매매를 위한 협상의 여지는 극히 좁을 수밖에 없다. 또한 일부 문화권에서는 인간의 목숨, 가족의 의무, 국민으로서의 명예나 신체 등에 금전적 가치를 부여하지 않는다. 예를 들면 장기 매매가 그러한데, 그들에게 이런 행위는 사회적 정체성과 지위에 손상을 주는 것으로서 협상의 대상이 될 수 없다.

한편, 글로벌 협상에서 일어나는 갈등에는 종종 특정 대상에 대한 고집에 가까운 편견도 자리함을 감안해야 한다. 미국인은 일본인과의 협상에서 상대의 무표정을 거북해 한다. 그러나 협상 과정에서 양측의 얼굴 표정을 찍어 보니 결과는 미국인의 예상을 벗어났다. 협상 중에 보이는 미소나 얼굴 찡그림 같은 표정의 빈도에서 양쪽 그룹 간에 큰 차이가 없더라는 것이다. 그저 일본인의 표정을 읽지 못한 미국인이 '일본인은 무표정하다'는 선입견을 만들어 냈을 뿐이다.

굳어진 선입견은 글로벌 협상에서 늘 문제를 야기한다. 더욱이 그것이 자민족중심주의(ethnocentrism) 수준으로 번지면 갈등은 심화되기 마련이다. 여기에는 자기가 소속된 집단의 우월성에 대한 신앙 수준의 믿음이 작용한다. 이때 타 집단의 구성원은 존재의 지위가 격하된다. 기독교 문명권의 서구 협상가가 '이슬람 = 테러'라는 등식에 매몰된 채 아랍의 협상단을 만나는 경우를 상상하자. 그의 눈에는 아마도 상대가 미개하고 몽매한 집단이 되어 있을 것이다. 프랑스 철학자 들라캉파뉴의 말처럼 자민족중심주의는 인종차별주의로 연결될 가능성이 높다.

당신의 글로벌 협상 스타일은 달라야 한다. 협상 파트너에게 당신이 만든 이미지를 덧씌우지 말아야 한다. 그 덫에 빠지는 순간 협상의 폭은 협소해지고, 당신은 상대의 행동을 예측하는 데 무능해진다. 나치는 2차 대전 때 런던을 향한 무차별 폭격이 영국인의 저항 의지를 꺾을 것이라 자신만만했다. 그러나 그들이 영국인에게 덧씌운 나약함의 이미지는 엄청난 역풍으로 돌아왔다.

그 폭격의 불꽃이 오히려 영국인의 국민적 저항 의지를 점화시킨 것이다.

협상가가 타인에 대한 공격성을 드러내는 데에는 이유가 있다. '적에게는 강압이, 나에게는 회유가' 더 통한다고 믿는 통념 때문이다. 좀 더 솔직히 말해 볼까. '나는 말만으로도 알아먹지만, 걔는 몇 대 맞아야 깨닫는 놈'이라는 생각이다. 특히 이해관계가 첨예할수록 협상에서는 더욱 무식한 진영 논리가 난무하게 된다. 환경 관련 협상에서 개발론자들은 환경주의자들을 '정신병자'로 무시하고, 그 병자 집단은 개발론자들을 '이기적인 돼지'로 취급한다. 서로를 향한 편견과 증오의 시선이 굳어질수록, 접점의 여지는 찾을 길이 없다.

글로벌 시대, 글로컬라이제이션이 중요하다!

글로벌 시대의 협상가가 타 문화와 맺는 관계의 양상은 세 가지로 구분 가능하다.

- 통합(integration) : 자신의 문화적 정체성을 유지하면서도 타 문화를 이해하고 존중하기.
- 융화(assimilation) : 자신의 문화적 정체성을 고집하지 않고 상대방의 문화와 사회적 관습에 동화되기.
- 분리(separation) : 자신의 문화적 정체성을 유지하며 상대방의 문화와 거리 두기.

⊕ 주변화(marginalization) : 자신의 문화적 정체성을 유지하지도, 상대방의 문화와 접촉하지도 않기(가장 바람직하지 않은 선택).

이 중에서 어떤 입장이 바람직한지, 또 문화적 충돌이 예견될 때 무엇을 선택할지 결정하기란 매우 어렵다. 언뜻 보면 '통합'이 모범 답안처럼 보인다. 그러나 글로벌 비즈니스나 협상에서는 상대국에 대한 이해와 존중을 넘어 일정 부분 '동화'될 필요성도 제기된다. 이를 감안한 전략이 글로벌한 차원의 보편적 기준과 더불어 '현지화'라고 불리는 로컬라이제이션(localization)을 병행하는 것이다.

글로벌 기업들은 일방적인 글로벌화와 무조건적인 현지화 사이에서 균형점을 찾기 위해 노력한다. 충원을 비롯한 인사 제도, 직무 평가, 성과 보상 시스템에 이르는 여러 측면에서 통합과 현지화의 유연한 적용에 고심하고 있다.

세계적인 커피 체인점 스타벅스는 흔히 성공적인 현지화 병행 사례로 꼽히곤 한다. 우선, 메뉴의 글로벌 표준화와 부분적 현지화를 들 수 있다. 대부분의 메뉴는 글로벌 표준으로 운영함으로써 소비자가 세계 어디서나 일관된 서비스를 받도록 하는 한편, 20% 정도는 현지 취향에 맞추도록 허용하는 것이다. 차를 마시는 중국인 고객의 취향을 반영한 '호치 차이 그린티 라테', '그린티 프라푸치노' 같은 메뉴가 그렇다. 스타벅스가 현지 문화를 존중하는 증거로 삼는 스타벅스 인사동점의 경우도 있다. 한글로

쓰인 세계 유일의 자국어 간판 덕에 '문화 침략'을 우려하는 인사동 전통거리 주민들의 반발도 줄일 수 있었다는 얘기다.

전 세계적 차원의 정보, 인력, 네트워크 등을 현지 문화와 접목하는 글로컬라이제이션(Glocalization) 전략은 협상의 효과를 극대화하는 데 유용하다. 이를 성공적으로 수행하려면 현지 대리인, 자문관이나 변호사를 적극 활용할 필요가 있다. 그들은 협상에 필요한 현지 정보, 인사법, 선물, 접대, 사회적 계급 제도, 예절, 에티켓에 이르는 다양한 정보의 공급원이 돼줄 것이다. 어떤 사람을 선택할 것인지 결정에 애를 먹는다면 현지 자국 대사관의 협조를 구해 볼 일이다.

Tip Box

글로벌 기업과의 연봉 협상 노하우 10

여전히 로컬 기업 문화의 특성을 유지한 곳도 많지만, 세계화의 진전은 각국의 기업 문화를 글로벌 표준으로 변화시키고 있다. 그 전위에 다국적 기업이 있다. 그들은 생존을 위해 회사의 인적 구성 다양화에 주저하지 않는다. 개도국 출신이라도 기술과 능력이 있으면 성공가도에 들어설 수 있다. 이런 특성상 주요 다국적 기업들은 본사에 다양한 문화권 출신의 간부들이 포진돼 있다. 국내 기업을 경험한 한국인이 다국적 기업을 노크하는 일도 빈번해지고 있다. 그러나 기존에 경험한 조직 문화와 운영 시스템과는 판이한 환경으로 인해 다소 '시차 적응'이 필요할 수도 있다. 약간의 선행학습이라도 한다면 한결 수월하게 적응할 수 있을 터, 여기에서는 '연봉 협상'과 관련된 부분만 먼저 귀띔해 보려 한다.

① 연봉 협상 시 '당신이 기업에 제시할 최선의 대안(BATNA)'은 무엇인가? 그리고 '이 협상에서 당신이 원하는 기대치'는?

② 그 기업에서 일할 용의가 있음은 명백히 하되, 채용될 때까지 보수에 대한 논의는 미루자. 채용 전과 후는 협상력에서 근본적인 차이가 있으니.

③ 기업이 제시하는 채용 조건에 바로 반응하지 말라. 당신이

침묵하는 사이, 협상 상대는 좀더 후한 연봉이나 근무 조건을 고민하고 있을지 모른다. 연봉뿐만 아니라 다른 조건의 제안에 대해서도 마찬가지다.

④ 연금은 연봉보다 부수적인 항목이다. 연봉 협상 전 연금에 대해 협상하지 말자.

⑤ 과도한 연봉 요청은 금물이다. 당장은 받아들일지언정 기업은 이를 빌미로 장차 당신의 승진, 장래의 연봉 인상에 나쁜 영향을 미칠지 모른다.

⑥ 기업과의 협상 시 어떤 요구를 할 때는 절대로 감정에 좌우되지 말아야 한다. 언제나 논리적 합리성을 견지할 것.

⑦ 이직을 할 경우 새 고용주 측에 절대로 하지 말아야 하는 말이 있다. 이전 직장의 고용주에 대한 비난이다. 고용주끼리 아는 사이일 수 있다는 건 둘째 치고, 일단 뒷담화하는 당신을 좋게 볼 사람은 없다.

⑧ 상대방이 당신의 연봉 요청을 받아들일 수 없다고 해도 강경한 자세만을 보여서는 안 된다. 기대에 못 미치는 연봉 인상분을 상쇄할 만한 부대 조건들을 공략할 수도 있으니까(보너스, 사무실, 비서, 휴가, 성과급, 연금, 자동차, 자녀 교육비 등등).

⑨ 여행 관련 특전에도 세심한 관심을! 세계화의 확산에 따라 업무상 여행이 증가하고 있다. 호텔이나 항공기 좌석의 등급을 비롯해 스스로 쾌적한 여행길을 보장받는 현명함을 발휘하자.

⑩ 경력 발전과 고(高)연봉의 꿈 실현에 도움을 줄 잡 코치(Job coach)를 활용하라. 우리와는 먼 현실이라고? 이미 서구권 직장인들에겐 보편화된 선택이다.

Shall We
Negotiate?

Shall We Negotiate?

Step C

글로벌 협상 마스터가 되기 위한 실전 가이드

Step C의 목표

"장기적 또는 총체적 목표를 달성하기 위해 고안된 행동 계획"을 가리켜 전략(strategy)이라 한다. 전술(tactics)은 "전략을 실행하기 위해 고안된 단기적이고 신축적인 수단"이다. 글로벌 협상에서 유용하게 활용할 수 있는 전략과 전술은 무엇일까? 협상 수행 과정에서 요구되는 10개의 전략적 지침과 각 단계별 실전 행동들에 주목해 보자.

- **첫 번째 지침, 준비가 우선이다**
- **두 번째 지침, 주도권을 잡아라**
- **세 번째 지침, 호혜적 윈-윈 협상이 최고!**
- **네 번째 지침, 대화술이 협상의 성패를 가른다**
- **다섯 번째 지침, 좋은 인간관계부터 맺을 것**
- **여섯 번째 지침, 은근과 끈기의 DNA를 만들자**
- **일곱 번째 지침, 비대면 협상에 익숙해지기**
- **여덟 번째 지침, '부모-자식'을 넘어 '협상의 파트너'로!**
- **아홉 번째 지침, 로비스트를 활용하라**
- **열 번째 지침, 이제, 글로컬라이제이션을 체화하자**

"개인적으로 복잡한 시기를 겪으며 나는 단순한 진실을
깨달았다. 성공적인 협상과 리더십을 만드는 요소는
우리 '안'에 있다는 것이다. 협상에 도움이 되는 말과
행동은 배울 수 있다. 하지만 궁극적으로 자기 삶의
주인이 되는 능력은 내면에서 나온다."

– 에리카 아리엘 폭스(Erica Ariel Fox), 『설득의 재발견』 중에서

part 1

첫번째 지침, 준비가 우선이다

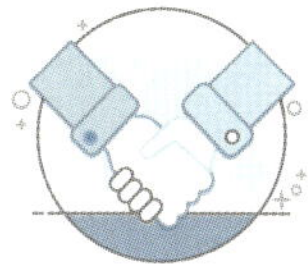

협상에선 지기(知己)부터, 그다음에 지피(知彼)하라

평생 60여 차례의 진검 대결에서 한 번도 패한 적이 없다는 에도 시대의 전설적인 사무라이. 일본인이 가장 존경하는 미야모토 무사시는 승리에 우연이란 없다고 말했다. "천일의 연습을 단(鍛)이라 하고, 만일의 연습을 연(鍊)이라 한다. 이 단련이 있고서야 승리를 기대할 수 있는 것이다." 그는 이런 신념으로 칼을 휘둘렀고, 상대를 쓰러뜨린 후에도 자만하거나 승리감에 도취되지 않았다. 그저 조용히 참선을 하든가, 승부의 모든 과정을 복기한 후 다시 연습에 임했을 뿐이다. 그것은 또 다른 승부를 위한 준비였다.

협상의 성패를 결정하는 것은 유창한 말솜씨나 교활한 책략이 아니다. 협상 전 준비를 얼마나 체계적이고 치밀하게 하느냐에 달려 있다. 그 핵심은 '정보'다. 협상에서는 협상가의 자질보다 정보가 더 중요하다. 누가 더 많은 정보를 갖고 있느냐가 협상력의 우열을 판가름한다는 얘기다. 침대만이 아니라, 협상도 과학이다. 유능한 협상가일수록 직관에 의존하려 하지 않는다. 때로는 그가 즉각적이고 도발적으로 보이는 행동도 할 때가 있겠지만, 실은 이것도 그가 수집한 정보에 기반한 계산속인 경우가 허다하다.

상대방의 행동에 그때그때 대응(reactive)하기보다는 그의 반응을 미리 예견하고 예방할 수 있도록(proactive) 준비하자. "협상을 위한 노력의 80%는 준비에, 나머지 20%는 본 협상에 쏟아라." 많은 협상 전문가의 충고를 새겼는가. 이제 협상 준비로 들어가자. 출발점은 '나 자신'이다. 자신의 목표, 대안(BATNA), 의제의 설정 등 협상가로서 자신의 전열부터 정비하고 볼 일이다.

협상은 합리적인 목표 설정부터

하나의 행동을 시작하기 전에 목표를 설정하지 않는 것은 지도 없이 여행을 시작하는 일이다. 협상이라는 목적 행위에서는 특히 그러하다. 그러나 목표와 소망은 구분되어야 한다. 우리가 말하려는 목표란 '합리적으로 달성 가능한 것'을 말한다. 이러한 목표를 설정하려면 무엇보다 치밀한 계획과 냉정한 계산이 요구된다.

다만, 치밀함이나 냉정함을 '안전하게 성공 가능한 목표만 잡으라'는 맥락으로 생각해선 곤란하다. "협상의 여지가 없는 일은 없다"는 말도 있듯이 협상에 앞서 그 결과를 지레짐작하는 것은 금물이다. 그리고 충분한 근거만 있다면 협상의 목표는 높게 잡을수록 좋다. 협상장에서 낮은 수준의 요구를 꺼내 놓고 번복한다는 건 무척 힘든 일이다. 그랬다간 협상 파트너로 하여금 당신에 대한 신뢰만 거두게 할 뿐이니까.

협상의 목표와 기대치를 가시화했다면 본격적으로 자기를 점검할 차례다. 협상가인 당신은 이제 스스로에게 몇 가지 질문을 던져야 한다. 그것은 자신이 진행할 협상의 여건 전반을 확인하는 작업이 될 것이다.

바트나와 양보점을 점검하라

먼저, 바트나(BATNA)를 점검해야 한다. 협상이 합의에 도달하지 못할 때 제시할 수 있는 '최선의 대안' 말이다. 협상의 목표가 합리적으로 설정돼야 하듯이 바트나 역시 이성적인 판단에 근거해야 한다. 그런데 바트나는 고정된 것이 아니다. 협상 상황에 따라 변화를 줄 수 있다. 때로는 상대의 교활한 술책에 말려들어 그것을 망가뜨리기도 한다. 이 말은 협상 상대가 고의로 흘린 정보에 교란되어 당신이 가진 바트나의 가치를 스스로 폐기하거나 축소시킬 수 있다는 의미다.

이런 일을 예방하고 바트나를 발전시키기 위한 방법으로 맥스 베이저만과 마가렛 닐(Max Bazerman & Margaret Neale)이 주창한 사랑 규칙(falling-in-love rule)이 있다. 협상가는 하나의 목표, 하나의 대안, 하나의 요구와만 사랑에 빠져서는 안 되며, 선택할 수 있는 여러 가지 대안을 만들어 놓아야 한다는 원칙이다. 이렇게 되면 현재 논의되는 안이 타결되지 못하는 경우에도 다른 대안을 선택하는 것이 가능해진다.

양보점(reservation point)은 바트나를 수치상으로 계량화한 개념이다. 간단한 예를 들어 보자. 여기, 서울 사는 A씨가 있다. 그가 급히 집을 내놨는데, 집이 6주 이내에 6억 원에 팔릴 확률을 60%, 가격을 더 낮춰 5억 원에 팔릴 확률은 95%로 가정해 보자. 5억 원도 받지 못할 경우(5%) A씨는 그냥 집을 세놓을 작정이다.

이때, 그가 '6주 이내'로 집을 팔게 될 기대 확률을 산정해 보자. 주의할 것은 5억 원에 팔릴 95%의 확률 안에는 가격을 내리지 않고도 6억 원에 팔릴 60%가 포함돼 있다는 사실이다. 그렇다면 A씨가 '굳이' 5억 원으로 가격을 내려야 하는 경우는 '95-60=35(%)'일 뿐이다. 현 시점에서 세놓을 때(5%)의 가치를 3억 원으로 한다면, A씨가 책정해야 할 양보점은 다음과 같다. '각 대안의 가치를 확률로 곱한 후 각각을 더한 총액.'

6억 원 × 0.6 = 3억 6,000만 원

5억 원 × 0.35 = 1억 7,500만 원

3억 원 × 0.05 = 150만 원

답) 5억 3,650만 원

즉, 6주 이내에 5억 3,650만 원 이하로 집을 팔아서는 안 된다는 의미다. 그러나 6주가 넘어가면 양보점은 다시 설정돼야 한다.

이렇게 양보점을 미리 계산해 놓지 않으면 훗날 손해 보는 거래에 합의할 수도 있다. A씨로 말하자면, 차라리 더 좋은 조건으로 임대를 하는 게 나았을 뻔했다. 끝끝내 집을 팔겠다며 고집을 피우다 양보점 아래의 가격으로 집문서를 넘기게 됐잖은가.

의제의 내용과 순서를 준비하라

대화 당사자가 협상의 필요성을 인식하고 여러 조건에 동의했는가? 다음은 의제(agenda)의 내용(무엇을 논의할 것인가)과 순서(무엇부터 논의할 것인가)를 논의할 차례다. 그런데 실제 협상에서는 이 내용과 순서에 합의하는 것이 생각 이상으로 어렵다. 무엇을, 어떤 순서로 논의하는가에 따라 협상 결과에 상당한 영향을 미칠 수 있어서다.

의제의 내용이 중요한 것은 그것을 선점하는 쪽의 협상력이 높아지기 때문이다. 2019년 4월 시작된 미·일 간 무역 교섭에서 환율을 협상 의제에 포함시키느냐 마느냐로 양국이 치열한 신경전을 벌인 것도 그런 이유였다. 상품 무역만으로 의제를 국한하려는 일본과 환율 문제를 더하자는 미국. 정부가 환율 관리에 개입한다는 의혹을 받는 일본으로선 이 문제가 도마 위에 오를 경우 미국의 요구대로 무역 분야에서 많은 양보를 해야 할 것이다.

의제 선정이 중요한 이유는 또 있다. 하나는, 특정 의제를 협상에 포함시키는 것만으로 이미 그 사안이 현실적으로 문제가 있음을 수긍하는 의미가 된다는 것이다. 1980년대 말 진행된 엘살바도르 정부와 반군연합(FMLN) 간 협상에서 정부 측은 반군연합이 기존 군대의 철폐를 희망하며 내놓은 '군대의 미래(future)'라는 의제에 동의하지 않았다. 결국 의제의 명칭은 '군대의 현대화(modernization)'로 정해졌는데, 이로써 엘살바도르 정부는 기존 군대의 철폐 문제를 협상 사안에서 제외시킬 수 있었다.

둘째, 의제에 포함된 사실 자체가 누군가의 선전 도구로 사용될 수 있다는 점이다. 1990년 후반과 1991년 초반 미국-이라크 간 대화에서 사담 후세인은 협상 의제로 이라크의 쿠웨이트 점령뿐 아니라 팔레스타인 문제도 포함시켜야 한다고 주장한 바 있다. 결국 이 사안은 미국의 적극 반대로 무산됐다. 하지만 만약 후세인의 뜻대로 진행됐더라면? 그는 자신이 팔레스타인의 후견인이라는 인상을 주어 여타 아랍 국가들의 지지를 확보하는 데 활용했을 것이다.

의제 선정이 끝났으니, 이제는 논의할 순서를 정하는 일이 남았다. 이 단계도 녹록치 않기는 마찬가지인데, 협상가들은 흔히 자기편의 주요 의제부터 다룸으로써 성과를 빨리 얻고 싶어 하기 때문이다. 이 경우 협상 상대에게 강한 인상을 줄 수 있고, 자국 여론의 지지를 끌어들이기도 수월해진다.

그러나 상대측이 우선 논의 대상으로 삼자는 의제가 매우 중요하고 까다로운 것이라면 수용하지 않기를 권한다. 당신이 노조

측을 대변하는 변호사일 경우 사측이 임금인상률부터 논의하자면 쉽게 동의하겠는가. 합의가 결코 쉽지만은 않은 이 뜨거운 쟁점을 협상 초기부터 다뤘다간 난항을 거듭하다 양쪽 모두 지쳐버리기 십상이다.

따라서 의제에 대한 논의는 보다 덜 중요하고 합의에 이르기 쉬운 것부터 접근할 일이다. 쉬운 문제에서 시작해 어려운 문제로 회담을 진행해야 회담 속도가 둔화되는 것을 방지하고 교착상태에 빠질 가능성도 최소화할 수 있다. 협상 초기에 쉬운 것부터 얼른 해결해 나간다면 가시적인 성과들을 대내외에 과시하는 데도 도움이 된다. 그것은 협상 반대파들에게 교섭의 필요성과 효과를 각인시키는 계기도 될 것이다.

의제 선정의 키 포인트

① 협상력을 약화시킬 수 있는 사항은 가급적 제외한다.
② 사소한 문제, 불필요한 분쟁을 야기할 이슈들은 피하자.
③ 상대의 관심 사항도 적절히 받아들여서 공평무사하다는 인상을 줄 것.
④ 의제는 유동적인 것. 협상 진전에 따라 새로운 의제도 반영할 수 있다.
⑤ 의제는 가급적 복수로 정하기. 의제를 다양하게 조합하여 대안을 마련한다면 협상 타결의 가능성도 훨씬 높아질 것이다.

위험을 회피할 것인가, 감수할 것인가

협상가는 교섭 시 구사한 전략이나 전술로 인해 발생하는 위험을 지게 된다. 정보 공유 등의 협조적 전술을 쓸 것이냐, 협박 같은 경쟁적 전술을 동원할 것이냐, 늘 선택의 기로에 설 것이다. 그 선택의 결과는 오롯이 협상가 자신의 몫이다.

상황에 따라 위험을 회피할지, 감수할지를 결정하는 데 있어 고려해야 할 기준은 '이익'이다. 협상가들은 보통 이익이 나는 경우 위험 회피 성향을, 이익이 침해를 받으면 위험 감수의 성향을 보인다. 이익을 위해서라면 어느 정도의 위험은 감수해야 하지 않나 하는 생각을 할 수도 있다. 그러나 인간은 관심 자체가 이익에 꽂혀 있으면 그것을 최대화하기 위해서 불확실한 모험을 자제하는 성향이 있다. 반면에 손실을 최소화하라는 임무를 띤 협상가는 조금이라도 더 나은 결과를 얻고자 버티기 마련이다. 그가 양보나 합의를 잘 하지 않는 이유다.

그러니 본격 협상에 앞서 자신과 상대의 상황을 면밀히 체크할 필요가 있다. 내(또는 그)가 이번 협상에서 중시하는 것은 이익의 추구인지 손실의 방지인지를. 그것을 파악해야 위험 관리의 수준도 정할 수 있을 테니 말이다.

매몰 비용에 집착하고 있지는 않나?

매몰 비용(sunk cost)은 이미 사라지고 없는 투자 금액을 의미한다. 협상가에겐 과거의 매몰비용에 따른 손실을 어떻게든 보전하려는 심리가 있다. 이는 잘못된 결정을 정당화하고자 과거의 결정을 고집하는 원인이 된다. 이러한 심리에 기반해 결과를 기대하는 태도가 바로 '매몰 비용의 오류'다. 본전 생각에 노름판을 뜨지 못하는 도박꾼이 연상되지 않는가.

이미 투자한 시간과 노력에 집착할 경우 협상가는 합리적인 판단을 방해받는다. 이 같은 오류에 빠지지 않기 위해서는 몇 가지 사항들을 수시로 점검함으로써 합리적으로 판단하는 것이 필요하다.

① 원래 계획의 목적이 현재에도 유효한가?
② 원래의 계획 달성을 위해 앞으로 추가될 소요 비용은?
③ 현 단계에서 계획을 지속하는 것과 포기하는 것 중 무엇이 더 이득인가?

협상에 대한 기본적인 판단이 잘못되었을 때 이를 과감하게 인정하고 빠져 나오는 것이 협상가의 중요한 능력이다. 때로는 판단의 오류를 인정하고 포기하는 것이 상황의 악화를 방지하고 재기를 가능케 하는 지름길이다. 자신이 돌입할 협상의 여건을 돌아보며 이전의 상황이 어떤 부정적 그늘을 드리우고 있는지 냉철하게 들여다볼 필요가 있다.

협상가의 셀프 심리 점검 '무엇이 내게 영향을 미칠까?'

협상에 나선 당신의 심리 상태는 결과에 지대한 영향을 미친다. 협상가들이 주로 갖게 되는 심리적 경향들을 미리 체크해 두자.

① 소유 효과

혹시 내가 소유하고 있거나 소유할 수 있다고 믿는 대상에 대해 객관적인 가치 이상을 부여하고 있지는 않은가?

② 인센티브 효과

어떤 목표를 달성하면 보상이 따르는 경우와 그 목적을 달성하지 못하면 이미 받은 보상을 빼앗기는 경우가 있다. 둘 중 더 열심히 일하게 만드는 것은 후자다. 가진 것을 뺏길지 모른다는 위기감은 강력한 동기 부여 수단이 된다. 이런 심리를 스스로에게 적용해 볼 수는 없을까?

③ 사후 가정

시상대 위에 선 은메달리스트 A보다 동메달리스트 B의 얼굴이 더 환한 이유가 뭘까. A가 지금 '그때 ~했다면 금메달은 내 것일 텐데'라는 가정법에 시달리는 탓이다. 다 끝난 협상 테이블에서 나 역시 그런 후회에 젖지 않으려면 무엇을 보완해야 할까?

④ 선택 지체

인간의 위험 기피 성향은 선택을 주저하게 만든다. 혹시 내게도, 불확실성 앞에서 때론 손실을 감수하면서까지 선택을 미루려는 경향이 있지는 않나?

⑤ 자기 과신

나의 능력, 내게 좋은 일이 일어날 가능성에 대해 근거 없이 후한 평가를 내리거나 낙관하고 있는 것은 아닌지.

내가 만날 상대는 누구인가?

지기(知己)했는가? 이제 지피(知彼)하자. 나를 점검했으니 상대도 살펴야 한다. 내가 협상 테이블에서 만날 그는 누구인가. 그의 직책은 무엇이고, '이 바닥'에서 어떤 평판을 듣는 인물인가. 그의 문화적 배경은 물론 성격, 개인적이거나 공적인 관심사, 협상 스타일과 경력을 기본 데이터로 삼아야 한다. 뿐만 아니라 그가 이번 협상에서 어떤 권한(재량권)을 갖고 임하는지, 자주 쓰는 협상 전략과 전술에는 무엇이 있는지도 파악할 필요가 있다.

교섭이 팀 단위로 이뤄지는 경우라면 상황이 조금 다르다. 상대측 대표나 주요 인물에 대한 정보도 중요하지만 상대 기업이나 국가의 협상 스타일, 팀 내 분위기가 더 관건인 까닭이다. 더욱이 다자 협상이라면 협상 상대가 여럿이 되므로 협상단 사이의 관계가 우호적인지 적대적인지도 살펴야 한다. 고려할 측면이 더 복잡해지는 것이다.

자신이 처한 상황을 총체적으로 파악하기

"52 대 27, 쎄울, 꼬레아!" 1981년 9월 30일, 국제올림픽위원회(IOC) 총회가 열린 독일의 바덴바덴은 사마란치 IOC 위원장의 발표와 함께 들끓는 함성으로 채워졌다. 그 함성의 주인공은 모두가 알다시피 서울올림픽유치위원회 사람들이었다.

그러나 일본의 나고야가 아닌 한국의 서울이 올림픽 개최지로 선정되기까지, 우리는 참으로 험난한 과정을 거쳐야 했다. 최만립 ㈜이낙반도체 회장이 자신의 30년 스포츠 외교 활동을 정리한 『도전은 끝나지 않았다』에서 그 치열했던 상황을 확인할 수 있을 것이다. 총회를 2개월도 남겨 두지 않은 시점에서 84명 IOC 위원 중 한국을 지지하던 이들은 고작 21명뿐이었다. 대체 한국의 협상가들은 어떻게 이런 불리함을 극복할 수 있었을까?

최 회장은 고(故) 정주영 전경련 회장을 필두로 한국의 유치 위원들이 IOC 위원 전원의 면면을 파악하는 한편, 개인적인 연고를 찾아 틈새를 공략해 나갔다고 술회한다. 그들 모두에게 꽃다발 선물을 보내며 감성적인 접근법을 쓰는가 하면, 북한 IOC 위원과도 교섭해 지원군으로 삼았다고(당시 북측 IOC 위원이던 김유순은 서울올림픽 유치 방해를 위해 왔다는 소문이 돌던 차였다).

결정적인 승부수는 스포츠계의 거물 하나를 한국의 우군으로 포섭한 데 있었다. IOC에 막강한 영향력을 행사하던 아돌프 다슬러 아디다스 회장(창립자)이 그 주인공이었다. 최만립 회장의 회고에 따르면, 그와의 비밀 회동에서 한 가지 소식을 전해 듣고서야 비로서 정주영 위원장의 입가에 미소가 돌더라는 것이다. "한국이 46표 정도를 획득, 대회 유치에 성공할 수 있다."

협상이 언제나 유리한 위치에서 진행될 수만은 없다. 그러나 불리한 상황을 극복하고 성공을 거둔 사례는 얼마든지 있다. 중요한 것은 상황을 냉철히 평가하고 대응책을 마련하는 일이다. 협상의 변수가 될 상황 요인들은 너무나 다양하며, 어떤 국면에서 발생할지 모른다.

협상 대표단의 수준과 규모는 어떠한가

협상할 여건이 조성되면, 준비 단계에서 대표단의 수준과 규모에 대한 합의가 필요하다. 팀으로 협상하는 것과 개인이 협상하는 것은 협상 전략, 대화의 규칙과 역할 분담 등에 있어 차이가 있다. 만일 상대방이 팀을 이끌고 협상에 임한다면 당신도 반드시 팀을 대동하라. 팀은 개인보다 창조적이며 다양한 접근 방식을 가능케 한다. 판단 착오로 인한 실수나 오류의 여지를 줄여 줄 뿐 아니라 전문 지식을 서로 보완할 수도 있다.

대표단의 수준은 회담 진행의 속도를 판가름하는 요소다. 수준이 높은 사람들끼리 협상에 임할수록 협상이 효율적으로 전개되기 때문이다. 상대측에서도 당신들을 대하는 태도가 신중해지기 마련이다. 대표단의 수준에는 그들이 지닌 권한의 수준도 포함되므로 상대방이 협상에서 전권을 부여받았는지의 여부도 체크하자.

대표단의 규모를 정하는 것은 그리 어려운 일이 아니다. 협상 대상의 범위, 협상장의 규모, 보안 문제 등을 감안하여 적절한 수준에서 결정하면 된다. 여기서는 '적절함'이 관건이다. 지나치게 작은 규모로 대표단을 꾸리면 상대편에게 '협상할 마음이 있긴 한가'라는 의심을 받을 수 있다. 그렇다고 규모를 너무 키웠다간 협상의 효율성이 저하된다. 팀원 간 협력이나 의사소통 면에서 문제가 생기기 때문이다. 대표단 구성 시에는 아래의 내용을 참조하는 것이 좋다.

- 협상 팀원의 선발은 '협상 전반'에 관한 전문성, '세부 분야'에 관한 전문성, '대인관계나 인간 관리'에 관한 전문성의 세 분야와 관련된 전문 인력을 대상으로 한다.
- 팀 구성원이 지나치게 많을 경우 일체감을 갖고 효과적으로 의사소통하기가 어려워진다. 이상적인 팀원 수는 3~6명이며, 아무리 많아도 10명을 초과하면 안 된다.
- 협상팀의 구성원은 협상 목표, 협상 전략, 협상 시 사용할 용어를 공유해야 한다. 노출 가능한 정보와 가능하지 않는 정보에 대해서도 사전에 조율해 둘 필요가 있다.
- 메모를 하는 사람, 수치를 계산하는 사람 등 미리 역할 분담을 해둬야 한다.
- 팀의 응집력을 키워야 한다. 이를 위해선 팀 내에 원만한 인간관계를 조성하고, 합리적인 선에서 개인행동을 통제하라. 협상 도중 팀원 간 이견이 발생하면 굳이 노출하지 말자. 휴식 시간과 같은 짬을 이용해 조용히

정리하면 된다. 필요하다면 정회를 요청할 수도 있다.

❸ 팀원 간 대화의 규칙을 사전에 합의할 것. 상대측이 수상하게 여길 수 있는 귓속말 대화는 삼가고, 메모나 작전 타임을 이용해 의사를 전달하자.

협상이 벌어지는 곳은 어디?

협상은 회담장의 위치나 분위기에 영향을 받는다. 그 영향의 정도는 협상가가 협상할 장소를 찾아가는 데 들어가는 자원, 곧 시간이나 경비, 이동에 따른 체력 소모 등의 많고 적음에 따라 결정된다. 협상 상대가 있는 곳으로 찾아가는 상황이라면 아무래도 방문자 쪽이 협상에 융통성을 보이기가 쉽다. 거기까지 가는 것만으로도 이미 자원을 투자한 셈 아닌가. 아무래도 협상을 성공시키려는 의지가 더 강해질 수밖에 없다.

해외로 여행할 때는 흔히 시차 문제로 고생을 한다. 동쪽으로 여행하는 것이 서쪽으로 여행하는 것보다는 더 힘들다고 알려져 있다. 서쪽으로 갈수록 시간이 느려지고 동쪽으로 갈수록 빨라지는데, 우리 몸은 하루가 더 긴 쪽을 선호해서라고 한다. 사람마다 시차를 극복하는 방법은 다르지만, 장거리 여행 1주일 전부터는 현지 시간대에 적응하는 연습을 하는 게 좋다. 여행 중에도 물을 많이 마시고, 현지 도착 후에는 가볍게 운동을 한다든가 햇빛에 많이 노출되도록 신경을 쓰자.

협상 주체들이 우호적인 관계에 있을 때는 협상 장소가 거의 문제되지 않는다. 자국이든 상대국이든 원만하게 장소를 정할 수

불리한 장소에서 협상하지 않으려면?

① 중립 지대를 택하라 ☞ 협약이나 법에 의한 중립 지대를 협상 장소로 택하는 경우다. 국제 협상의 장소로 스위스와 오스트리아가 인기 있는 것은 바로 두 나라가 국제법상 영세 중립국이기 때문이다.

② 거리상 중간 지점에서! ☞ 협상 당사국의 수도에서 거의 같은 거리에 있는 장소를 택하는 것이다. 당사국의 체면을 살릴 수도 있고 시간과 노력 등에 드는 비용이 거의 동일하다는 점에서 적절하다.

③ 양국을 순회하며 협상하기 ☞ 협상이 장기화될 경우, 당사국의 수도를 번갈아 가며 회담을 개최한다. 형평성 때문에 오늘날 가장 많이 쓰이는 방법이다.

있고, 때로는 전통적으로 이용해 온 회담장을 다시 선택할 수도 있다.

하지만 적대 관계에 있을 때나 이해관계가 큰 사안 앞에선 문제가 된다. 1991년 북아일랜드 분쟁 해결을 논의하기 위한 회담 때가 그랬다. 회담 개최지로 런던을 주장하는 통합파(Unionists 또는 Legalists)와 더블린을 선호하는 북아일랜드 가톨릭 온건파(Republicans 또는 Nationalists) 간의 팽팽한 대립은 마침내 무력 충돌까지 야기하고 말았다.

스포츠 경기도 그렇지만 협상 역시 대개는 홈그라운드가 유리하다. 주위 환경에 익숙할 뿐 아니라 정보나 전문가들을 가까이에 두고 활용할 수 있다는 점 때문에도 그렇다. 마음대로 정할 수 있다면야 더할 나위 없을 터. 그러나 아쉽게도 장소 선정의 권한은 대개 협상에서 우위를 점한 쪽에 주어진다. 상대방으로서는 다소 굴욕적인 느낌을 받을 만한 상황이다.

협상의 주기성(週期性)을 살필 것

협상이 어떤 주기로 진행되는가. 이건 제안의 횟수와 관계된 문제다. 그 횟수는 분야에 따라서 달라진다. 정찰제가 룰인 백화점에서 고객을 상대로 고무줄 늘였다 줄이는 식으로 가격 제안을 할 순 없다. 그러나 부동산 거래에서는 수차례의 제안이 가능하다. 이 같은 제안의 횟수에 따라서 협상은 일회적일 수도, 또는 장기적이거나 반복적으로 펼쳐질 수도 있다. 일회적 협상은 고속도로 휴게소 식당을 쓸 때처럼 단 한 번으로 끝나는 형태를 말한다. 장기적 협상으로는 오랫동안 질질 끄는 고용 협상을 떠올릴 수 있겠고, 반복적인 협상에는 정기적인 노사 교섭을 예로 들 수 있겠다.

협상의 의도성 또한 체크하자

어차피 서로 원하는 것을 이루려고 만난 자리다. 협상이 벌어지면 각자 원하는 의도를 드러내고 그것을 달성하고자 진력할 것이다. 그렇게 얻어 낸 결과의 영향력이 클수록 협상의 의의도 커진다.

'자원 갈등'으로 인한 협상에는 한정된 자원을 경쟁적으로 획득하려는 의도가 있다. 동업자 간 이익 배분, 좀 더 넓은 해역을 차지하기 위한 해양 경계 획정 등의 경우에 벌어지는 협상이 이에 해당한다.

때로는 '이념이나 가치관의 차이'에 따라 발생하는 갈등 해소를 위해 협상이 열리곤 한다. 일반적으로 자원 갈등에 따른 협상이 이념 갈등의 경우보다는 더 수월한 경향을 보인다. 그런데 때로는 자원과 이념 요소가 혼재하는 경우도 있다. 이스라엘과 팔레스타인 간 분쟁이 자원(영토) 외에 종교관이나 정치 이념 측면의 갈등 요소를 포함한 것처럼 말이다. 이라크 점령을 비롯한 미국의 중동 정책도 겉으로 드러난 정치적 고려 이면에 '석유 자원에 대한 통제권 확보'라는 배후가 있지 않은가.

자유 무역 협정이나 지적 재산권 교섭에서 보듯이 대부분의 협상은 '자원의 교환'을 위한 것이다. 이때 협상 당사자 한쪽의 요구가 상대방에 의해 거절당하면 '분쟁 상황(dispute situation)'이 발생한다. 이를 해결하기 위한 협상이 따로 열리기도 하는데, 이것이 분쟁 해결 협상이다.

협상에는 필수적인 협상(negotiation of necessity)과 기회 증진 협상(negotiation of opportunity)도 있다. 전자는 반드시 협상을 해야 하는 경우에, 후자는 기회를 창출할 목적으로 개최된다. 그러나 서로 윈-윈할 수 있는 계기를 마련할 수 있음에도 불구하고 기회 증진 협상은 종종 회피되곤 한다. 기회를 만들려면 협상 당사자들이 때론 파격적인 제안도 주고받아야 하는데, 권한이나 책임의 문제상 협상가들이 함부로 나서기를 꺼려 하기 때문이다.

이번 협상은 어떤 형태로 진행되나

① 계약이 공식적인가, 비공식적인가?

② 공개적인가, 비공개적인가?

③ 어떤 관행에 의해 진행되는가?

④ 의사소통이 명시적인가, 묵시적인가?

⑤ 반드시 합의를 이끌어 내야 하는가?

⑥ 합법적인 성격을 지니고 있는가?

협상이 어떤 형태로 진행되는가에 따라 분류한 요소들이다. 하나하나 살펴보자.

① '계약의 공식적/비공식적 성격'의 문제. 대부분의 협상은 공식적인 계약을 맺으며 마무리된다. 일부 계약의 경우는 구두 합의나 악수 정도의 비공식적 표현으로 종결되기도 한다. 물론 구두 합의도 합의인 만큼 당사자를 구속할 수는 있지만 불완전하다. 문서상 명확하게 규정되지 않기 때문에 계약 이행과 관련한 문제 발생의 소지가 있는 것이다. 협상 전에 이 점을 감안한 대비도 세워 둘 일이다(구두 합의를 한 경우에는 우선 이메일이나 메신저 서비스로 내용을 확인해 두고 추후 이를 발전시켜 계약서를 작성하는 것이 좋다).

② '협상이 공개적인가, 비공개적인가?'하는 문제는 협상 개시 전에 그 여부가 결정된다. 비공개로 진행하는 것이 협상 진전

에 유리한 경우도 있고, 대외적인 홍보가 필요하다면 공개적으로 협상을 진행하면 된다. 스포츠 관련 협상이 후자의 예다. 비공개 협상으로 진행할 경우 '채텀 하우스 룰(Chatham House Rule)'이 자주 적용되는데, 교섭 테이블이나 워크숍, 세미나 등에서 참석자들이 터놓고 대화하되 발언자나 참가자의 신상과 소속을 밝히지 않는다는 규칙이다.

③ 협상이 '어떤 관행에 의해 진행되는지'를 미리 파악해 두는 것도 필요하다. 관행과 규범이 협상 진행에 영향을 미치는 경우가 많기 때문이다. 미국에서 집을 사려 할 때는 구매자가 먼저 집값을 제안하며 계약은 서면으로 진행된다는 점을 알고 임해야 한다. 이와 달리 주택 매매 협상을 구두로 진행하는 나라도 물론 있다.

④ '최종 합의의 유무'는 명시적 협상(explicit negotiation)과 묵시적 협상(tacit negotiation)을 나누는 기준이다. 명시적 협상이란 명시적으로 구속력 있는 상호 합의를 이루는 경우이고, 묵시적 협상은 계약이나 문건에 의한 명시적 합의 없이 협상이 이루어지는 것이다. 여기서 묵시적 협상은 '협력'과 '경쟁' 중 무엇을 매개로 하느냐에 따라 상이한 결과를 만든다. 이를 설명하는 이론이 수학자 존 내쉬(John Nash)의 '내쉬 균형(Nash Equilibrium)'인데, 그의 전기 영화 <뷰티풀 마인드>에 이것을 설명하는 장면이 나온다. 잠시 영화 감상이나 좀 해보자.

내쉬가 대학 친구들과 함께 있던 펍(pub)에 일군의 여성들이 들어온다. 그중 한 금발 여성이 단연 군계일학이었다. 내쉬 친구들의 관심이 그녀에게 향한 건 당연했다. 한 친구는 애덤 스미스의 이론을 들며 능력 있는 자가 미인을 차지한다는 식으로 말했다. 그러나 내쉬의 생각은 달랐다. 모두 경쟁하며 금발 여인 하나에게 몰린다면 모두가 그녀에게 거절당할 거라는 게 요지였다. 퇴짜를 맞은 후 그녀의 친구들에게 들이대는 것도 현명한 태도는 아니다. '꿩 대신 닭' 취급당한 여인들이 받아줄 리 있겠는가. 그래서 내쉬는 차라리 모두가 협력해서 저 금발을 외면하자고 이야기한다.

"만약 우리 중 누구도 금발에게 가지 않는다면? 우리는 서로가 싸울 필요도 없고, 또한 다른 여자들에게 상처를 줄 필요도 없지. 그러면 우리가 이기는 거야. 우리가 할 수 있는 유일한 방법이야. 아담 스미스는 집단의 개개인이 최고로 잘하면 최고의 성과가 얻어진다고 했지? 이게 완벽한 건 아냐. 왜냐면 최고의 성과는 개인뿐만 아니라 그 집단도 잘해야만 얻을 수 있는 것이기 때문이지."

최고의 성과를 얻게 하는 '집단'의 선택이 바로 협력 아닌가. 저 유명한 '죄수의 딜레마'도 내쉬 균형을 설명하는 에피소드다. 그러나 서로 협력해서 범죄 혐의를 시인하지 않는다면 무죄가 될 수도 있을 죄수들은 그런 선택을 하지 않을 것이다. 왜일까? 인간의 경쟁적 성격과 이기심은 논리와 과학보다 앞서는 탓이다.

⑤ '합의가 반드시 필요한가?'의 여부는 향후 진행될 협상의 전

개에 큰 영향을 미친다. 합의가 반드시 필요한 협상은 그렇지 않은 협상에 비해 그 진행 양상이나 협상 마감 시한의 설정 등에서 커다란 차이가 있을 수밖에 없다.

⑥ 끝으로 '합법적 협상인가'의 여부도 고려할 일이다. 특정 의제에 대한 협상 가능성은 대부분 법률이 규정한다. 혹시라도 인간의 장기 매매와 관련한 의료 협정이 필요하다손 치더라도 미국과 협상할 생각은 접는 게 좋다. 이 나라에서 장기 매매는 불법으로 규정되기 때문이다. 1999년 9월 온라인 경매 회사 이베이(eBay)가 취급 품목에서 신장의 판매를 삭제한 이유다.

협상의 전후 맥락, 선례와 비준

'선례'를 중요시하는 협상이 있다. 선례는 협상의 참조점이자 대안의 범위를 정해 준다는 점에서 매우 중요하다. 여기에는 본질적 선례와 절차적 선례가 있는데, 전자는 쟁점의 본질에 관한 것이다. 북·미 간 회담에서 협상의 본질을 '핵 폐기'에 두느냐 '핵 동결'에 두느냐에 따라 교섭의 양상은 많은 차이를 보일 것이다. 그러므로 본질에 관한 합의를 결코 쉽게 해선 안 된다. 한 번 양보를 하게 되면 앞으로 있을 유사한 쟁점에 대해서 계속 양보할 여지가 생기기 때문이다.

이에 비해 절차적 선례는 협상의 진행 방식과 관계된 개념이다. 협상 당사자들이 기존 절차와 다른 방식을 채택하기로 합의한 상황에서 발생한다. 예를 들면 '다수결' 방식에서 '컨센서스(합의)' 방식으로 의사 결정 절차를 변경하는 식이다. 이 경우 앞으로는 컨센서스 방식이 의사 결정 방식의 새로운 선례가 되는 것이다.

선례는 차후 교섭에서 협상가의 발목을 잡을 가능성이 있기 때문에 주의가 필요하다. 따라서 장기적으로 불리할지도 모를 양보를 하는 경우라도 상대에게 반드시 이런 메시지를 각인시켜 둬야 한다. "일단 내가 양보는 하는데, 언제까지고 이런 식이 될 순 없을 겁니다."

다음은 '비준(ratification) 여부'다. 비준이란 협상 대표가 서명한 계약을 계약 체결권자가 최종적으로 확인하는 행위를 말하는데, 협상에 들어가기에 앞서 선례 못지않게 고려해야 할 부분이다.

국가 간의 조약에서 체결된 합의 내용을 국가원수가 단독으로 비준하는 경우는 흔치 않다. 대개는 국회의 동의가 비준의 전제 조건이다. 당신이 합의문에 서명할 수석대표일 경우 본인에게 부여된 권한 범위를 상세하게 승인받아야 할 이유가 여기에 있다. 자칫 권한을 넘어서는 합의에 동의했을 때 감당해야 할 후폭풍이 만만치 않기 때문이다. 이 같은 비준 절차를 생각한다면 지나치게 큰 권한을 부여받는 것은 오히려 독이 될 수 있다.

기타 점검 사항들 : 힘의 차이, 시간 요소, 제3자 개입

앞에서 살펴본 것들 외에 협상 준비 시 점검해야 할 체크 포인트 몇 개만 더 제시하고자 한다. 첫째, '당사자 간 힘의 차이가 중요한 요소인가'를 살피라는 것이다. 힘의 차이는 협상에서 얻을 파이의 크기를 결정하는 중요 요소다. 그래서 협상가들은 힘을 키우기 위해 많은 수단과 방법을 사용한다. 이성에 호소하는 것도 한 방법인데, 이를 위해서는 논리, 정보와 합리성이 토대가 돼야 한다. 물론 감성에 호소할 때도 있다. 이때는 협상 상대방과 관련된 인적 네트워크를 활용하거나, 그들의 욕구를 자극하는 방법이 요구된다.

협상에서 '마감 시한이 있는지, 시간 비용이 큰지'도 살피자. 마감 시한은 협상이 종료되는 고정 시점을 말한다. 보통 이 시한이 임박함에 따라 협상가의 양보 가능성은 증가한다. 이 말은 마감 시한을 공개할 경우 전략적 약점을 노출할 수 있다는 뜻도 된다(협상가들이 가급적 마감 시한을 비밀에 부치려는 이유도 여기에 있다). 협상 개시 전에 자신이 처한 상황을 잘 판단해서 시간에 몰리지 않고 교섭을 진행해 나갈 수 있어야 한다. 만일 조급한 쪽이 상대방이라면 시간은 당신의 우군이 돼줄 것이다.

끝으로, '제3자 개입'에도 대비하기를 권한다. 이는 당사자 간 합의가 불가능한 상황에서 유용한 수단이다. 개입의 정도에 따라 다양한 형태가 있는데, 중요한 것 몇 가지만 설명한다.

- 주선(good offices) : 제3자가 분쟁 내용에는 개입하지 않고 당사자 간 교섭을 통해 해결할 수 있도록 조력하는 것. 교섭을 권고하거나, 회의장 또는 통신 시설 같은 편의 시설을 제공하는 경우다.
- 중개(mediation) : 제3자가 분쟁의 내용에 개입하여 당사자 간 이견을

조정하거나 스스로 해결안을 제시하는 것이다.

- 중재 재판(arbitration) : 분쟁이 발생할 때마다 당사자의 합의에 따라 선발된 재판관이 판결하는 것이다.
- 사법적 해결(judicial settlement) : 국제사법재판소(ICJ)처럼 미리 선임된 재판관으로 구성된 상설 재판소에서 재판에 의해 해결하는 방식이다.
- 국제기구의 개입(intervention) : 국가 간 분쟁에는 유엔 등 국제기구가 분쟁 해결에 직·간접으로 개입하기도 한다.

Tip Box

협상 준비를 위한 체크리스트 작성

협상 계획서를 작성해 보자. 상대방의 입장이나 이해관계 등에 대해 무엇을 알고 무엇을 모르는지를 분명히 알게 된다. 협상 과정에서 쌍방 간의 격렬한 대립으로 집중력을 상실할 때마다 나침반으로 삼을 수 있을 것이다. 또, 합의를 위한 제안서 작성에도 요긴한 기초 자료가 된다. 협상 준비 단계에서 필요한 점검 사항들을 복기하며, 계획서 작성에 필요한 체크리스트를 제시한다(최상택의 『협상의 1그램』과 리 L. 톰슨의 『지성과 감성의 협상 기술』을 참조해 필자가 구성했다).

'나'를 평가하기

· 나는 무엇을 원하는가?(목표 또는 기대치)
· 나의 대안(바트나)은 무엇인가?
· 양보점은 어디에 맞춰야 하나?
· 나의 매몰 비용은 무엇인가?
· 준비해야 할 의제와 각 의제별 대안은?
· 대비해야 할 위험 요소는 무엇인가?
· 나는 어떤 심리적 경향을 지니고 있나?
· 그 심리적 경향이 협상 결과에 어떤 영향을 미칠까?
· 협상 결렬 시 대책은 무엇인가?
· 나의 강점과 약점은 무엇인가?

· 협상과 관련해 자문받을 만한 그룹은?

'상대'를 평가하기

· 상대방은 누구인가?(개인/집단 여부, 양자/다자의 경우)

· 상대방의 교육 수준, 취미와 습관, 사회·문화적 배경은?

· 상대방은 어느 정도의 팀워크를 보이는가?

· 상대방의 주요 의제, 관심사, 바트나는 무엇인가?

· 상대방의 의사 결정 과정은 어떤 방식으로 이뤄지는가?

'상황'을 평가하기

· 대표단의 수준과 규모는?

· 협상 장소는 어디인가?

· 일회적 협상인가, 장기적 협상인가, 반복적 협상인가?

· 협상 원인은 무엇인가?(희소 자원, 이념 차이 등)

· 필수적 협상인가, 기회 증진 협상인가?

· 교환을 위한 협상인가, 분쟁 해결을 위한 협상인가?

· 파급 효과가 있는가?

· 합의가 반드시 필요한가?

· 합법적 협상인가?

· 협상 결과에 비준이 필요한가?

· 마감 시한이 있는가, 시간 비용이 큰가?

- 계약이 공식적인가, 비공식적인가?

- 협상이 공개적인가, 비공개적인가?

- 3자 개입이 가능한가?
- 어떤 관행에 의해 협상이 진행되는가?
- 제안을 한번 이상 주고 받아야 하는가?
- 의사소통이 명시적인가, 묵시적인가?
- 협상에서 힘의 차이가 중요한 요소인가?
- 선례가 중요한가?
- 여론의 동향은?
- 국내 및 국제 정세 동향은?
- 언론과 매스컴의 시각은?
- 시민단체의 입장은?

part 2

두 번째 지침, 주도권을 잡아라

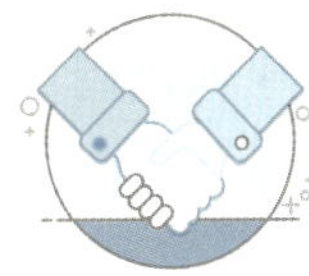

유대인 갈렙, 수세 국면을 바꾸다

미국의 한 도시에서 모자점을 경영하는 유대인 갈렙. 그에겐 골칫거리가 하나 있었으니, 매일같이 몰려와서 "유대놈! 유대놈!" 하고 외쳐대는 동네 아이들이었다. '어떻게 하면 아이들을 못 오게 할 수 있을까?' 고민하던 갈렙은 어느 날 저녁 이 말썽꾸러기들에게 1달러씩 나눠주며 이런 말을 건네기로 결심한다. "고맙다. 얘들아."

그다음 날에도 아이들의 외침은 여지없이 들려왔다. "유대놈! 유대놈!" 갈렙은 이 날도 저녁에 돈을 나눠 주며 고맙다는 말을 잊지 않았다. 시위대(?)가 받은 품값이 전날에 비해 절반으로 줄어든 점만 달랐을 뿐이다. 그다음 날은 25센트, 다시 그다음 날은

10센트… 여러 날이 더 흘렀다. 마침내 갈렙은 두 손을 들어 아무것도 없다는 시늉을 해보였다. "오늘은 왜 돈을 안 주는 거예요?" 아이들의 물음에 갈렙이 대답한다. "얘들아, 그동안 열심히 선전을 해줘서 고마웠어. 하지만 이제는 돈이 다 떨어졌단다." 이 날 이후 아이들이 더 이상 출몰하지 않았음은 물론이다.

『탈무드』에 나오는 이야기 한 자락이다. 사람의 심리를 이용해 역경을 헤쳐 나가는 유대인의 지혜가 엿보인다. 갈렙이 보여준 것은 불리한 국면에서 주도권을 자기 것으로 만든 처세였다. 협상가에게 참으로 유용한 노하우 아닌가. 협상 또한 결국은 주도권 확보를 위한 심리적 게임이라 할 수 있기 때문이다. 이번 장에서는 협상의 주도권을 결정하는 요소들은 무엇이며, 실전에서 자주 쓰이는 주도권 확보 전략에는 어떤 것들이 있는지 알아보기로 하자.

주도권을 갖게 만드는 여러 가지 동인들

협상 타결 의지와 욕구

협상의 주도권을 갖게 만드는 요소 가운데 기본이 되는 것은 협상가의 '협상 타결 의지와 욕구'이다. "목마른 사람이 우물을 판다"는 말처럼 이 의지와 욕구야말로 협상 진전의 동력이 되는 것이다.

결정 권한

그러나 의지와 욕구만으로는 부족하다. 그가 협상의 결론을 내려면 '결정 권한'이 필요하기 때문이다. 이는 협상의 지렛대로 활용될 수 있다. 자신뿐만 아니라 상대방도 결정 권한을 가졌을 경우 이를 매개로 합의를 종용하거나 압박할 수 있다는 얘기다. "귀하께서 계약서에 서명만 하신다면 우리 회사는 지금 당장이라도 대량 발주서를 발급할 수 있습니다." 하지만 그가 최종 서명권을 갖지 못했다 해도 실망할 필요는 없다. 결정권을 가진 당신은 여전히 그보다 우위에 있으니 말이다.

적법성과 윤리성

'적법성과 윤리성'이 협상의 주도권을 쥐는 데 유리한 키가 된다? 선뜻 이해가 가지 않을 수도 있다. 그러나 상대방이 제기한 문제가 사회 통념이나 상식적 관행에 어긋나는 상황을 상상해 보라. 이때 당신은 적법성이라는 무기로 상대를 공격함으로써 윤리적 우위에 설 수 있게 된다. 그러나 공세의 수위는 조절할 필요가 있다. 지나치면 판을 깨는 수가 있을 테니.

시간

다음은 '시간'이다. 시간이 협상력의 핵심 요소임은 몇 차례 강조한 바 있다. 중국의 만만디로 대표되는 시간 운영 전략이 상대편 협상가들을 얼마나 지치게 하는지도 이야기했다. 시간의 압박은 협상에서 중요한 지렛대 역할을 한다. 본 협상뿐만 아니라 협상 개시 시기를 정하는 사전 단계에서도 그렇다. 보통은 논의할 의제가 시급한 쪽에서 서두르게 마련인데, 이것도 잘만 관리하면 협상의 주도권을 쥐는 데 도움이 된다. 이후 본 협상에 돌입하면 가급적 아침에 협상하기를 권한다. 집중력 면에서나 시간 여유 면에서도 그게 좋다(늦게 시작할수록 일과를 마감하는 시간에 임박해 허둥대기 쉽다).

회담이 늦어질 경우에는 해당 문제에 대한 토의를 다음 날로 넘기는 것도 필요하다. 가급적 마라톤 회의와 심야 협상은 피하자. 피곤과 탈진으로 찌든 상태에서 협상이 잘 될 리 있겠는가. 때로는 이런 상황을 교묘히 이용하기 위해 상대가 불시에 새벽 협상을 제의해 오는 경우도 있다. 협상 진행 시간에 대한 조언의 공통점은 '판단력을 유지하기 위한 최적의 시간'에 협상하라는 것이다.

신뢰와 성실성

협상의 주도권을 잡는 데에는 당신이 보여주는 인간적인 덕목도 한몫한다. '신뢰'와 '성실성'이다. 협상은 상호 이해와 신뢰를 전제로 하는 양보와 협조의 교환 과정이다. 신뢰는 임기응변으로 얻어지는 것이 아니기에 지속적인 성실함이 수반돼야 한다. 공감과 역지사지, 협상에 임하는 성실성이 절체절명의 위기에서도 당신을 견인할 것이다.

몇 가지 물리적 자원들

이 외에도 협상의 주도권을 확보하게 만드는 자원들이 있다. 우선 '지식과 정보'를 들 수 있다. 협상 의제와 관련된 지식과 정보의 중요성을 새삼 부연할 필요가 있을까. 지식과 정보는 협상뿐만 아니라 현대 사회의 전방위에 걸쳐 핵심 자원이 된 지 오래다.

다음으로, 협상 상대가 이번 협상에 들인 '시간과 노력'을 역이용할 필요가 있다. 우선, 그 또는 그들이 이번 협상을 위해 육체적·정신적 노력은 물론 시간과 돈(자원)을 쏟아 붓게 하라. 그동안 들인 공을 무위로 돌리고 싶은 협상가는 없다. 당신이 협조적이거나 비협조적인 모습을 보일 때마다 상대가 동조하거나 동요하는가? 그렇다면 주도권은 당신이 쥐고 있는 것이다. 그들이 판을 깨고 뛰쳐나가게만 하지 않게 강온 양면 전술을 적절히 구사하라.

당신의 요구에 순순히 응할 경우, 그렇지 않을 경우로 나누어 제시할 수 있게 '당근과 채찍'도 필히 준비하고 있어야 한다. 단, 당근이든 채찍이든 실제로 가용할 수 있는 자원이어야지, 괜한 허세나 거짓으로 들이대어선 안 된다. 들통 날 경우 바보같이 주도권을 헌납하게 될 것이므로.

역사가 알려주는 주도권 획득의 비결

BC 218년, 한니발의 카르타고 군대가 로마를 향한 행군을 시작한다. 그들이 피레네와 알프스 산맥을 넘을 줄 누가 예상이나 했을까. 후세의 사가들이 '한니발 전쟁(제2차 포에니 전쟁)'이라 부른 역사의 서막이었다. 로마의 의표를 찌른 한니발은 연전연승했다. 정점은 출병 2년 후(BC 216) 이탈리아 남부 '칸나이'에서 펼쳐진 전투였다. 5만의 카르타고 군대 중 희생자는 6,000여 명, 그리고 대략 8만의 로마군 가운데 살아남은 숫자도 그쯤이었다. 이 전투에 대해 19세기 역사가 몸젠(Christian M. T. Mommsen)은 『몸젠의 로마사』에서 다음과 같은 평을 남기고 있다.

"대규모 군대가 적에게 이토록 적은 손실만 입힌 채, 전쟁에서 이처럼 완벽하게 전멸한 사례는 칸나이의 로마군이 유일할 것이다."

당시 로마는 칸나이 전투 한 번으로 상시 동원 가능한 병력의 거의 대부분을 잃었다. 그렇다면 그들이 카르타고에 복속됐을까? 역사가 스포일러라고, 우리는 이 전쟁의 결과를 안다. 결국 승리의 주인공은 로마였다. 칸나이의 대패 뒤에 찾아온 국가 공황 상태를 극복하며 전장의 국면을 바꾼 이는 스키피오였다. 그는 한니발 군대의 주력이던 누미디아 기병대를 회유함으로써 카르타고의 기동력을 빼앗았다. 결국 카르타고의 자마에서 벌어진 최후의 일전을 끝으로 한니발은 패했고, 로마가 이겼다.

로마를 국난에서 구한 영웅이었지만, 사실 스키피오라는 인물에 대한 평가는 그리 높은 편이 아니다. '역사상 최대의 군사 전략가'로 칭송받는 한니발에 비하면 재능 면에서 한참을 못 미친다. 그러나 인생에서 승패를 가르는 것은 재능의 우열이 아니다. 누구에게나 '한 방'은 있는 법! 그것을 잘 살리고 행운이 따라줄 때 생의 주도권은 바뀔 수 있다. 그러니 자신의 능력에 회의를 품은 예비 협상가라면 결코 낙담하지 말기를 권한다. 힘이 달리는 협상에서도 당신은 국면을 전환할 묘수를 찾을 수 있다. 다소 기만적인 술책일 순 있어도, 협상 또한 인생의 많은 고비들처럼 '일단 이기고 봐야'하는 게임일 때가 있다.

게임의 룰을 바꿔라

인생에서 불리한 게임에는 아예 뛰어들지 마라. 불리한 게임은 과감하게 포기하는 것이 필요하다. 상대방에게 유리한 게임의 룰을 자신에게 유리하도록 바꾼 다음에 뛰어드는 것이 좋다. 이 교훈은 협상에도 적용된다. 시대의 흐름이나 현재의 판세에 맞는 새 게임의 룰을 만든 다음 협상에 참여하는 것이 바람직하다.

형주의 유표에게 의탁하던 유비는 유표가 죽고 그의 아들 유종이 조조에게 투항하자 고립무원의 상태에 처한다. 군사는 단지 몇 천에 불과하고 군량이나 마초도 떨어져 가던 상황. 조조의 수십만 대군이 언제든 쳐들어 올 수 있는 위기에서 유비를 탈출시킨 건 제갈량이 건의한 전략이었다. 바로 손권과 동맹을 맺는 것 말이다. 3개의 세력이 다툴 때 2등과 3등이 연합하여 1등에 대적하는 제휴 전략은 예나 지금이나 지혜로운 선택이다. 유비는 제갈량의 조언을 따랐고, 그 결과는 적벽에서의 대승으로 나타났다. 이를 계기로 유비는 형주의 무릉, 장사, 계양, 영릉을 손에 넣고 천하를 삼분하게 되는 도약의 전기를 마련한다.

게임의 룰을 바꾸는 동맹이나 제휴는 오늘날 글로벌 기업들도 곧잘 선택하는 세계 경영 전략이다. 투자 리스크가 큰 나라에 진출할 경우 다른 나라의 기업과 함께 컨소시엄을 구성하는 것이 대표적이다. 페루 석유 채굴 사업에 진출할 때 한국의 석유개발

게임의 룰을 바꾼 마쓰시타의 승리

비디오카세트 녹화기(VCR) 산업 분야에서 일본의 마쓰시타와 소니가 벌인 경쟁은 유명하다. 먼저 우위를 점한 쪽은 소니였다. 마쓰시타의 자회사인 JVC가 개발한 VHS 기술은 소니의 베타(β) 방식 기술에 비해 훨씬 뒤지는 것으로 판명되던 상황. 더욱이 화면의 색상이나 품질 면에서 소니의 기술은 마쓰시타가 비할 바가 아니었다. VCR 분야에서 소니의 세계 시장 석권이 기정사실로 여겨진 것도 무리는 아니었다.

하지만 결과는 정반대였다. 가전 산업의 모든 기업들이 VHS 방식을 채택함으로써 마쓰시타의 일방적 승리로 끝난 것이다. 무엇이 이런 사태를 불러 온 것일까? 원인은 세계 시장 선점을 위한 양사의 전략 차이에 있었다. 자사의 베타 방식 기술에 자신만만하던 소니가 타 기업에게 라이센스를 제공하지 않은 반면 JVC는 그 반대의 행보를 택한 것이다. 자사의 기술적 불리함을 역으로 이용한 마쓰시타의 선택은 VHS 방식을 전 세계 기술 표준으로 만듦으로써 관련 시장을 선점하는 계기를 마련해 주었다. 오늘날 많은 글로벌 기업이 자신의 기술력, 자본력, 시장 점유율 등의 약점을 보완하기 위한 방안으로 마쓰시타와 같은 제휴 전략을 활용하곤 한다.

공사 역시 콜롬비아 국영석유공사(Ecopetrol)와 제휴하여 미국계 기업인 페트로테크(Petrotech)를 인수한 바 있다. 특정 종목의 후발 기업들이 선두 기업을 추격할 때 그 분야의 내실 있는 기업을 인수 합병하는 것도 게임의 룰을 바꾸는 방법 중 하나다. 차근차근 연구 개발을 시작해서 어느 천년에 글로벌 리딩 기업을 따라잡겠는가.

배를 가라앉히고 솥을 깨다

진나라를 치기 위해 군사를 일으킨 항우는 쥐루의 싸움에 앞서 군대가 타고 온 배를 가라앉히고 사용하던 솥을 깨뜨렸다. 『사기(史記)』「항우본기(項羽本紀)」 편에 나오는 '파부침주(破釜沈舟)'의 고사다. 훗날 항우를 격파하고 한나라 건국의 일등공신이 된 한신도 '배수진(背水陣)'이라는 전술을 쓴 바 있다.

상대방에게 절대 물러나거나 포기하지 않겠다는 결의를 나타내기 위해서 때때로 협상가는 배를 가라앉히고 솥도 깨뜨릴 수 있어야 한다. 뒤에는 강밖에 없으니 더는 돌아갈 곳도 없다. 이렇게 '너 죽고 나 죽자'며 덤비는 상대에게 부담을 갖지 않을 사람이 있을까.

지엠의 벼랑 끝 전술이 통한 이유

"미국 지엠이 군산공장 철수를 발표하고 우리 정부에 1조 원 이상 지원과 세제 혜택을 줄 것을 요청한 사실이 알려지면서 유럽과 오스트레일리아 등 세계 각국에서 일자리와 지역 경제를 빌미로 정부를 압박해 구조 조정 비용을 전가했던 지엠의 이력이 새삼 주목받고 있다."

《한겨레》 2018년 2월 22일자 기사, "지엠의 '벼랑 끝 전술', 여러 나라가 당했다"의 한 대목이다. 글로벌 지엠의 '먹튀' 전적은 실로 화려하다. 독일의 '오펠'과 영국 '복스홀', 호주 '홀덴', 한국의 '대우' 등 많은 자동차 브랜드가 지엠에 인수 합병됐다. 그 후 지엠은 매번 해당국 정부에게 융자와 세제 혜택은 물론 보조금 지원을 받았다. 그러나 자신들이 받은 각별한 혜택에 대해 지엠이 돌려준 건 공장 폐쇄나 매각이었을 뿐이다. 기존에 저지른 지엠의 행태를 모르지 않았을 텐데 왜 여러 나라의 정부는 그들에 대한 지원을 멈추지 않았을까? 기사 내용처럼 '일자리'와 '지역 경제'를 볼모로 한 벼랑 끝 전술에 당한 것이다. 이 사안에서 자유로울 수 있는 정부는 세상 어디에도 없으니 말이다.

벼랑 끝 전술(brinksmanship)이란 아이젠하워 대통령 시절의 미 국무장관 덜레스가 쓴 말에서 유래한 국제 정치 용어다. "전쟁이나 벼랑 끝(brink)에 이르기를 두려워하면 패배한다." 시한을 정해 협상안을 던지고 상대가 이를 수용하지 않을 경우 협상을 결렬시키겠다고 위협하는 식인데, 공산주의나 종교 국가에서 많이 사용한다. 사상이나 종교적 신념을 고수한다는 명분 아래 정치 외교적 실익을 극대화하는 것이다.

벼랑 끝 전술은 상대에 비해 잃을 것이 거의 없는 상황, 또는 상대에게 합리적 설득이 전혀 먹혀들지 않는 경우에도 유용할 수 있다. 그러나 이것이 효과를 거두려면 저들에게 '난 한다면 진짜 하는 놈이야'라는 인상을 각인시켜 둬야 한다. 물론 저쪽에서 이 전술을 구사할 경우도 대비해야 할 텐데, 가장 좋은 방법은 배짱을 갖고 무반응으로 일관하는 것이다.

치킨 게임은 현명하게!

제임스 딘이 주연한 영화 <이유 없는 반항>에는 두 사람 중 하나가 핸들을 꺾을 때까지 시로를 향해 질주하는 게임 장면이 나온다. 여기에서 진 사람을 '겁쟁이'라는 의미의 '치킨'이라 불렀는데, '치킨 게임(chicken game)' 전술이 유래한 내력이다. 일명 '겁쟁이 전술'로도 불린다.

엄포나 협박이 결합된 치킨 게임 전술은 상대방을 겁먹게 함으로써 자신이 원하는 것을 내주도록 강요하는 데 목적이 있다. 일단 이것이 먹히기 위해서는 상황이 매우 심각해야 한다. 또한 상대방이 동의하지 않을 경우 협박을 실행할 확고한 의지를 갖추고 있어야 한다. 당신이 핸들을 꺾을 '돌아이'라는 생각이 들지 않는다면 저쪽도 물러서지 않을 것이기 때문이다.

글로벌 경제에서 유명한 치킨 게임 사례로는 2000년대 들어 두 차례 펼쳐진 반도체 전쟁이 있다. 2007년 대만의 D램 업체들이 시작한 극단적인 가격 인하 경쟁(1차 치킨 게임)에선 당시 주력 제품이던 512메가비트 DDR2 D램 가격이 2006년 6.8달러에서

2009년 0.5달러 수준으로 급락했다. 2010년 대만과 일본 기업들이 투자와 증산을 선언하면서 시작된 2차 치킨 게임 때도 1기가비트 DDR3 D램 가격이 그해 10월 1달러 밑으로 하락한 바 있다. 이 엄청난 출혈 경쟁으로 인해 1차에선 독일 D램 업체 키몬다가 주저앉았고, 2차 때는 일본 유일의 D램 업체 엘피다가 파산했다. 여기에서 살아남은 삼성전자와 SK하이닉스가 오늘날 세계 메모리 반도체 시장에서 차지하는 점유율은 70%가 넘는다(D램 익스체인지 발표 자료, 2019년 1분기 기준 삼성전자 42.7%, SK하이닉스 29.9%).

그러니 치킨 게임도 상대를 봐가면서 시작할 일이다. 만약 상대가 먼저 이런 싸움을 걸어올 경우라면 양쪽의 상황부터 정확하게 파악해야 한다. 외부 전문가나 제3자를 끌어들여 정보를 검증하고, 그 후 필요하다면 중재를 요구할 수도 있다. 가장 위험한 대응은 바로 자신도 똑같은 전술을 사용하는 것이다. 그리 되면 양쪽 모두 체면이 손상되는 것을 두려워하기 때문에 충돌로 발전할 가능성이 높다.

지연 전술은 언제 써야 하나

정보가 부족하다고 느끼거나 협상력이 열세라고 판단할 경우에는 의도적으로 협상을 지연시키는 방법이 있다. 자신이 맡은 협상을 일정한 시한 내에 효율적으로 끝내길 바라는 협상가라면 무한정 계속되는 지연 전술 앞에서 짜증나고 지친 나머지 양보를 거듭할 수밖에 없다.

1973년 체결된 미국, 북베트남(월맹), 월남 간 파리 평화 협정이 그러했다. 훗날 베트남이 공산화되고 해제된 기밀문서는 당시 월맹의 협상 전략을 고스란히 드러내 준다. "어떤 경우라도 미국에 양보함으로써 평화를 얻지는 말아야 한다. 전쟁에서 우위를 점할 때까지 미국이 수용할 수 없는 제안을 해서 협상을 지연시켜라."

상대방이 이러한 전술을 쓰고 있다면, 먼저 '당신들의 속내를 알고 있다'는 메시지를 전해야 한다. 더불어 그들이 계속 똑같은 식으로 나온다면 협상 중단도 불사한다는 각오를 보일 필요가 있다.

살라미 소시지처럼 의제를 얇게 썰어라

한국을 향한 일본의 반도체 핵심 소재 수출 규제로 양국이 시끄럽다. 맨 처음 일본이 제기한 규제의 이유는 한국 대법원의 강제 징용 판결에 대한 불만이었다. 그러나 '한·일 간 신뢰 관계 손상'이라는 저들의 명분이 정치적 이슈를 경제 분야로 끌고 온다는 비난에 직면하자 이번에는 또 다른 이슈를 제기한다. '한국으로 수출한 불화수소가 북한으로 넘어간다'는 안보상의 이유 말이다. 한 국내 언론은 이를 두고 '일본이 북한식 살라미 전술을 이용한다'고 평한 바 있다.

살라미(salami)란 소고기, 돼지고기에 돼지기름을 넣고 소금과 각종 향신료를 가미해 반죽한 건조 소시지를 가리킨다. 이것이 전술의 이름이 된 것은 손님이 달라는 대로 얇게 썰어 제공한 데서 유래한다. 협상에 비유하면, 의제를 세분화해서 이슈로 삼고 한 단계씩 상대의 양보를 얻어내는 것이다.

일본이 보여주듯이 살라미 전술을 쓰는 쪽은 필요에 따라 언제든 새로운 이슈를 제기할 수 있다. 그때마다 새로운 요구 사항을 건네는 까닭에 상대로서는 심리적으로 불안감을 느끼게 된다. 살라미 전술을 쓰는 쪽이 협상 주도권을 확보할 가능성이 큰 이유다. 그러나 이것이 효과를 거두기 위해서는 몇 가지 조건을 만족시켜야 한다.

첫째, 협상 상대로 하여금 현재의 이슈에 대해 합의가 이루어지지 않으면 협상이 종결될 뿐만 아니라 즉시 다른 상대와 협상할 수 있다고 믿게 만드는 것이다.

둘째, 협상 쟁점을 무작위로 함으로써 상대방이 협상 목적을 알아채지 못하도록 하는 것이다.

물론 상대가 노련하다면 이러한 흐름에 빨려들지 않을 것이다. 살라미 전술이 먹히게 만들려면 협상 의제의 크기를 적절하게 책정해야 한다. 요구 사항을 너무 잘게 쪼갤 경우 협상 타결의 가능성이 낮고 소탐대실의 우려도 있다. 즉, 쟁점의 범위와 수가 지나치게 많으면 효과를 보기가 어렵다는 말이다.

때로는 협상 테이블도 박차고 나올 수 있어야

글로벌 협상은 급변하는 여건 속에서 제한된 정보만 지닌 채 교섭에 임해야 하는 속성을 갖고 있다. 협상 과정에서 어떤 결정을 앞두고 많은 위험 부담이 내재될 수밖에 없다. 그래서 주도권이 약화되거나 상실될 위험이 느껴지면 협상을 아예 중단하는 것도 필요하다(물론 이런 경우는 흔치 않다). 때로는 협상 중단이나 종료 카드를 꺼내드는 것이 나을 법한데도 무리한 진행을 고집하는 상황도 벌어진다. 아래와 같은 이유들 때문이다.

먼저, 실패를 인정하지 않는 협상 문화를 들 수 있다. 특히 그 협상이 조직의 최고 결정권자가 선택한 것이라면 더더욱 중도 포기란 있을 수 없다. 조직 문화가 권위주의적이라면 더 말할 것도 없고.

'매몰 비용'에 연연하는 까닭에 울며 겨자 먹기로 협상이 진행되기도 한다. 이미 투자한 시간과 비용을 보충하고자 하는 심리 말이다. 더 큰 악화를 방지하려면 매몰 비용을 포기하는 것도 중요한 기회비용으로 삼을 줄 알아야 한다.

'평판이 훼손될까'하는 두려움도 영향을 미친다. 쉽게 말해 협상가로서의 경력에 흠집이 날까 겁난다는 얘기다.

끝으로 '정보의 덫(information trap)'을 들 수 있겠다. 협상가가 접하는 정보에는 긍정적인 것도 있고 부정적인 것도 있다. 둘 모두 균형 감각을 갖고 대해야 하건만, 아쉽게도 인간에게는 외부 정보를 자기에게 유리한 쪽으로만 해석하려는 편향성이 있다. 그 헛된 기대가 신기루인지도 모른 채 바보 같은 협상가는 그저 질질 끌려가는 것이다.

이런 오류에 따른 손실을 방지하려면 실무자들이 필요에 따라 협상을 중단시킬 수 있는 구조가 필요하다. 조직의 수장들이 유연해져야 하는 대목이 여기다. 더불어 그는 협상 실무진에게 "반드시 협상을 성공시켜야 해", "기한 이내에 타결하도록", "빈손으로 돌아오면 각오해!" 같은 발언을 삼가야만 한다.

무리한 협상을 지속하지 않으려면 사전에 협상 기한을 정하는 것도 하나의 대안이다. 시간을 정해 두면 협상의 동력을 유지하는 데는 유용하지만, 자칫 실무자들이 조급함에 빠질 수 있다. 협상가의 교섭 권한이 만료되는 날짜를 협상 마감 시한으로 잡는다면 그런 부담을 어느 정도는 상쇄할 수 있게 된다. 설사 정해진 시간 내에 합의에 이르지 못했다 해도 '시간이 부족해서'라는 그의 변명이 받아들여질 여지가 있기 때문이다.

Tip Box

북한이 보여준 기만적 술책

북한은 기만적 술책의 달인이다. 그들은 전 세계를 상대로 '살라미 전술', '벼랑 끝 전술'과 '지연 전술' 등 각종 기만적 술수를 사용해 협상함으로써 자신의 목표를 관철해 왔다. 한국 전쟁 당시 UN군 수석대표였던 터너 조이(C. Turner Joy) 미 해군 제독은 북한과 10개월 간 정전 협상을 벌인 후 '진절머리가 난다'는 고백을 남겼다. 훗날 『공산주의자들의 협상 기법』(원제 : How Communists Negotiate)을 저술했을 정도로 이때의 경험이 꽤나 강렬했던가 보다. 조이 제독이 이 책에서 정리해 놓은 북한의 12가지 협상 행태를 옮겨 본다.(이동복, 『공산(共産) 진영의 협상 전략과 대화 전술』에서 재인용).

① 그들은 깔아 놓은 멍석(조건) 위에서만 협상하려 한다.
② 대표단을 전문가들로 구성한다.
③ 회담 의제에 그들이 추구하는 결론이 미리 포함되도록 노력한다.
④ 회담 도중 '엉뚱한 사건'을 조작하여 이를 그들의 협상 목적이나 홍보 목적에 이용한다.
⑤ 협상 진전을 가로막는 장애물 등을 조성하여 상대방의 인내를 시험한다.
⑥ 상대방에게 희망을 주기 위해 후일 위반하거나 파기할 요량

으로 일정 부분 합의를 허용한다.

⑦ 일단 성립된 합의에 대해서는 실행 단계에서 거부권을 행사한다.

⑧ 회담 도중 돌연 '엉뚱한 문제'를 제기한다. 그리고 이에 대한 양보를 대가로 본회의 시 협상 의제에 대한 상대측 양보를 유도한다.

⑨ 회담 과정에서 필요에 따라 거짓말과 사실 왜곡을 서슴지 않는다.

⑩ 상대방의 양보를 '약함의 표현'으로 간주하여 되로 주고 말로 받는 식의 흥정을 시도한다.

⑪ 필요에 따라 이미 성립된 합의 사실을 부인하거나 그 내용에 대한 해석상의 차이를 유도하여 이행을 불가능하게 만든다.

⑫ 일방적 주장을 끊임없이 반복함으로써 상대방을 지치게 만들어 상대방의 양보를 강요한다.

이러한 북한의 행태는 이후 1993년 3월 핵 확산 금지 조약(NTP) 탈퇴로 시작된 미국과의 핵 협상에서도 그대로 재현된다. 결과도 성공적이었다. 1994년 북미 간 제네바 합의에 따라 핵 시설 동결의 대가로 2,000MW급 경수로 건설과 대북 제재 완화 조치 등의 양보도 얻어낸 것이다(새 경수로의 발전 용량은 그들이 기존에 보유한 3개 원자로의 총발전량 255MW에 8배였다). 그러나 2002년 10월 북한의 고농축 우라늄 개발 의혹이 제기되면서 이 합의는 물 건너가 버리고 말았다.

part 3

세 번째 지침, 호혜적 윈-윈 협상이 최고!

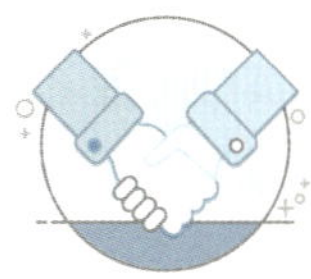

왜, 호혜적 협상이어야 하는가?

협상은 투쟁적이거나 호혜적이다. 다르게 표현하면 분배적이거나 통합적이다. 협상 전문가 로이 레위키(Roy J. Lewicki)가 구분한 협상의 양상들이 그렇다. 투쟁적·분배적 협상은 협상의 이익을 고정된 것으로 본다. 이익이 고정돼 있으니 그것을 차지하기 위한 투쟁과 분배에 초점을 맞출 수밖에 없다. 게임 용어로는 제로섬 방식이 여기에 해당한다. 많이 갖는 자가 있으면 적게 갖는 자가 생겨 날 수밖에 없다.

호혜적·통합적 협상은 어떤가. 단어의 어감만으로도 앞의 투쟁적·분배적 협상과는 다른 양상을 상상하게 된다. 그렇다. 호혜적·통합적 협상에서 이익은 가변적이다. 협상 당사자 간의 노력으로 파이를 더 키울 수 있다는 뜻이다. 쉬운 용어로 윈-윈 게임이다.

투쟁적·분배적이냐, 호혜적·통합적이냐에 따라 협상의 양상은 반대되는 국면으로 펼쳐진다. 전자의 경우라면 정보의 공유를 기대하기 어렵다. 아니, '공유'라는 명분으로 흘린 정보가 실상은 기만의 도구일 가능성이 높다. 호혜적·통합적 협상에서는 서로에 대한 신뢰가 생명이므로 저와 같은 술책을 쓸 수가 없다. 이해와 배려 위에서 각자의 기대치를 충족하려 노력하는 까닭에 의제의 스펙트럼이 넓어진다. 이처럼 의제가 다양화된다면 그중 서로 줄 것을 주고 받을 것은 받는 트레이드 오프의 가능성도 확대시킬 수 있게 된다.

윈-윈이 필요한 이유

1919년 6월 어느 날, 베르사유 궁전에 있는 거울의 방에서 제1차 세계 대전을 공식 종결하는 조약이 체결됐다. 그러나 베르사유 조약으로 명명된 이 사건은 결국 또 다른 재앙의 불씨였을 뿐이다. 전범국인 독일에게 연합국이 강요한 부담은 엄청난 것이었다. 독일은 무장 해제의 수모를 받아들임은 물론 막대한 전쟁 배상금을 지불해야 했다. 몰수된 식민지는 전승국들에게 분배됐다. 이보다 더한 치명타는 독일 산업의 심장부인 자르와 라인 지방이 국제연맹의 통제 아래 놓이게 됐다는 점이다. 그 결과 독일 국민들은 극도의 빈곤, 실업, 기아 상태에 직면할 수밖에 없었다.

베르사유 조약은 말 그대로 투쟁적·분배적 협상의 전형이었다.

당시 연합국들은 '독일'이라는 제한된 파이를 경쟁적으로 찢어 제 몫들을 챙겼을 뿐이다. 그러나 그 결과가 어떠했던가. 독일 국민의 팽배해진 불만 위로 히틀러라는 존재가 등장하지 않았나. 눈앞의 실익에 연연하다 더욱 커다란 참화를 예비하고 만 셈이다.

그런 점에서 2차 대전의 최대 전승국이 보여준 태도는 달랐다. 미국은 승전 후 세계 질서 재편 과정에서 패전국인 독일과 일본에게 가혹한 조치를 취하지 않았다. 독일 내 주둔군을 신속히 철수하는 한편 마셜 플랜에 따라 10억 불이 넘는 경제 복구 자금을 유럽에 지원했다. 일본에 대해서도 마찬가지였다. 전쟁 범죄에 대한 배상과 처벌의 규모를 최소화했을 뿐만 아니라 막대한 경제 원조를 제공한 것이다. 미국의 호혜적·통합적 조치를 두고 다른 해석을 가할 여지도 많다. 전후 냉전 체제를 대비한 자국 중심의 자유 진영 구축을 위한 불가피한 선택이었다는 분석이 대표적이다. 물론 일리 있는 말이다. 그러나 적어도 베르사유 때와 같은 우(愚)를 반복하지 않았다는 점에서는 평가할 여지가 있을 것이다.

왜 윈-윈하는 협상이어야 하는가? 윈-루즈 협상을 피해야 하는 이유는 또 무엇인가? 이 말에 답하려면 협상을 경쟁보다는 협력의 관점에서 바라봐야 한다. 물론, 협상에는 협력만이 아니라 경쟁이라는 요소도 공존한다. 그럼에도 우리가 윈-윈을 이야기하는 이유는 두 가지 측면에서 효과적이라고 보기 때문이다.

① 윈-윈 협상이야말로 인간이 가장 쉽게 받아들일 수 있는 결과를 낳는 게임이다 : 인간은 체면을 중요시한다. 윈-루즈 협상은 상대의 체면을 고려하지 않으므로 원한 감정을 낳을 수 있다. 한 번 당한 상대는 복수의 일념으로 다음을 기약할 것이다.

② 윈-윈이야말로 서로가 효과를 볼 수 있는 거의 유일한 협상 방식이다 : 페어플레이와 상호 양보가 실현되는 협상에선 결국 양쪽의 체면이 선다. 이는 양측이 오래 유지될 생산적인 관계를 맺게 하는 방법이다. 다시 말해, 이타주의니 배려니 하는 윤리적 차원을 넘어 실익의 관점에서도 다분히 유용하다는 것이다.

윈-윈 협상의 4단계

1단계, 문제를 확인하고 규정하기

어느 일방의 우선순위나 선호도만을 반영하지 말고 서로가 동의할 수 있도록 중립적 관점에서 접근할 것. 협상의 주요 의제나 쟁점 사안을 규정한 후에도 한쪽의 의견만을 앞세운 문제 해결 방법은 지양해야 한다.

2단계, 서로의 이해관계와 요구 사항 확인

호혜적 합의를 달성할 수 있는 열쇠는 상대방의 이해관계를 파악하는 능력에 달려 있다. 이를 이해하게 되면 서로를 만족시킬 수 있는 해법을 도출할 수 있게 된다. 따라서 상대방의 표면적 입장이 아닌 그 이면의 이해관계를 파악할 수 있도록 노력하자.

3단계, 대안 찾기

문제에 대한 해결책이나 선택 가능한 대안을 만들어 가는 과정이다. 결코 쉽지 않은 일이지만, 호혜적 대안을 찾는 몇 가지 방법은 있다.

① 파이 키우기 : 모두의 만족을 위해 대안을 늘리는 것이다. 높은 수준의 창의성과 문제해결 능력이 요구된다.

② 통나무 굴리기 : 정치에서 파생된 용어로서 국회의원들이 각자 지지하는 법안이 통과되도록 서로 돕는 행위를 의미한다. 협상가끼리 서로의 이해관계에 부합하는 해결책을 돌아가며 모색하는 방식이다.

③ 포기하면 보상하기 : 한 당사자가 자신의 목적을 달성하는 대신 다른 당사자에게는 그에 상응하는 보상을 해 주는 것이다. 이를 위해서는 상대방이 가지고 있는 가치의 우선순위와 만족할 만한 보상의 양에 대해 사전에 탐색할 필요가 있다.

④ 양보하면 손실을 줄여 주기 : 한 당사자가 자기 목적을 달성하는 대신 다른 당사자에게는 그 비용을 최소화해 주는 것이다. 상대방의 손실과 고통을 최소화하기 위해 고안된 방안이다. 이 경우 상대의 손실 감면을 위해 내가 짊어져야 할 리스크를 미리 계산해야 한다.

⑤ 관심사의 접목 : 서로의 관심사를 접목함으로써 새로운 선택지를 만들어 내는 것이다. 단, 사전에 서로의 이해관계와 요구 사항을 충분히 인식해야 가능하다.

4단계, 대안의 평가와 최적의 선택

호혜적 협상의 마지막 단계. 1~3단계를 거쳐 만들어진 대안을 평가하고, 그중 현 단계에 적용 가능한 것을 선택하는 것이다. 만일 적합하거나 수용 가능한 대안이 없을 경우 다시 이전 단계로 돌아가야 한다.

윈-윈하려니 주저된다고?

이쯤에서 한 가지 짚고 넘어갈 것이 있다. '윈-윈'을 '똑같이 나누기'라는 식의 피상적인 개념으로 오해하지 말자는 얘기다. 오렌지 1개를 놓고 누군가는 주스를 만들고 싶어 하고, 누군가는 껍질만 필요하다고 말한다. 그런데도 반을 썽둥 잘라서 나누는 것이 윈-윈이겠는가. 인간적으로 좋은 관계를 맺는 것만으로 윈-윈했다고 얘기할 수도 없다. 신뢰에 기반한 관계는 윈-윈의 전제일 뿐이지 결과를 위한 필요조건이 아니기 때문이다.

협상에서의 윈-윈은 엄격히 말해 파이를 나누기보다 늘리는 것과 관계있다. 협상 당사자가 서로의 이익과 대안을 모두 고려하고, 창의성을 총동원함으로써 최적의 공통 이익을 창출하는 것이다. 윈-윈 협상의 특징을 호혜와 통합으로 규정하는 이유가 여기에 있다.

그러나 머리로는 이해하되 실제로 이행하기 어려운 것이 윈-윈 협상이다. 여기에는 '거짓 갈등(false conflict)'이나 '환상적 갈등(illusory conflict)'이 개입하는 경우가 많다. 아무리 누이 좋고 매부 좋은 협상이라 해도 막상 협상 테이블에 앉으면 생각이 달라지곤 한다. 내게 이익이 되는 것이 상대에게도 좋으련만, 왠지 상대에게 득이 되면 내겐 해가 될 것 같은 착각이 드는 것이다.

둘째, '파이는 고정돼 있다'고 하는 인식 역시 윈-윈 방식을 주저하게 만드는 요소다. 협상 주체들이 이러한 생각에 빠져 있는 한 경쟁적·분배적 협상 외엔 선택의 여지가 없다. 협상은 쉬이 난관에 봉착할 것이다.

효과적인 윈-윈 전술을 구사하려면?

원래 '윈-윈'이라는 개념은 미국이 중동과 아시아 또는 제3세계에서 동시에 전쟁이 발발하는 상황을 가정한 전쟁 전략의 일환이었다. 자국의 이익을 지키고자 동시 참전이 불가피할 경우 두 곳에서 모두 승리를 거두고자 함이었다. 그처럼 서로 죽고 죽이는 전쟁의 언어가 서로를 살리는 차원의 단어로 둔갑했으니, 세상사 참 재미있다.

비즈니스 차원에서 윈-윈이라 함은 아무래도 호혜적인 이익 배분에 방점이 찍히게 마련이다. 인터넷 동영상 콘텐츠 플랫폼 유튜브가 좋은 사례다. 사실 스티브 첸(Steve Chen)이 처음 이 플랫폼을 개발했을 때만 해도 그저 영상 제작 동호인들의 친목용 웹사이트에 지나지 않았다. 그러나 2006년 10월 구글에 16억 5,000만 달러로 인수된 후 오늘날 유튜브의 기업 가치는 1,600억 달러를 헤아리기에 이르렀다. 우리 돈으로 180조 원 규모다.

이 같은 외형적 성장의 이면에는 구글이 채택한 윈-윈 전략이 있었다. 인수 후 유튜브 CEO를 역임한 채드 헐리(Chad Hurley)가 2007년 1월 스위스 다보스포럼에서 밝힌 방침이 그것이다. "앞으로 유튜브는 창의적 콘텐츠를 제공하는 이용자에게 대가를 지불할 것입니다." 그 후 유튜브와 이용자 사이의 광고료 수익 배분에 의한 경제 생태계가 창출됐고, 오늘날 인터넷의 대세로 자리매김할 수 있었다. 윈-윈의 근본이 서로의 이익을 극대화한다는 데 있음을 다시 한 번 일깨워주는 사례다.

협상 또한 넓은 의미의 비즈니스라 할 수 있기에 윈-윈을 추구하는 순리는 근본적으로 비슷하다. 정치, 경제, 안보… 분야만 다를 뿐 어차피 서로가 추구하는 것은 이익 아닌가. 그러나 상호 이해관계를 만족시킨다는 목표만으로 쉽게 결과를 도출할 수는 없다. 원하는 목적을 이루려면 전술적 디테일이 필요하다. 곧, 협상 진행상의 세심한 절차가 요구된다는 말이다.

신뢰를 구축하고 정보를 공유하라

협상의 전초 작업으로 신뢰 구축의 필요성은 백번 강조해도 지나치지 않다. 신뢰는 서로의 요구 사항, 입장, 상황 등에 대해 명확한 의사소통을 할 수 있는 토대이며, 이로써 협상은 추진력을 얻는다. 협박이나 강압적 태도만큼 상호 불신을 조장하는 것도 없다. 부시 전 미국 대통령의 발언을 문제 삼는 것은 이런 이유에서다. 그가 북한과 이란, 이라크를 싸잡아 '악의 축'이라 명명했을 때 국내외 보수 성향의 지지자들을 결집시켰을 수도 있다. 그러나 그것으로 문제가 해결됐던가? 북한의 핵 능력은 고도화됐고, 이란과 이라크는 여전히 미국의 골칫거리로 남아 있다.

신뢰에 바탕해 윈-윈을 시도하기 위해 거쳐야 할 첫 단계가 있다. 바로 정보의 공유다. 이때의 정보라는 것이 바트나가 아님은 여러 차례 이야기했다. 자신의 깊은 속내를 알려 주는 짓은 아마추어 협상가의 몫이다. 프로의 세계에서는 협상 의제 전반에 걸쳐 '우리 쪽에서는 어떤 의제를 선호하는지'와 같은 우선순위를 표현하는 정도로 족하다.

이때 주의할 것은 '투명성의 환상(illusion of transparency)'이라 불리는 심리 상태다. 자신이 상대에게 제공한 정보량이 실제보다 더 많다고 착각하는 것인데, 이로 인해 협상가들이 정보 제공을 꺼리게 된다. 신뢰를 조성하려면 협상 당사자 간에 서로의 협상 목표와 관심사를 명확히 이해할 수 있게 해주는 선까지는 정보 제공이 이뤄져야 한다.

하나 더 당부할 것이 있다. 많은 질문을 던지라는 것이다. 상대방이 무얼 원하는지 제대로 알아야 수용 가능한 대안을 함께 모색할 수 있다. 그러나 그 질문이 만일 '당신이 감춘 대안(바트나)은 무엇이요?', '어느 선(양보점)이면 수용하시겠소?' 같은 식이면 원하는 답을 듣지 못할 수도 있다. 나만큼 상대 역시 '결정적 한 방'을 쉽게 공개하고 싶진 않을 것이기 때문이다.

단일 의제를 복수 의제로!

제한된 파이를 경쟁적으로 나누느냐, 파이를 늘려 더 큰 만족을 추구하느냐. 윈-윈은 후자의 경우에 있다. 협상 쟁점이 하나일 경우 전자와 같은 제로섬 게임이 연출되곤 한다. 이 같은 국면을 타개할 방법은 단일한 협상 쟁점을 다차원으로 확대하는 것이다. 당장 연봉 협상에도 적용해 볼 수 있다. 의제가 연봉 인상 하나뿐이면 목표한 인상액을 관철하지 못했을 경우 불만을 느끼기 쉽다. 그러나 경제적 실익은 봉급 외에도 많은 것에서 취할 수 있지 않은가. 아래의 근무 조건들을 생각해 보라.

• 회사 차량 제공	• 판공비	• 휴가
• 컨트리클럽 회원권	• 퇴직금	• 이익 배당
• 의료보험	• 연수 프로그램	• 주차 공간
• 자녀 교육 수당	• 성공 보너스	• 개인 비서 채용

연봉 인상이 막히면 위와 같은 조건들을 새로운 협상 의제로 제시할 수도 있는 것이다. 원하는 만큼 연봉 인상을 달성하진 못해도 이런 부가적인 이익을 챙기는 것이 오히려 더 큰 실익이 될 수 있다. 연봉만큼 당장 가시적인 수치 효과를 느끼진 못할지도 모른다. 그러나 당신의 장래에 이득이 될 것들을 연봉에 대한 트레이드 오프의 조건으로 제시한다면 협상 상대도 일방적인 사측 이익만 주장할 순 없을 것이다.

의제뿐만 아니라 제안할 때도 복수로!

협상은 회의가 아니다. 회의는 의제에 따라 순서대로 진행되지만 협상은 동시에 복수의 제안이 이뤄지고 논의되기도 한다. 이 방식이 지닌 장점은 여러 가지다.

❶ 개별적·순차적 방식에선 상대의 공세적 제안을 약화시키기가 힘들다.

복수 제안으로 전환함으로써 그 기세를 분산시킬 수 있는 것이다.

- 협상을 적극적으로 주도할 수 있는 여지가 생긴다.
- 복수의 제안을 번갈아 들이대며 상대를 집요하게 설득할 수 있다.
- 제안이 복수로 이뤄질 경우 각각에 대해 보이는 상대의 반응에 따라 그가 선호하는 방향성을 가늠할 수 있다.
- 의제의 패키지 딜(통합적 해결) 가능성을 키울 수 있다. 단, 제시된 제안 중 자기가 원하는 것들만 골라서 합의할 순 없음을 상대에게 각인시켜야 한다. 그가 이 조건에 응해야 당신도 양보하면서 불만을 느끼지 않을 수 있다.

차이점을 활용해 조건부 계약 맺기

협상가는 합의를 위해 쌍방 간 입장의 차이도 활용해야 한다. 협상에서는 공통점보다 차이점이 오히려 합의를 촉진하는 경향이 있다. 서로 선호하는 의제나 위험시하는 요소들이 입장에 따라 다를 수 있다. 이를 잘 활용한다면 트레이드 오프의 여지가 커지는 것이다. 예컨대 건물 규모가 선호 요인인 사람과 전망을 우선적으로 고려하는 사람 간의 부동산 거래는 의외로 쉽게 이뤄질 수 있다는 식이다.

위험 요소나 기회 요인에 대한 판단도 협상가마다 달라서 트레이드 오프가 이뤄질 수 있다. 중장기 전망이 불투명하다고 판단하는 투자자라면 단기적 이익 실현에 집중할 것이다. 그러나 기업의 가능성을 오래 지켜보고자 하는 워렌 버핏 같은 이들은 단타 매매에 질색한다. 위험이나 이익 발생에 대한 예측이 이처럼 시간차를 보인다면 협상가들도 서로 교환할 것들이 있지 않겠는가.

이 외에 트레이드 오프를 이루는 방법으로 능력이나 숙련도의 차이를 활용하는 것이 있다. 협상 주체 간에 서로 강점인 분야가 다른 경우에 활용할 만한 방식이다. 한쪽은 원유 매장량이 많고 다른 쪽은 첨단 시추 능력을 보유하고 있다면 아무래도 협력하기가 더 손쉬워지게 마련이다.

중요한 것은 이처럼 '차이'를 이용한 트레이드 오프가 조건부 계약의 형태로 진행될 필요가 있다는 점이다. 조건부 계약이란 미래에 일어날 일들을 예견하여 현재 합의된 내용을 다시 논의할 수 있도록 하는 계약을 말한다. 그러나 이 말은 한 번 맺은 합의를 빈대떡 뒤집듯 하라는 것이 아니다. 국가 간 평화 협정은 영구적인 합의로 지켜져야 한다. 그것이 보편적 윤리 차원에서도 옳다. 그러나 선물(先物)이나 주식 거래처럼 시세의 영향을 받는 분야에서는 외부 흐름에 맞춰 유연한 논의가 가능해야 하지 않을까. 조건부 계약이 가능하려면 몇 가지 요건을 충족할 필요가 있다.

- 상호 이해관계가 조화를 이뤄야 한다.
- 특정 상황에 따라 재협상한다는 내용을 임의적이 아닌 강제 규정으로 명시할 것.
- 명백하고 측정 가능하며 쉽게 평가할 수 있어야 한다(조건과 측정 기법을 엄격히 명시).

⊕ 당사자 간 지속적인 접촉을 필요로 한다.

‘타결 전 합의’와 ‘합의 후 보완’

타결 전 합의(pre-settlement settlement, PreSS)란 협상의 최종 타결에 앞서 선행되는 단계다. 추후 최종 합의로 대체된다는 점에서 ‘초기’ 합의의 성격을 지니며, 이런 점에서 법적 구속력이 없는 정치적·도의적 약속인 신사협정과 구별된다. 또한 최종 협상에서 보다 발전된 합의를 목표로 하는 점에서 ‘부분적’ 합의의 성격도 갖는다.

이러한 협상 단계는 보통 두 가지 기능을 지닌다. 첫째는, 이견이 팽팽한 가운데 일부라도 합의 가능한 의제가 있다면 그것을 먼저 처리하도록 돕는다는 것이다. 또 다른 기능은 최종 협상에 필요한 구체적인 틀을 마련한다는 데 있다. 즉, 타결 전 합의의 목적이 현안을 직접 해결하는 데 있기보다는 최종 단계의 기초를 다지는 데 있을 경우다. 1993년의 오슬로 협정이 적절한 예가 될 수 있을 것이다(이하의 내용은 제임스 길레스피와 맥스 베이저만이 1998년 《협상 저널(Negotiation Journal)》 4월호에 공동 기고한 논문을 참조함. 원제 ‘Pre-settlement Settlement(PreSS) : A Simple Technique for Initiating Complex Negotiations’).

1993년 이스라엘과 팔레스타인 사이에 체결된 오슬로 협정은 양측이 모두 만족할 수 있는 ‘최종 결론’을 향해 나아가는 첫 단계였다. 양측은 국경, 정착민과 정착촌, 그리고 예루살렘 문제 등 가장 풀기 어려운 현안을 일단 미뤄 두고 이보다 덜 첨예한 사안들의 해법을 찾고자 노력했다. 그 결과 이스라엘은 팔레스타인 여성 수감자 석방, 피해 보상 비용 지불, 헤브론에서의 군대 철수를 약속했고, 팔레스타인은 국가 헌장 개정, 테러 용의자 인도 및 팔레스타인 경찰 규모 제한에 동의했다.

오슬로의 사례는 앞서 설명한 타결 전 합의의 주요 요소를 모두 반영하고 있다. 먼저 이스라엘과 팔레스타인 간의 첨예한 쟁점은 건드리지 못한 채 부분적 합의에 머물렀다는 점이 그렇다. 하지만 양국이 체결한 구체적인 합의 내용은 법적 구속력이 없음에도 국제 관계상 무시할 수 없는 무게를 담고 있었다. 이를 계기로 어느 한쪽의 독주를 제한하고 궁극적인 협상 목표로 나아갈 길을 마련했다는 점만으로도 큰 의미를 지닌다. 다만 아쉬운 것은 1998년까지 실질적 효력을 발휘한 이 협상이 결국에는 유명무실해지고 말았다는 점이다.

타결 전 합의가 최종 협상의 선행 단계였다면, 이미 합의한 사안을 사후 보완하는 작업도 있을 것이다. 합의 후 보완 전략(post-settlement settlement strategy, PSSS)이 그것이다. 합의 후 협상 주체들이 각자 시간을 갖고 최종 결과를 꼼꼼히 검토할 수 있거니와, 합의 내용에 대해 허심탄회한 의사 표시를 할 수도 있다(이미 합의한 내용이 있으니 판이 깨질 염려는 없으므로). 이 과정에서 주고받은 얘기가 모두 보완에 반영되는 것은 아니지만, 앞서 합의한 내용의 질을 개선하는 데에는 아주 효과적이다.

Tip Box

협상의 악마도 디테일에 있다!

"신은 디테일에 있다(God is in the details)." 독일의 유명 건축가 루트비히 미스 반 데어 로에(Ludwig Mies Van Der Rohe)로 인해 유명해진 속담이다. 그는 이 말을 아무리 거대한 규모의 건축물이라도 사소한 부분까지 신경 쓰지 않으면 결코 걸작이 될 수 없다는 뜻에서 썼다고 한다.

여기에서 파생한 또 하나의 속담으로 "악마는 디테일에 있다(The devil is in the details)"가 널리 쓰인다. 어떤 문제점이나 불가사의한 요소가 세부 사항 속에 숨어 있다는 의미인데, 협상에서도 종종 사용된다. 잘 진행되던 협상이 세부 논의 과정에서 예기치 못한 암초에 걸려 표류하거나 좌초되는 경우에 말이다. 이처럼 협상의 악마가 서식하게 되는 데에는 협상 특유의 환경이 자리한다. 아래는 제프리 베리지(Geoffrey Berridge)의 『외교 : 원리와 실제』를 참조해 필자가 새로 정리한 것이다.

첫째, 세부 사항을 논의하는 단계 자체가 복잡하다는 것이다. 정치 지도자나 조직의 리더들이 원칙에 대해 합의하기란 어렵지 않다. 원칙이란 원래 단순하고, 포괄적이며, 융통성 있는 특징을 갖기 때문이다. 그러나 세부 논의 단계에선 얘기가 달라진다. 회담의 주체도 주로 전문가들이어서 논의가 정밀해질 수밖에 없다. 1970년대 미·소 간 무기 감축 회담에서 정작 치열했던 곳은 회담 장소인 비엔나나 헬싱키가 아니라, 회담의 세부 의제와 요구 사항을 정리하던 양국 정부 기관들이었다고 한다. 이런 세부 논의 단계는 참여 실무진이 직급상 의사 결정 권한을 갖지 못한 경우가 많은데, 이 또한 협상을 더디게 하는 원인이 된다. 그들로서는 상부의 지침 아래 협상을 진행할 수밖에 없으니 말이다.

둘째, 공통으로 쓸 용어를 선정하고 그 의미를 세세히 규정하는 것이 생각보다 어렵다는 것이다. 용어는 정의하기에 따라 당사자에게 많은 영향을 미친다. 앞의 미·소 간 무기 감축 협상이 무기에 대한 정의와 논쟁으로 많은 시간을 소모한 이유다. 당시 소련 측 협상가들은 감축 대상인 '전략 무기'의 개념을 '그 위치와 관계없이 잠재적인 적국의 영토에 도달할 수 있는 것들'이라고 주장했다. 이 주장대로 하면 미국이 서유럽에 전진 배치한 미사일은 모두 전략 무기에 해당하는 반면, 소련이 서유럽을 겨냥해 배치한 미사일들은 거리상 미국에 도달할 수 없으므로 감축 대상이 되지 않게 된다.

셋째, 최종 단계인 세부 협상에서 보일 수밖에 없는 신중한 분위기도 악마를 키우는 조건이 된다. 여기에서 합의된 것은 반드시 실행되어야 하기 때문에 작은 실수가 치명적인 결과를 초래할 수 있다. 양측이 합의한 원칙의 유불리를 꼼꼼하게 판단하는 과정에서 새로운 쟁점이 도출될 가능성은 얼마든지 있다.

part 4

네 번째 지침, 대화술이 협상의 성패를 가른다

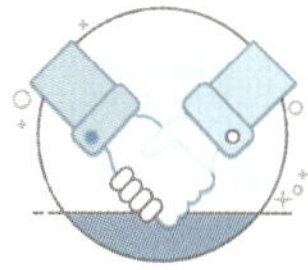

아무리 강조해도 지나치지 않은 대화술

협상이란 발전된 형태의 대화술이다. 쌍방향 대화로 실천에 옮길 합의를 하는 과정인 것이다. 흔히 대화술이라고 하면 '청산유수'를 떠올리는데, 이는 착각이다. 대화의 본질은 상대방과 공감대를 형성함으로써 합의에 이르는 종합적인 능력에 있다. 인지와 경청, 질문과 제안 등 의사소통 전반에 필요한 능력의 종합 버전이라고 할 수 있다. 성공적인 대화의 전제가 되는 공감대 형성부터 실제 협상에 활용되는 실전적인 대화의 기법을 하나하나 살펴보도록 하자.

공감대 형성, 효과적인 대화를 위한 전초 작업

한 개인이 가지고 있는 관점은 자기 경험의 산물이다. 그 경험은 한 사람으로 하여금 세상을 보고 이해하도록 하는 안경이 된다. 똑같은 사물도 사람마다 다르게 해석될 수 있는 것은 각자가 지닌 경험의 폭과 깊이가 달라서이다. 중요한 것은, 누구든 자기 렌즈 바깥의 세상은 볼 수가 없다는 사실이다. 그것은 인간의 본질적 속성으로서 안경의 양면성을 알려준다. 우리는 그것을 통해 세상과 만나지만, 한편으로는 렌즈가 보여주는 딱 그만큼의 세상 속에 갇히기도 한다는 점 말이다.

당신의 안경은 쓸 만한가. 그것을 통해 바라보는 세상은 어떠한가. 렌즈를 통해 보이는 시야가 협소할수록 세상에 대한 편견과 몰이해, 그로 인한 대립과 갈등은 증가할 것이다. 그런 존재의 편협함을 딛고 인간이 서로를 이해하며 연대하도록 만드는 것이 바로 공감이다. 이것이 있어 우리의 시선은 렌즈가 두른 경계를 넘어설 수 있는 것이다. 흔히 말하는 역지사지(易地思之)란 결국 공감을 실현하기 위한 행동 원칙 같은 것일 게다.

미국의 구급차들에는 전면의 'AMBULANCE'라는 글자가 아예 거울에 비춘 것처럼 좌우 반전된 형태로 붙어 있다고 한다. 앞 차선의 운전자들이 백미러를 통해 바로 알아볼 수 있게 하기 위함이다. 역지사지의 태도를 일깨우기에는 짧지만 꽤 맞춤한 사례 아닌가. 왜냐하면 역지사지란 내가 누군가의 마음을 공감하는 것으로 그치는 태도가 아니기 때문이다. 그 못지않게 중요한 것이 상대의 공감을 이끌어 내도록 그에게 나를 이해시키는 일이다. 관건은 그의 마음속 백미러를 향해 내가 '어떻게' 메시지를 보내느냐에 있다. 그가 알아보기 쉽게 배치할 것인가, 아니면 남이야 알아보든 말든 내 입장만 나열할 것인가.

공감이란 쌍방향적인 기술이기에 보다 섬세한 접근을 요구한다. 실제 협상에서 공감대를 형성하는 것이 결코 녹록치만은 않은 이유다. 그저 '내가 먼저 그의 입장을 이해하면 되겠거니' 하는 원론적인 차원에 머물러선 안 된다. 때로는 상대에게 나를 공감하게 만드는 것이 더 힘들 텐데, 협상가라면 그래도 해야 한다. 공감의 교환 없는 교섭은 성공하기 힘드니, 어쩌면 공감이야말로 협상의 필수 트레이드 오프 요건일지 모르겠다. 아니, 일상에서도 습관화시켜야 할 '제2의 천성'이라 하는 게 나으려나.

공감의 습관화

- 일체의 편견, 선입견과 고정 관념을 버리고 타인의 이야기를 경청한다.
- 대화 과정에서 대화 내용, 표현 방법, 몸짓 언어, 대화 속도 등 여러 측면에서 말하는 이와 보조를 맞추도록 노력한다.
- 상대방이 느낄 감정 상태를 상상하고, 역지사지의 태도로 그의 말에 적극적이고 긍정적으로 반응한다.
- 남의 말을 듣는 동안에는 반박하지 않도록 노력한다. 다 듣고 나서 반응할 때에도 단정적인 표현은 피한다. "제가 생각하기에 당신이 말씀하신 것은 이런 의미로 들리는데요…." 이런 식의 완곡어법이 상대방의 긴장을 완화시키는 데 도움이 될 것이다.

협상에서 유용한 5개의 실전 대화술

한 손님이 인형 가게에서 목도리를 감싼 개구리 인형을 보곤 점원에게 묻는다. "이 개구리는 목도리를 다 했네요?" 그러자 점원이 "아마 추운가 보죠"라는 우스갯소리를 들려준다. 상황이 진지해진 건 손님의 그다음 말 때문이었다. "개구리는 겨울잠을 자는데요!"

요즘 말로 개그를 다큐로 받은 것이다. 순간, 점원의 얼굴에 불쾌한 빛이 서렸다. 그가 다른 손님을 맞으러 가버린 사이 손님은 괜한 자책감에 의기소침해졌다고 한다. 그러나 이 상황은 또 다른 반전을 준비하고 있었으니, 다시 손님에게 다가선 그 점원이 던진 말 때문이었다.

"아저씨는 잠잘 땐 안 춥나요?"

『대화의 절반은 협상이다』의 저자 안준성 교수(연세대 국제대학원)가 책에서 들려준 경험담이다. 법조인 출신으로 풍부한 글로벌 협상 경력을 가진 그는 이 작은 실패(?)의 에피소드를 협상에서 필요한 교훈 하나와 연결시킨다.

"협상을 할 때 상대방은 자신의 감정을 직접적으로 잘 표현하지 않는다. 우회적인 표현에 귀를 기울이고 전체적인 맥락을 파악하는 기술이 필요하다. 그래야 상대방의 감정과 필요를 읽을 수 있고, 공감대도 형성할 수 있다."

협상에 필요한 대화의 핵심은 뭐니 뭐니 해도 소통에 있다. 그것을 이루기 위해선 때로 수동적인, 아니 수동적으로 보일 수 있으나 실은 능동적인 행위가 요구된다. 바로 '듣기'다. 성공적인 대화라는 것이 발화자의 적극적인 발언만으로 이뤄지는 것이 아니다. 듣는 행위를 뭔가 주도권을 빼앗기는 것으로 여기는 이들로서는 이해하기 어려울 수 있다. 그러나 듣기는 협상의 출발점으로서 아주 적극적인 행위다. 그것이 협상의 실전 대화술을 조언하며 '경청'부터 이야기하려는 이유다.

실전 대화술 ① 경청하기

협상의 대화술에서 요구되는 반응 기술들이 있다. 상대의 의사표현에 대한 리액션을 말하는데, 핵심적인 것이 '질문'과 '경청'이다. 스튜디오에서 진행되는 TV 예능 프로그램 대부분은 주로 대화 형식으로 이뤄진다. 입담 좋은 출연자가 웃기는 거야 예상되는 일이다. 그러나 간혹 전혀 그럴 것 같지 않은 인물이 좌중을 웃음의 도가니로 내몰 때도 있다. 모 개그맨이 '입에서 와이파이가 터졌다'고 말하는 경우 말이다.

이 상황의 주인공은 물론 그 출연자가 되겠지만 여기에는 숨겨진 주인공도 있다. 내성적이거나 소심한 출연자의 말을 잘 들어주고 적절히 추임새를 넣어 가며 그의 기분을 고무시켜 주는 진행자 말이다. 국민 MC로 불리는 유재석의 장수 비결이 여기에 있지 않을까.

협상에서는 질문을 잘하는 것이 핵심이다. 효과적인 질문은 상대의 입에서 와이파이를 터지게 할 수 있다. 협상 분위기를 매끄럽게 하는 것은 물론 그 속에서 우리에게 필요한 정보들도 챙길 수 있으니 일석이조다. 그러나 간과할 수 없는 것이, 좋은 질문을 하기 위해서는 좋은 듣기가 전제되어야 한다는 점이다. 바로, 경청이다.

덴마크 속담에 이런 말이 있다. "사람에게 두 귀가 있고 입이 하나 있는 데에는 다 그만한 이유가 있다." 말하기보다 듣기에 더 신경을 쓰라는 얘기다. 그러나 듣기에도 구별이 있다. 그저 상대의 메시지만을 이해하는 것은 소극적 듣기다. 이와 달리 상대의 말을 들으며 그 내용뿐만 아니라 감정과 심중의 뜻까지 이해하는 것이 적극적 듣기의 자세다. 여기에는 그의 말을 이해했다는 표시로서 간단한 몸짓부터 자신이 적절히 해석했는지를 되묻는 차원까지 다양한 리액션이 따라붙는다. 당신이 협상 파트너라면 소극적인 상대와 적극적인 상대 중에서 누구와 더 이야기를 나누고 싶겠는가. 당연히 후자다.

그럼 어떻게 해야 적극적 경청자가 될 수 있을까? 관련 기술로 라사(RASA)라는 대화 기법을 추천한다. 라사는 인도의 고대 산스크리트어에서 '정수(essence)'를 가리키는 표현이다.

- R(Receive, 수용) 스마트폰, 컴퓨터 등 대화의 방해 요소를 사전 차단하라.
  상대의 눈을 바라보며 몸을 그쪽 방향으로 기울

인다.
말하는 것보다는 그의 말을 듣기에 더 집중하라.

- A(Appreciate, 평가) 상대의 이야기에 적절히 반응하라.
("그래서요?", "저런!", "정말요?" 등등)
- S(Summarize, 요약) 상대의 이야기를 가끔씩 요약한다.
("그러니까 말씀하신 요지는 ~이 맞나요?" 등등)
- A(Ask, 질문) 이야기를 듣고 진의와 요지를 확인하기.
("이 제안의 요점이 무엇인지요?" 등)

적극적 듣기가 중요한 이유는 이 방식을 통해야 상대와의 대화 속 숨은 의미, 곧 메타 메시지(meta message)를 이해할 수 있기 때문이다. 초대를 받아 간 파티에서 안주인이 시계를 보며 "대화가 너무 재미있어 시간 가는 줄 몰랐네요"라고 했다면, '이제 파티가 끝날 시간이에요'라는 속내를 읽어야 한다. 그것이 메타 메시지 독해법이다. 적극적 듣기로 상대의 의중을 간파하는 연습을 해둬야 한다. 협상 테이블에서 수없이 마주하게 될 상대의 은유적이거나 교란적인 화술에 혼란을 겪지 않으려면 말이다.

실전 대화술 ② 효과적으로 질문하기

두 자매가 싸우고 있었다. 언니는 케이크를 동생이 먹었다고 의심하는 중이었다. 그러나 "케이크 네가 먹었지?"라는 추궁에도 동생은 극구 부인할 뿐이었다. 잠시 생각에 빠진 언니. 그녀가 이윽고 동생에게 다시 묻는다. "케이크 맛있었니?" "응!"

협상에서는 '무엇'을 묻느냐보다는 '어떻게' 묻느냐가 더 중요할 때가 있다. 데이트 약속을 하는 것도 협상의 일환이라면 당장 적용해 볼 수 있다. 맘에 드는 이성에게 "시간 있으면 차 한잔 하시겠어요?"라고 묻는 것은 조금 어리숙해 보인다. '예스' 아니면 '노'밖에 없는 확률 50%의 선택지를 만든 것이기 때문이다. 이를 폐쇄적 질문이라 한다.

그럼 이건 어떤가. "같이 식사하실래요? 아니면 술 한잔 하실래요?" 승낙과 거절뿐인 상황에서 승낙과 승낙뿐인 상황으로 프레임이 바뀌었다. 시간이 별로 없다며 둘 다 거절당해도 좌절하지는 말자. "그럼, 가볍게 차나 한잔 하시죠"라는 제3의 대안이 있으니 말이다. '모 아니면 도'라는 식의 답변만 기대되는 상황에서 벗어나 보다 열린 답변을 얻어내는 질문은 많다. 이것이 개방형 질문이다.

실전 대화술 ③ 대화의 흐름 조절하기

다음은 대화의 흐름을 조절하는 기술이다. 협상가에게는 대화 중 상대의 심리를 파악하고 논의의 흐름을 자신의 의도에 맞게 조절해 가는 노련함이 요구된다. 이러한 타이밍의 예술을 실현하는 데 필요한 행동 포인트들이 있다.

- 기록 : 상대의 말을 경청하며 기록하기. 기억력에 의존하는 경우보다 정확성을 기할 수 있으며 대화의 포인트를 짚는 데도 유용하다.

- 확인 : 중요한 내용이나 합의 사항에 대해 다시 한 번 확인하는 것. 대화 과정에서 애매하거나 불확실한 사항들을 확실하게 정리할 수 있다.
- 요약 : 합의된 사항들을 요약함으로써 협의를 매듭짓는 것은 물론 이로써 쌍방 합의를 더욱 촉진하는 계기를 마련할 수 있다.
- 암시 : 자신이 의도하는 바를 상대에게 넌지시 비추는 기술이다. 암시의 순기능은 직설적 표현이 대화에 미칠 파장을 최소화할 수 있다는 데 있다. 상대의 심리적 저항이나 충격을 줄임으로써 단절 없이 대화를 이어갈 수 있을 것이다.

실전 대화술 ④ 다양한 방식으로 설득하기

협상이 원만한 타결에 이르려면 결국 상대를 설득하는 과정이 필요하다. 모든 협상가는 자신이 원하는 것을 최소의 비용으로 얻기 위해 의식적이든 무의식적이든 다양한 설득 기술을 구사한다. 설득은 보통 3단계로 이뤄지는데, '상대의 관심 유도 ⇒ 제안 ⇒ 교환과 흥정'으로 이어진다. 각각의 단계별 특성을 살펴보자.

첫째, '상대의 관심을 유도'하는 단계다. 가장 중요한 것은 상대가 나의 제안을 수용할 타이밍을 포착하는 일이다. 결국 노련한 감각에 의존하기 마련인데, 이것은 경험이 해결해 줄 문제다. 이 단계에서는 적절한 타이밍과 상대의 시선을 붙잡을 창의적이고 감성적인 화법이 관건이다.

둘째, 관심을 붙들었다면 이제 패를 꺼낼 차례다. 바야흐로 '첫 제안'이 이뤄지는 순간이다. 첫 제안을 먼저 할지, 상대가 먼저

하게 만들지에 대해서는 전문가들의 의견이 갈린다. 협상가들이 최초의 제안에 구속되는 경향(기준선 효과)이 있으므로 제안의 패를 먼저 열어 보이라고 하는 이들이 있다. 반면에 상대의 제안을 먼저 들어 보는 것이 퇴짜 놓기나 딴청 피우기 등의 대응을 할 수 있어 논의의 주도권을 쥐는 데 유리하다는 입장도 있다. 일반적으로 협상가들은 후자의 경향을 따르는 편이다. 그러나 당신이 먼저 첫 제안을 할 경우라면 다음의 규칙을 염두에 두고 있어야 한다.

- 제안은 공세적으로, 그러나 상황에 맞게!

  처음부터 요구 수준을 낮출 필요는 없다. 적당히 공세적인 제안이 필요하다. 당신이 사막의 물장수라면 길 잃은 이에게 마음껏 물값을 부를 수 있다. 그러나 이런 독점 관계라면 모를까, 함부로 높은 가격 제안을 하는 식은 위험하다. 그 흥정이 오아시스 근처에서 이뤄지기라도 한다면 상대에게 과연 씨알이나 먹히겠는가.

- 승자의 저주와 위축 효과 사이의 균형 잡기

  첫 제안은 십중팔구 거절당한다. 그럼에도 상대가 단박에 '오케이'하도록 출혈을 감수하면서까지 제안의 수준을 낮췄다간 승자의 저주에 걸릴 뿐이다. 그렇다고 해서 상대가 수용할 만한 범위를 넘어서서 한껏 과감하게 제안하라는 얘기는 아니다. 결국 그 사람만 위축시킬 뿐이다. 그러므로 승자의 저주와 위축 효과 사이에서 균형을 잡는 것이 필요하다.

설득을 위한 제안의 마지막 단계는 '교환과 흥정'이다. 본격적인 협상의 진검 승부가 이루어지는 국면이라고 하겠다. 이때 교환은 '반대급부를 전제로 서로 양보하는 과정'을 의미하며 협상의 진정한 의미가 여기에 있다고 할 만큼 중요한 행위다. 이런 경우에는 "X에 동의합니다. 만일 제가 Y를 얻을 수 있다면요"가 적절한 화법이다. 하지만 양보에도 정도가 있다. 『협상의 기술』을 쓴 짐 토머스는 양보와 교환에 대해 '반반의 법칙'을 적용하라고 권한다. 첫 번째 양보는 과감하게 하되 그 뒤로는 양보의 범위를 현저히 줄여 가라는 말이다.

교환이 양보를 전제로 한 행위라면, 흥정은 보다 많은 이익을 얻으려는 목적 행위다. 상대의 제안에 대해 역제안을 하거나 딴청 부리기, 꽁무니 빼기, 움츠리기 등의 반응을 보임으로써 자신에게 더 유리한 위치를 점하려 한다. "예상 밖이네요. 좀 더 좋은 조건을 말해 보세요." 물론 이런 태도들은 때때로 '우둔하고 노골적이며 교양 없다'는 비난에 직면하기도 한다. 그럼에도 매우 효과적이라는 점에서 종종 이용되곤 하는 카드다.

실전 대화술 ⑤ 합의 끌어내기

"구슬이 서 말이라도 꿰어야 보배"라는 말이 있다. 수차례 교환과 양보의 과정을 거쳤더라도 협상의 목적은 최종 합의에 있다. 이전 단계에서 협의를 거쳤으니 '이제 도장만 찍으면 된다'고 쉽게 생각할 일이 아니다. 최종 합의를 앞두고는 이래저래 생각이 많아질 수밖에 없다. 그러므로 합의 단계에선 지체 없이 상황을 전개해야 한다. 협상의 대미를 장식하기 위해 필요한 대화의 전략들을 열거한다.

- 원칙적 합의 : 여러 가지 이슈가 복잡하게 얽힌 경우를 타개하기 위한 최적의 방법이다.
- 일괄 타결 : 모든 쟁점을 협상의 마지막 단계에서 한꺼번에 해결하는 것이다. 이를 위해선 어떤 개별 쟁점도 먼저 매듭지어선 안 된다.
- 덤으로 끝내기 : 협상의 마지막 순간, 즉 합의 직전에 다시 이견이 제기될 경우 상대에게 거래 성사의 조건으로 약간의 양보를 하는 것이다.
- 계약서의 작성 : 구두 합의를 했더라도 계약서에 서명하기 전까지는 끝난 것이 아니다. 계약서 작성은 협상의 화룡점정이다.
- 분쟁 해결 조항의 삽입 : 일단 분쟁이 시작되면 감정이 격화되어 해결 절차를 선택하기가 어렵다. 사전에 대비하는 차원에서도 이 조항의 삽입을 설득할 필요가 있다.

합의 이후도 생각해 보자

참고로, 합의 이후의 상황 관리에 필요한 화법도 간단히 제시하고자 한다. 협상이 타결되었더라도 구체적 내용이 아직 문서로 작성되지 않았거나 공동으로 서명하지 않은 상태라면 협상 결과를 가급적 빨리 문서화하고 회람할 필요가 있다. 시간이 경과하면 사람 마음이 변하는 것이 세상의 이치다. 헤어진 후 24시간 이

내에 '오늘 회담이 즐거웠고 앞으로 함께 일하게 되어 기쁘다'는 식의 짤막하고 정중한 내용의 편지나 이메일을 발송하는 것이 바람직하다.

협상 타결 후 혼자 만족감을 표시하는 것은 금물이다. 사람은 마지막 단계에서 어떠한 느낌을 받았느냐가 그 경험에 대한 느낌을 좌우하는 경향이 있다. 따라서 협상 말미에 당신이 기분 좋거나 만족스런 모습을 보이면 그는 자신이 받아든 성적표를 불만스럽게 여길지도 모른다. 그런 뒤끝이 지워지지 않는다면 현재 진행 중인 협상 아니면 다음 협상 때라도 보복(?)을 해올 가능성이 있다. 반대로 당신이 불만스러울 상황도 가정해 볼 수 있겠지만, 이런 경우에도 정중한 끝맺음을 하는 것이 좋은 인상을 남길 것이다.

그런데 재협상이 거론되면 어떻게 대처해야 할까? 이건 좀 난감한 상황이다. 만일 상대측에서 요구한 경우라면 유연하게 대처하되 재협상에 따른 전제를 인지시켜야 한다. 실질적인 대가나 비용을 초래한다는 사실을 각인시킴으로써 상대방이 경솔하게 재협상 요구를 할 수 없게 만드는 것이다. 그리고 계약을 준수하는 것이 불가능하거나 극히 예외적인 상황이 아니라면 당신이 먼저 재협상을 요구하는 일은 삼가라. 어떨 수 없는 사정이라고 해도, 결국 신뢰에 흠집이 나는 건 당신이기 때문이다.

Tip Box

곤란한 협상 국면에선 어떤 질문이 좋을까?

협상 테이블에서 오가는 문답은 다양하다. 꼭 점잖지만도 않다. 당신을 당황케 할 만큼 돌발적이고, 때로는 공격적이기도 한 발언이나 질문을 들을 때도 많다. 그때마다 감정을 드러내며 대응하는 태도는 아마추어에게나 어울린다. 여러 상황들을 가정하고 대응 발언들을 준비해 두는 것이 좋다. 답변을 질문으로 대신하면 공세의 주도권을 당신이 쥐게 될 수 있어 상황 반전에도 도움이 될 것이다.

상황 1) "그것을 갖든지 말든지 마음대로 하세요!"식의 최후통첩에 대해

⇒ "더 나은 제안도 있을 법한데, 꼭 이런 식으로 선택의 여지를 좁히는 것이 최선일까요?"

⇒ "반드시 지금 결정을 내려야 하나요, 아니면 생각할 시간을 좀 더 가질 수 있는 상황인가요?"

⇒ "이렇게 서두르시는 이유가… 혹시 협상을 빨리 끝내도록 압박이라도 받고 계신가요?"

상황 2) 상대가 최종 마감 시한을 비합리적으로 설정한 경우

⇒ "최종 기한에 대해서 협상할 수 없는 이유를 말씀해 주시겠습니까?"

⇒ "최종 기한에 대해 느끼시는 부담을 제가 좀 줄여 드릴 만한 것이 있을까요?"

⇒ "내일 아침 일찍 다시 논의하는 것은 어떨까요?"

상황 3) 가격을 터무니없이 높거나 낮게 부를 때

⇒ "솔직히 말씀해 주시죠. 이 제안 뒤에는 뭐가 있습니까?"

⇒ "내가 보기에는 정당한 제안인데, 당신은 어떻게 생각합니까?"

⇒ "최종적인 해결 방안에 적합한 기준은 무엇이라고 생각합니까?"

상황 4) 교착 상태일 때

⇒ "우리의 입장 차이를 좁히기 위해 제가 할 수 있는 게 뭘까요?"

⇒ "지금 당장 이 문제를 해결하려면 제가 무엇을 양보하면 됩니까?"

⇒ "6주 후에 이 협상을 되돌아본다고 상상하고 말씀해 주세요. 지금 우리가 놓치고 있거나 후회할 만한 요소는 무엇일까요?"

상황 5) 상대가 내 제안 앞에서 머뭇거릴 때

⇒ "저의 제안을 지금 받지 못하시겠다면, 당신의 대안

을 말씀해 주실래요?”

⇒ “이 제안을 거절하는 것이 더 득이 된다고 생각하신다면 왜 그런지 말씀해 주시겠습니까?”

⇒ “다른 곳에서 더 좋은 거래를 할 수 있을 것이라고 확신하는 근거가 있으신가요?”

상황 6) 당신의 제안이 다른 이에게 한 것과 똑같이 공평한 것인지를 상대가 의심할 때

⇒ “일단 마음에 두고 계신 정당한 제안 내용이라는 것이 궁금하고요. 그것에 비교해서 저의 제안을 어떻게 느끼시는지도 알 수 있을까요?”

⇒ “혹시 당신을 차별 대우해서 저에게 득이 될 게 있다고 생각하시는 건가요?”

⇒ “사람들이 각자 처한 상황이 다른데도 모두가 공정한 대우를 받을 수 있다고 생각합니까?”

상황 7) 상대가 나를 압박하거나 통제하려고 할 때

⇒ “우리 모두 이 협상에 대해 만족하면서 자리를 떠야 하지 않을까요?”

⇒ “입장을 바꿔서 지금 내가 받고 있는 압박감을 당신도 느낀다면 기분이 어떻겠습니까?”

⇒ “이 협상을 끝내라는 압력을 받고 계신지요?”

part 5

다섯 번째 지침, 좋은 인간관계부터 맺을 것

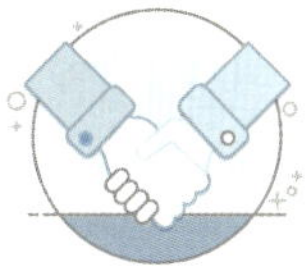

협상도 결국 사람이 하는 일이다

미국 소설가 오 헨리(O. Henry)의 작품 가운데 「현자의 선물(The gift of Magi)」이라는 단편이 있다. 우리에겐 '크리스마스의 선물'이라는 제목으로 널리 알려진 소설이다. 크리스마스를 앞둔 여주인공 델라가 남편 짐에게 시곗줄을 선물하고 싶어 자신의 긴 머리카락을 팔고, 짐은 짐대로 아내의 아름다운 머릿결에 어울리는 빗을 선물하기 위해 시계를 팔았다는 이야기다. 여기에서 유래한 용어가 바로 '오 헨리 효과(O. Henry effect)'다. 인간은 자기를 좋아하고 지지해 주는 이를 위해 때론 비효율적인 결정도 불사한다는 뜻이다. 델라와 짐처럼.

물론 협상과 같은 비즈니스의 세계에서 저 연인들이 보여 주는 깊은 유대감을 기대하기는 곤란할 것이다. 그러나 냉철한 협상의 세계에서도 원만한 인간관계는 중요하다. '인맥'이라고 하는 가변적이고 정서적인 영역을 중시하는 동양권 협상가들에게는 특히 그렇다. '정보와 사실'을 중시하며 협상 상대와 객관적 거리를 유지하려는 서구인들이라고 예외겠는가. 다소 경중의 차이만 있을 뿐, 협상은 커넥션이나 연줄 따위로 연결되는 관계의 비즈니스다.

인간관계를 구성하는 요소들은 무엇인가?

협상은 협력과 경쟁이라는 모순적 행위 사이를 수없이 넘나들며 결과를 도출하는 작업이다. 일종의 '정-반-합'을 이루는 과정이라고 하겠다. 이 작업에서 중요한 것은 모순적 입장 간에 연결고리를 잇는 것이다. 그렇지 않으면 모순은 그저 모순인 채 미해결 상태로 남지 않겠는가. 당신의 협상 타결은 난망해질 것이다. 이를 방지하기 위해 연결해야 할 것이 바로 '관계'라는 이름의 고리다.

그런데 관계란 지극히 중성적인 속성을 지닌다. 기껏 연결한 고리가 불화의 발화점이 될 수도, 행복한 윈-윈의 물꼬가 될 수도 있는 것이다. 해피엔딩이나 파국 중에서 후자를 바라는 협상가는 없다. 그러므로 모두가 바라는 행복한 결말을 위해선 협상가 사이의 화학적 결합이 무엇보다 중요하다. 무엇이 그것을 가능하게 할까? 우선, 로이 레위키가 『말하기 전에 생각하기』라는 책에서 강조한 인간관계의 5대 요소를 간단히 짚어 보고 본격 탐구를 시작하기로 하자(로위 레위키, 알렉산더 히암, 카렌 올랜더가 공저한 이 책의 우리말 번역본은 찾을 수 없다. 원제 'Think Before Speak : Complete Guide to Strategic Negotiation', 1996).

첫째, 신뢰(trust)다. 협상 당사자 간 신뢰 수준은 긍정적인 협상 결과와 비례한다.

둘째, 공통점(commonality) 찾기다. 자신과 유사한 존재에게 끌리는 것은 인간의 공통적인 반응이다. 심리학자들의 연구에 따르면, 출신지, 학교, 소득 수준뿐만 아니라 좋아하는 가수나 운동, 취미 같은 사소한 것도 취향의 유사성만 있다면 상호간의 친밀감 형성에 도움이 된다.

셋째, 존경(respect)이다. 자신을 평가하고 칭찬해 주는 사람에게 호의적이지 않을 상대는 없다.

넷째, 상호 관심(mutual concern)을 기울이는 것이다. 관심이 호감을 낳는다. 상대방에게 관심이 간다면 꼭 행동으로 보여라. 상대방이 보내는 관심에도 적절히 대응하기를 잊지 말고.

다섯째, 감성적 접근(being emotional)이다. 다르게 표현하면 '호감'이다.

평판, 원만한 관계 형성을 위한 사회적 자본

협상 상대와 친화적인 분위기를 만드는 데에는 인간적 호감이 중요하다. 이 정서를 유지시켜 주는 내적 동력이 평판과 신뢰다.

신뢰가 직접 대면하며 쌓아 가는 감정인 데 반해 평판은 간접 경험의 영역이라는 점에서 차이가 있다. 처음 대면한 협상가들은 직접 경험한 바가 없기 때문에 아무래도 상대방에 대한 평판에 의존해 그를 평가하게 된다. 곧, 제3자의 경험이나 의견을 토대로 협상 상대에 대한 이미지를 구축한다는 말이다.

그런데 여기에는 암초가 있다. 누군가에 대해 타인에게 전해들은 평판이 협상가 자신의 고정관념과 만날 때 생기는 위험이다. 인간은 자신의 신념, 희망, 동기, 개인적인 경험이나 배경 때문에 사소한 계기로도 상대를 왜곡해서 받아들일 수 있다. 문제는 이렇게 굳어진 선입견으로 교섭 상대를 대함으로써 패착을 야기한다는 점이다. 상대방이 솔직하게 진지한 대안을 제시해도 색안경을 끼고 바라본다면 과연 그 협상이 순조로울까? 이런 식의 주홍글씨가 자신에게 찍히는 위험을 면하기 위해서라도 협상가의 평판 관리는 중요하다. 한 번 형성된 평판은 쉽게 변하지 않는다는 점에서 더 그렇다. 평판에는 강력한 관성의 힘을 지닌 속성들이 존재하는 것이다.

- 즉시적이다(immediate) : 협상 대상자에 대한 우리의 평판은 신속하면서도 즉각적으로 형성된다. 첫 인상이 중요하다는 것도 평판의 즉시성을 의미하는 말이다.
- 판단을 수반한다(judgmental) : '좋다', '나쁘다'와 같은 판단을 수반하는데, 이 같은 행위가 제한된 정보를 바탕으로 이뤄질 때가 많아 실제보

다 과장된 결과를 낳기도 한다.

- 일관적이다(consistent) : 긍정적이든 부정적이든, 한 번 굳어진 평판은 오래 지속된다.
- 수면자 효과(sleeper effect)가 있다 : 과거 다른 사람에게 들은 말을 시간이 흐른 후 마치 자기 의견인 양 이야기하는 경우다. 이러한 기억의 왜곡은 잘못된 정보나 신뢰성이 낮은 소문을 마치 자기가 찾아낸 진실인 양 여기도록 만드는 원인이다.
- 후광 효과(halo effect)를 지닌다 : 한 번 신뢰한 상대에 대해서는 그 사람의 다른 면도 긍정적으로 믿게 된다. 이것과 정반대의 경향이 '갈라진 꼬리 효과(forked-tail effect)'다. 특정한 상황에서 당신에게 부정적인 인상을 받은 상대는 당신의 인격 자체가 부정적일 거라고 여긴다는 얘기다.

이 같은 평판 효과를 긍정적인 차원에서 극대화한 경우가 바로 에어비앤비다. 2008년 출범해 현재는 세계 최대의 숙박 공유 플랫폼으로 자리매김했지만, 사업 초기만 해도 우버 택시와 함께 불법 논란의 주역이 된 비즈니스 모델이었다. 필자가 2014~2017년 동안 대사로 근무한 스페인에선 매년 40만 명 이상의 한국 관광객 중 상당수가 에어비앤비를 이용했다. 하지만 해외에서의 자국민 보호가 중요한 대사의 임무상 이런 서비스 형태를 그리 호의적으로 볼 수만은 없었다. 무엇보다도 걱정되는 면이 있었다. '어떻게 모르는 사람들끼리 서로 집을 공개하고 이용할 수 있을

까. 그러다 사기라든지 더 나쁜 일이라도 당하면?'

필자의 우려는 기우였다. 에어비앤비는 이 문제를 이용자들이 상호 등급을 매기도록 제도화함으로써 해결한 것이다. 낮은 평판을 받은 숙소는 이용객이 줄어들 수밖에 없고, 급기야 홈페이지에서 삭제당하기도 한다(물론 질 낮은 이용객의 경우도 그렇다). 이처럼 평판을 시스템화한 에어비앤비의 방식이 꼭 완전무결한 것은 아닐 게다. 그러나 정보 기술의 진화와 함께 그들의 평판 관리도 점점 더 치밀해지지 않을까. 어쩌면 글로벌 협상계에서도 협상가들의 평판 리스트가 작성되는 날이 올지도 모르겠다. 그저 웃자고 해본 상상이지만.

협상 테이블에서 평판은 일종의 사회적 자본이다. 어느 협상가에게 매겨진 평판 하나가 협상의 양상과 속도에 영향을 미칠 수 있다는 주장은 사실이다. 좋은 평판의 위력은 실제 협상 테이블에서 체험할 수 있다. 하지만 좋은 평판은 고정불변한 것이 아니다. 일회적인 태도가 아닌 꾸준한 성실성이 관건임을 명심하자.

쌓기 어렵고 허물기는 쉬운 '신뢰'

"사회적 자본은 한 사회에 신뢰가 정착되었을 때 생긴다." 미국의 정치학자이자 철학자인 프랜시스 후쿠야마(Francis Fukuyama)가 『트러스트 : 사회도덕과 번영의 창조』에서 한 말이다. 이 책에서 그가 말하는 사회적 자본이란 '사람들이 상호 신뢰하며 협력하는 능력'을 말한다. 이것이 한 나라, 한 기업의 글로벌 경쟁력을 좌우한다. 구성원 간의 신뢰가 결여된 공동체는 정교한 제도를 만들거나 운용하지 못하므로 당연히 경쟁력이 떨어질 수밖에 없다. 후쿠야마 교수는 미국이 단시간 내에 최강대국이 된 이유도 신뢰라는 사회적 자본의 풍부함에 있다고 주장한다.

신뢰는 경쟁력이다. 많은 경제 전문가들이 지난 100년간 세계적 위치에 오른 기업들의 성공 비결로 이 덕목을 꼽은 이유다. 당신이 협상가로서 쌓게 될 경험의 총량에서 신뢰의 중요성이 차지하는 비중은 아주 클 것이다. 장기적인 신뢰 관계가 협상의 부담과 무게를 얼마나 경감해 주는지 한 번 느껴 보라. 신뢰가 그저 윤리 교과서에 나오는 상투어가 아님을 알게 된다. 지금부터 제시되는 신뢰 구축의 매뉴얼을 다분히 실전적인 협상의 도구로서 되새길 필요가 있다.

개인적 갈등은 업무 차원으로 전환한다

직장에서 상사에게 야단을 맞고 퇴근했다. 그런데 잠자리에 들어서도 여전히 씩씩거린다면? 결국 한 이불 덮고 자는 당신의 옆 사람만 고단해진다. 직장 내 스트레스를 방지하는 데 업무와 일상을 분리하는 자세가 필요하다고 말하는 이유다(물론 많은 이들이 강조하는 자세지만, 그렇게 조언하는 이들도 막상 실천하는 경우는 많지 않다).

협상이라고 다를 게 없다. 유독 자신과 궁합이 안 맞는 상대를 만날 때가 있을 것이다. 유명한 영화 대사처럼 '난 한 놈만 패!'라며 당신만 들들 볶는 이도 있을 것이고 말이다. 그러나 어차피 지나야 할 관문이다. 이럴 때 필요한 것이 자신을 상대화하는 태도다. 인간은 개인적 차원의 갈등 국면에선 방어적이고 분노 조절에 애를 먹고는 한다. 그러나 협상의 사안이 '나'와는 무관하며, 어디까지나 아이디어, 계획, 프로젝트 등 업무를 둘러싼 것일 뿐이라고 생각해 보라.

일과 사람은 분리돼야 한다. 협상에서 일에 사람을 끌어들이면 결국 피해를 보는 건 당신 자신이다. 협상이 실패하면 재협상을 하면 된다. 하지만 상대 협상가와 인간적으로 틀어지면 그조차 불가능할 것이다. 머리로는 이해하겠는데 실상 마음이 따르지 않는다고? 그렇다면 마음에 이런 생각을 담아 보는 게 어떨까? '저 인간 역시 나처럼 대리인에 불과한 처지 아닌가.'

입장 바꿔 생각해 봐!

일과 사람을 분리했듯이, 당신에게서 당신을 분리할 필요도 있다. '유체 이탈 화법' 식의 부정적 의미로 말하는 게 아니다. 제3자의 시선으로 자신을 관찰해 보라는 뜻이다. 상대 협상가와 격정을 동반한 대립 상황에 처해 있을수록 이런 자세는 더 필요하다.

자기 일이라면 몰라도 남의 일에 대해서는 냉정하게 미주알고주알 잘하는 게 인간이다. 직장에서 상사에게 '까이고' 온 부인에게 남편이 욕을 먹는 이유도 여기에 있다. 부인이 바라는 것은 냉정한 조언이나 비판이 아니라 일단 무조건적으로 자신을 지지해주는 '내 편'이다. 현명한 남편이라면 사랑하는 이가 느끼는 감정의 파고를 함께 겪으며 그녀의 분을 풀어 줄 것이다. 그러고 나면 그녀 스스로 자신을 대면하는 순간이 온다. "그 인간(상사)이 몇 번 주의를 줬는데, 내가 흘려듣긴 했지…."

제3자의 눈에는 갈등에 처한 당사자들의 입장, 논리, 합리성이나 잠재적 공통점 등이 잘 보인다. 그래서 역할 바꾸기 연습이 협상가에게도 필요한 것이다. 노사 협상에서 경영자와 노조원이, 매매 협상에서 판매자와 고객이 이런 눈으로 서로를 바라본다면 얼마나 좋을까. 서로의 한계뿐만 아니라 이해관계, 목적, 우선순위를 명확히 인지할 수 있도록 입장 바꿔 생각해 보는 연습을 꾸준히 해보자. 협상 시작 전에 충분한 시간을 투자할 필요가 있다.

상호주의 원칙을 견지하기

협상가는 상대방으로부터 호의나 혜택, 보상을 받은 경우 그것을 같은 방법으로 되갚아야 한다고 느끼는 경향이 있다. 물론 적의나 굴욕, 손해에 대해서도 마찬가지다. 이것을 호혜성의 원칙(또는 상호주의 원칙)이라고 하는데, 이는 모든 인간관계나 협상의 기본이 된다. 특정 문화권에 국한한 현상이 아니라 인류 차원에서 보편적으로 그렇다.

기업에서도 상호주의 원칙을 이용한 마케팅 기법을 자주 사용하고 있다. 가령, 자사 제품을 시장에 출시하기에 앞서 잠재 고객에게 무료로 제공하는 이벤트가 있다. 공익 차원의 기부 캠페인을 벌일 때도 이런 아이디어를 활용할 수 있을 것이다. 기부 참여 호소문을 보내면서 행사 엠블럼으로 도안한 책갈피 꽂이를 동봉하는 건 어떨까?

신뢰란 호의의 교환 속에서 발생한다. 당신이 보이는 호의만큼 상대도 반응한다. 그러므로 상대가 자신의 입장이나 애로 사항을 설명할 때는 경청하고 가능한 한 동의를 표시하는 것이 좋다. 단정적으로 부정하기보다 계속 검토해 보겠다는 자세를 견지한다면 상대의 태도 역시 유연해질 것이다. 물론 '기브 앤 테이크' 원칙에 철저한 누군가는 당신의 호의가 부담스러울 수도 있다. 이런 경우는 상대가 보여주는 호의만큼만 과하지 않게 처신하는 것도 한 방법이다.

우리의 시선이 향할 곳은 '미래'다

비즈니스 때문에 관계가 악화된 사람들이 다시 협상하게 되는 경우는 비일비재하다. 이때 협상 당사자들이 과거를 잊고 미래에 초점을 맞춘다면 보다 수월하게 신뢰를 구축할 수 있다. 그러나 마음속 앙금을 털어 내기가 어디 쉬운가. 이 경우에 들려주고 싶은 조언이 있는데, '당신은 프로 협상가임을 자각하라'는 것이다. 협상의 진척을 위해서라면 마음의 칼을 휘두를 줄도 알아야 한다. 곪아 버린 앙금을 무 베듯 잘라 버려라. "과거는 잊읍시다. 이제부터 우리 앞에 있는 건 '미래'뿐입니다."

하지만 이런 제안이 상대에게 통하려면 만족시켜야 할 전제가 있다. 당신의 말을 따를 경우 상대에게도 보다 생산적인 비즈니스 기회가 창출될 것이라는 기대치를 갖게 해야 한다. "이 협상을 계기로 우리가 함께 할 일이 얼마나 많아질까요?"라며 당신이 상대의 장기 사업 파트너가 될 수 있음을 암시할 수도 있다. 한꺼번에 너무 큰 장밋빛 전망을 주기가 부담스럽다고? 그렇다면 한 단계씩 전진하는 방법을 선택하면 된다.

"앞으로도 계속 함께할 수 있다면야 더할 나위 없죠. 그 문제는 일단 이 사안을 만족스럽게 해결한 다음 의논해 볼까요? 그렇게 서로 신뢰를 쌓아간다면 못 할 일이 어디 있겠습니까."

그와 나의 공통점을 만들자

친구와 적, 기회와 위기를 구분하려는 심리는 인간의 원초적 본능이다. 우리가 정치적 성향, 출신 지역, 경제적 수준, 문화적 취향 등이 유사한 타인에게 느끼는 동질감은 '아군을 만들 수 있다'는 기대감이나 안도감으로 이어진다. 노련한 협상가가 협상 상대의 독후감이나 영화평에 맞장구를 치는 데엔 다 이유가 있다. 이 같은 유사성 끌림 효과(similarity-attraction effect)는 소개팅에서 처음 만난 남녀에게서도 흔히 확인된다. "대박! 나랑 이렇게 말이 통하는 사람은 처음이야. 친구야 소개팅 고마워, 내가 밥 쏠게."

다른 차원에서도 물론 유사성을 형성할 수 있다. 협상 당사자 간에 공유할 수 있는 목표와 비전을 설정하는 것도 한 방법이다. 이렇게 공통의 목표나 비전을 설정하게 되면 '우리' 앞에 닥친 문제나 위협에 대해서도 공동 대응이 가능해진다. 외적 위험 요소가 협상 당사자 간의 신뢰 구축에 기여하는 아이러니가 생기는 것이다. 수백 년간 으르렁거리던 영국과 프랑스도 나치 독일과 냉전 시대의 소련 앞에서는 협력하지 않았나.

협상 상대와 물리적 접촉면을 넓혀라

단순 노출 효과(mere exposure effect)라는 것이 있다. 사람, 사물, 아이디어를 자주 접할수록 더 좋아하게 되는 현상을 말한다. 우리가 물건을 살 때도 TV에서 광고를 본 제품에 아무래도 손이 더 가곤 한다.

협상에도 이런 물리적 접촉이 필요하다. 예비회담, 비공식 접촉이나 전화 회담, 선물 제공 등은 상호 이해를 높이는 좋은 방법이다. 또, 식사나 칵테일파티 같은 비공식 접촉으로 사전에 신뢰를 쌓는 교류 시간(quality time) 전략을 쓸 수도 있다. 1999년 9

월 런던 주재 미 대사관에서 열린 얼스터연합당(Ulster Unionist Party, UUP)과 신페인당(Sinn Fein Party)의 지도자 간 회담이 그러했다. 북아일랜드 내 대립 정파인 두 당의 지도자들이 식사와 칵테일을 곁들인 비공식 접촉 시간과 함께 회담을 진행한 것이다. 20세기 대영제국의 유혈 낭자했던 분쟁 종식을 위한 논의가 한결 편안한 분위기에서 진행된 것은 물론이다.

협상에서 물리적 접촉의 기회가 생기면 인간적으로 접근해야 한다. 실수나 약점이 협상에 유리할 것은 없지만, 이런 자리에서는 서

협상을 진전시키는 음주 활용법?

술을 금기시하는 문화권 사람이 아니라면, 음주는 글로벌 시대의 효과적인 소통 수단이다. 술 한잔 하며 격의 없는 대화를 즐기기는 협상가들도 마찬가지다. 1992년 8월 성립된 한·중 수교의 이면에는 실제로 술이 일익을 담당했다. 반세기에 걸친 대립과 단절을 극복하고 역사적인 협상을 성공시키자니 왜 문제가 없었겠는가. 그때마다 양국 협상단은 중국의 국주(國酒)인 '마오타이'를 마시며 우의를 확인했다. 그러나 협상가의 음주 문화는 개인적 차원에서 이뤄지는 것이 아니기에 몸가짐에 유의해야만 한다.

① 품위 있는 음주 습관을 지킬 것 ☞ 적절한 음주는 협상의 윤활유다. 그러나 과음할 경우 자신의 정보와 취약점만 노출하기 쉽다. 유전적으로 술에 약하다는 한국인은 특히 조심할 부분이다.
② 타인의 음주 문화를 배려할 것 ☞ 한국인은 권커니 받거니 하는 수작(酬酌) 문화에 익숙하지만, 대작(對酌)이나 자작(自酌)이 편한 문화권 사람들도 있다. 자신의 음주 문화를 소개할 만큼 친밀해진 사이가 아니라면, 상대에게 억지로 권해선 안 된다.

로에게 호감을 느끼는 계기가 될 수 있다. 함께 노래할 기회가 생기면 음정 박자 무시하고 마음껏 불러 젖혀라. 냉철하게만 보였던 당신의 우스운 모습에 상대의 긴장도 누그러질 테니 말이다.

제3자를 활용하라

글로벌 시대를 초연결(hyper-connectivity) 시대라고 한다. 그만큼 오늘을 사는 세계인은 가깝게 연결되어 있다. 지구촌 주민 간의 연결은 국경을 자유롭게 넘나드는 상품, 서비스, 자본, 사람과 정보에 의해 갈수록 긴밀해지는 중이다.

협상가들은 서로 모르는 상황에서도 인적 네트워크상의 연결점을 활용함으로써 신뢰를 구축할 수 있다. 대여섯 사람만 거치면 누구와도 연결이 가능하다지 않은가. '나쁜 짓 함부로 할 일이 아니다'라는 우스갯소리가 이래서 나온다. 초연결 시대의 인적 네트워크는 적대적 협상에서도 유용한 힘을 발휘할 수 있는데, 교섭이 난항을 거듭할 때 맞춤한 인물이나 집단을 끌어들일 수 있다는 이유에서다.

협상 당사자 간에 신뢰할 만한 영향력을 지닌 제3자의 개입은 국면 전환을 위한 카드가 될 수 있다. 미국과의 협상이 교착될 때마다 북한 김정은 위원장이 괜히 시진핑 주석을 만나는 게 아니다. 그러나 위기의 협상에 새 물꼬를 터줄 존재는 협상 당사자 모두가 동의할 만한 신뢰 수준을 지녀야 한다. 객관적이고 공정한 자세는 필수다.

심리적·물리적으로 친밀한 환경 조성하기

밝은 협상 분위기를 만드는 테크닉이 중요하다. 날씨, 건강, 스포츠 등 일상생활에 관한 가벼운 대화는 물론 가족에 관한 이야기도 팽팽한 긴장 이완에 도움이 된다. 웃음과 유머, 칭찬에 호의적이지 않은 협상 파트너는 없다.

아! 때론 아첨도 필요하다. 인간에게는 아첨을 받아들이는 무한한 능력이 있다. 가장 전략적인 아첨은 상대를 칭찬함으로써 그가 우리 편에 유용한 선택을 결심하도록 유도하는 것이다. 예를 들어 상대가 어떤 견해나 의도를 가지고 있는데 아직 그것에 대해 확신까지는 하지 못한 상황이라 하자. 그런데 그 내용을 귀띔해 보니 당신 쪽에 매우 유용할 것 같다면 지금이야말로 적극적인 아첨이 필요한 순간이다. 경탄의 눈빛을, 그러나 과하지 않게 내보이면서 그에게 찬사를 보내라. 흔들리던 그의 마음이 서서히 당신 쪽을 향해 방향등을 켤 것이다.

협상장에서 친밀한 효과를 만드는 데에는 '물리적 위치' 또한 중요하다. '가까이 있는 사람 사이에 더 친밀한 관계가 형성된다'는 근접 효과(propinquity effect)를 적절히 이용하는 것이 좋다(같은 아파트에 살아도 같은 동에 사는 주민끼리 더 끈끈하지 않나). 실제로도 협상가들은 교섭 테이블의 위치나 좌석 배치에 신경을 쓴다.

가장 좋은 자리 배치는 협상 당사자들이 편안함을 느끼게 하는 것이다. 상대방이 특정 자리를 원할 경우 거기에 앉게 하는 것도 좋다. 때때로 마주보고 앉는 것보다 옆에 나란히 앉거나 모서리에 가까이 앉는 것도 일체감 형성에 도움이 된다. 딘 애치슨 전 미국 국무장관은 손님이 찾아오면 자기 책상에서 일어나 방문객 옆에 앉았다고 전해진다. 두 사람 사이에 책상이 없으면 더 친밀한 관계를 맺기 쉽다는 점에 착안한 것이다. 책상이 필요한 경우라도 전통적인 사각 형태보다는 원형 테이블이 협조적인 분위기를 만드는 데 더 기여할 수 있다.

Tip Box

일본의 유네스코 세계유산 등재 추진에 얽힌 기억

2015년 6월 11일 주스페인 대사로 근무 중이던 필자는 서울발 긴급 전화를 받았다. 발신인은 최종문 장관 특보 겸 유네스코 협력대표로 일본 근대 산업 시설의 유네스코 세계유산 등재 문제로 전화를 한 거였다. 당시 일본 정부는 6월 28일부터 7월 8일까지 독일 본에서 개최될 세계유산위원회에서 메이지 산업혁명 시설 23곳을 유네스코 세계유산으로 등재하기 위한 외교적 노력을 경주하던 중이었다.

문제는 그 시설들 중 7곳이 과거 수만 명의 한국인 강제 징용 노동자들과 관련 있는 장소라는 점이었다. 이 장소들만큼은 일제의 강제 징용 사실을 적시하고 한국인 희생자들을 추모하는 조치가 취해져야 한다는 게 우리 정부의 입장이었다. 물론 일본이 이를 수용할 리 없었으니, 우월한 외교력을 가진 저들과의 정면 승부는 불가피해졌다.

최종문 대표의 주문은 당시 우말라 페루 대통령과 친분이 있던 필자가 직접 페루를 방문해 지지를 확보하라는 것이었다. 그러나 돕고 싶었음에도 망설이지 않을 수 없었다. 현지에 주재 중인 후배 대사가 있는데 굳이 내가 페루까지 날아가 활동한다는 데에 부담을 느낀 탓이다. 외교 관례상 맞지 않거니와 후배 대사의 위상에도 좋지 않을 게 뻔했다.

최 대표의 거듭된 종용을 거절한 뒤 나름대로 할 수 있는 노력을 고민하기 시작했다. 다행히도 한 가지 실마리를 찾을 수 있었다. 당시 스페인에는 내가 페루 대사로 재임할 당시 친교를 맺은 라파엘 론카글리올로(Rafael Roncagliolo) 전 외교부장관이 대사로 와 있었기 때문이다.

최 대표와 통화하고 밤을 새워 궁리한 끝에 필자는 다음 날 론카글리올리 대사와 마주했다. "과거 페루-칠레 간 해양 경계 획정 때 제가 나름으로 귀국에 공헌한 사실을 기억해 주셨으면 합니다." 이 말은 사실이었다. 페루와 칠레가 해양 영토 문제로 국제사법재판소(ICJ)의 판결을 받기 전 필자는 우말라 대통령의 요청에 따라 국제법 전공자로서 페루 정부의 자문역을 수행한 바 있다. 그들의 슬픈 역사를 가슴으로 공감하던 터라 나로서는 최선을 다해 최종 판결에 대한 대비는 물론 이후의 정부 조치에 대해서까지 조언을 아끼지 않았다. 바로 그때의 일을 상기시키며 '이번에는 페루가 나서 달라'고 청한 것이다.

호소하는 자의 진심이 통한 것일까. 상대의 반응은 즉각적이었다. 스페인에서 걸려온 자국 대사의 전화에 페루의 대통령, 외교부장관, 주(駐)유네스코 페루 대사가 움직였다. 그렇게 페루는 한국을 적극적으로 지지했고, 결국 일본은 한국의 입장을 반영하라는 결정문을 통보받았다. 한·일 간의 치열한 외교전이 펼쳐지고 있을 때만 해도 사실 상당수 나라들은 양국의 눈치를 보고 있었다. 이런 분위기에서 시종일관 보여준 페루 우말라 대통령의 지지는 한국에게 얼마나 큰 힘이 됐는지 모른다. 필자 나름으로도 협상에서 공감과 감동의 힘을 절감한 경험이었다.

part 6

여섯 번째 지침, 은근과 끈기의 DNA를 만들자

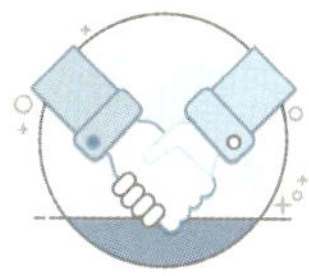

캠프 데이비드의 시간은 느리게 흘렀다

1960년대 후반부터 격화된 베트남전 반대 시위로 미국 사회는 홍역을 앓았다. 급기야 1968년 월맹(북베트남군)과 베트콩(남베트남민족해방전선)의 연합 작전으로 수도 사이공의 자국 대사관마저 함락되자 미국은 그 해에 평화 회담을 제의하기에 이른다. 그러나 직접적인 호소와 중재인을 통한 접촉 노력에도 불구하고 상대측은 반응하지 않았다.

"우리는 긴 역사상 627년 동안이나 전쟁을 치러 왔다. 앞으로 우리가 128년을 더 싸운다고 한들 무슨 문제가 있겠는가? 사실 32년간의 해방 전쟁은 우리에게는 대단히 짧은 시간이다."

이것이 공산 연합군의 입장이었다. 32년이 짧다니, 미국으로서는 기가 질릴 만한 일이었다. 오랜 전쟁으로 국토가 황폐해진 베트남의 사정상 사실 그들도 여유를 부릴 처지는 아니었는데 말이다. 이런 상황에서 월맹 연합 측이 협상의 주도권을 쥘 수 있었던 배경에는 미국의 다급한 사정이 있었다. 당시 존슨 행정부는 베트남 철군을 외치는 여론에 좌지우지될 대통령 선거가 코앞이었다. 하지만 백악관의 조바심에도 불구하고 시간은 월맹 편이었다.

결국 철군을 공약으로 내건 닉슨이 당선되고 나서도 5년여의 시간을 소모한 후에야 파리 평화 협정(1973)으로 종전 협상은 마무리됐다. 회담을 시작했을 때도 미국과 월맹 측의 태도는 사뭇 달랐다. 미국 측 수석대표 윌리엄 해리먼은 파리 중심부에 위치한 고급 리츠호텔에 일주일 단위로 셈을 치르기로 하고 방을 얻었다. 반면에 월맹 대표단은 파리 근교의 빌라를 2년 반 동안 전세로 빌렸다. 시간에 대한 태도가 이렇게 달랐으니 협상 결과도 대충 가늠되지 않는가. 대선을 앞둔 닉슨 행정부 역시 전임 정권처럼 조급해 했고, 월맹 측에 많은 양보를 하지 않을 수 없었다. 전쟁에서도, 협상에서도 승리는 월맹 연합의 것이었다.(허브 코헨의 『협상의 법칙 I』에서 부분 참조

이전에는 한국인의 특성을 '은근과 끈기'로 표현하곤 했다. 그런데 어느 새 '빨리빨리'가 우리의 문화적 DNA로 자리 잡은 듯하다. 세계가 부러워하는 급속한 경제 발전의 배후에 이 같은 역동적 기제가 자리함은 물론이다. 그러나 협상에서는 '빨리빨리'가 그다지 도움되지 않는다. 자칫 '한건주의' 정신으로 협상에 임

할 수 있는 까닭이다. 그렇게 맺은 졸속 협상의 후유증은 차라리 협상을 파기하느니만 못 하다. 비용과 이익, 리스크 등을 철저히 따져 보고 기대치에 미치지 못할 경우에는 판을 깰 수도 있다는 배짱이 필요하다. 협상에서 동원되는 수 싸움에는 '시간' 역시 필수적인 고려 요소다.

가장 지루한 이가 가장 성공한 이유

로널드 샤피로가 공저한 『협상의 심리학』에는 지미 카터 미 대통령의 중재로 1978년 이집트-이스라엘 간에 체결된 캠프 데이비드 협정 관련 내용이 자세히 담겨 있다. 이집트의 안와르 사다트 대통령이 매나헴 베긴 이스라엘 총리에게 먼저 전화를 건 것이 역사적인 협상의 첫걸음이었다(결과에 이르기까지는 험한 여정이 기다리고 있었지만).

가장 큰 쟁점은 1967년 3차 중동 전쟁(6일 전쟁) 때 이스라엘이 점령한 시나이반도의 반환 문제였다. '빼앗아간 우리 땅을 돌려달라'는 이집트와 '우리가 점령한 우리 땅'이라는 이스라엘의 대립은 팽팽했다. 이 교착 국면을 해결한 인물이 바로 카터였다. 그는 양국 정상에게 각자의 주장을 굽히지 않는 이유를 물었다. 원래 자신들의 땅이었다거나, 현재는 우리 땅이라는 식의 원론적인 답변들이 돌아왔다. 그러나 집요하게 거듭되는 카터의 물음에 마침내 양 정상은 숨겨진 속내를 들춰냈다.

'이스라엘에게 평화 회담을 제의한 나를 아랍 세계는 유약하다며 비난의 눈으로 바라보고 있다. 그들에게 이 회담이 공정한 거래임을 보여주려면 나는 뭔가를 얻어 내야 한다. 그것이 시나이반도의 주권이다(사다트).'

'현재 이스라엘은 적들(아랍 세계)에게 포위돼 있다. 시나이반도는 적군의 움직임을 간파할 수 있는 최적의 장소다. 시나이반도를 잃는다면 우리는 적의 공습에 대처할 수 있는 결정적인 시간을 잃게 될 것이다(베긴).'

아랍의 지도자로서 체면을 보여야 하는 사다트와 안보상의 거점을 사수해야 하는 베긴. 결국 카터의 중재안으로 캠프 데이비드 협정은 성공리에 마무리된다. 미국 대통령은 양국 정상의 숨은 의도를 충족시킬 만한 바트나를 제시함으로써 두 사람의 양보를 얻어낼 수 있었다.

'이스라엘이 시나이반도를 포기하는 대신 미국은 이스라엘에게 시나이반도보다 더 뛰어난 조기 경보 시스템을 제공하겠다.'

'이집트가 시나이반도를 돌려받는 대신 이 지역에서 무장은 허용되지 않는다. 또한 필요시에는 이스라엘의 안보를 위해서 완충지대와 감시 기지를 설치할 수 있다.'

1978년 협정의 타결로 사다트와 베긴은 그 해 노벨평화상을 수상하게 된다. 그러나 이 회담을 성공으로 이끈 주역으로 카터 대통령이 간과돼선 안 된다. 9월 17일 이집트와 이스라엘 정상이 협정문에 서명하기까지 그 달 5일부터 시작된 회담은 장장 13일에 걸친 캠프 합숙 기간(?)을 필요로 했다. 이 시간 동안 사다트와 베긴은 몇 번이고 협상장을 박차고 나가 귀국 비행기에 오르고 싶어 했다.

카터는 그런 대립과 갈등의 13일을 버텨 낸 것이다. 미국 역대 대통령 중에서 '가장 성공한 전직 대통령'이라는 평가가 괜히 얻어진 것이 아니다. 북핵 위기가 고조되던 1994년 김일성 주석과 만난 데서도 알 수 있듯이 그는 미국의 외교가 교착 상태에 빠졌을 때면 자신의 재능을 발휘해 성공적인 특사 역할을 수행하곤 했다.

하지만 그처럼 훌륭한 명성 이면에는 '미국 역사상 가장 지루한 대통령'이라는 평가도 함께한다. 오죽하면 그와 시간을 보낸 대부분의 사람이 '마치 진정제를 맞은 것 같다'는 후일담을 남길까. 그런데 어쩌면 이런 일면이 그의 성공과 궤를 같이하는 것일지도 모르겠다. 어려운 협상 국면을 타개하는 자의 능력 가운데 신중함과 끈기를 빼놓을 수야 있겠는가. 다만, 이런 덕목들이 가끔은 지루함으로 비춰질 때도 있으니 말이다.

국제무대에서 조급증이 협상을 망친 예는 흔하다. 협상 타결의 성과를 하루 빨리 과시하고 싶은 강박이 동기가 된 경우다. 더불어 '타결은 성공, 결렬은 실패'라는 고정관념도 원인의 한 자리를 차지하기도 한다.

협상 당사자는 항상 시간의 제약을 받는다. 이럴 때는 '나만 바쁜 게 아니지'라는 생각을 가져야 한다. 협상가가 자신을 차분히 제어하지 않는다면 교섭에서 얻을 수 있는 이익이 제한됨을 늘

염두에 둘 일이다. 어쩌면 몇몇 사례들이 조급한 마음을 진정시키는 데 다소 도움이 될지도 모르겠다.

- 유엔 국제법위원회(ILC)가 '침략(aggression)'이라는 단어 하나를 정의하는 데는 무려 20년이라는 세월이 걸렸다.
- 유엔 해양법 협약은 1973년부터 1982년까지 10년간의 교섭 끝에 채택되었다.
- 제2차 세계 대전 이후 타결된 오스트리아 평화 조약에는 8년간 약 400회의 회합 과정이 필요했다.
- 임홍재의 『국제회의 참가와 협상』에 따르면, 한국 전쟁의 정전 협정 체결에 걸린 시간은 2년, 회합 횟수는 약 600회였다.
- 1998년 아일랜드 평화 협정(Good Friday Agreement) 체결에 걸린 시간은 약 20여 년(협정문 서명 이후에도 이행 과정에서 많은 갈등 요소가 발생한 바 있다).
- 통상 협상의 경우에도 이해관계를 조정하는 어려움 때문에 장기간의 노력이 소요된다. 도쿄 라운드 협상에 7년, 우루과이 라운드 협상에는 6년, 한-칠레 FTA 협상에도 약 4년이 걸렸다.

점진적으로 나아가자, 빌리 브란트처럼

급속도로 전개되는 경우도 없지는 않지만, 대체로 협상은 점진적 접근법을 요구한다. 필자식 표현으로는 '아기 걸음마(baby step)' 전략이 필요하다. 이건 과학적 근거가 있는 주장이다. 모든 생물체의 몸은 외부 환경 변화 시 자율신경계와 내분비계(호르몬)가 상호 작용하며 체내 환경을 일정하게 유지하려는 경향(항상성)이 있다. 우리가 뜨겁거나 찬 물을 마셔도 36.5℃ 체온에 급격한 변화가 없는 이유다.

달리 표현하면, 인간의 몸은 급격한 변화를 거부한다는 말이 된다. 이러한 특성을 협상에도 활용할 필요가 있는데, 급하게 합의를 시도할 경우 상대방의 강력한 저항이나 반대에 부딪히기가 쉬운 까닭이다. 협상은 빨리 끝낼수록 유리한 기록경기가 아니다.

우선, 대화 첫머리를 잡담으로 시작해 상대방과 차근차근 개인적인 관계를 맺으며 시작하라. 초반에 나누는 잡담은 손쉽기도 하거니와 효율 면에서도 탁월한 협상 수단이다. 바쁘다는 이유로 이런 식의 예비적 대화를 마다한다고 해서 협상 속도가 3단 뛰기로 빨라지지는 않는다.

질문은 잡담을 이어가는 좋은 방식이다. "지금 계신 회사에 들어가신 가장 중요한 동기는 무언가요?" 이런 식의 열린 질문은 상대로 하여금 대화에 가담할 의욕을 갖게 할 것이다. 유머를 섞은 대화도 잡담의 소재로는 더할 나위 없다. 그러나 상대를 꼬집는 내용이나 인종, 성, 정치와 관련된 유머는 경계해야 한다. 자칫 불편한 블랙 유머가 될 수 있다. 협상에서의 잡담은 타 문화를 이해하고 존중하는 마음가짐을 전제로 한다.

본격적인 협상이 시작된 다음에도 너무 가속 페달을 밟을 필요가 없다. 상대방의 의중을 파악하겠다며 속사포 질문을 들이대는 식은 곤란하다. 천천히, 그리고 끊임없이 질문을 던지면서 진의에 다가서자. "잘 모르겠습니다. 다르게 설명해 주실 수 있을까요?" 때로는 당신이 약간 허술해 보여도 괜찮다. "제가 주의력 결핍인가 봅니다. 제대로 듣질 못했는데, 다시 말씀해 주실 수 있을까요." "그런데, 제가 어디까지 얘기 했었죠?" 이런 어리숙한 질문으로 상대방이 마음을 열게 하는 것이 필요하다는 얘기다. 상대방에게 질문을 받았을 경우에도 마찬가지다. 즉각 대답할 필요가 없으니 차분하게 대화를 이어 가자.

독일 통일의 주춧돌을 놓은 빌리 브란트 전 서독 총리는 "한 걸음도 나아가지 않는 것보다는 작은 걸음이라도 나아가는 게 낫다"고 말한 바 있다. 그가 추진한 동방 정책이 일명 '털신을 신은 작은 발걸음 정책'으로도 불린 이유다. 역사가들이 '접근을 통한 변화'로 요약하는 이 업적의 핵심은 동서독 분단의 현실을 있는 그대로 인정하고 그 위에서 행할 수 있는 작은 걸음을 옮긴다는 데 있었다. 성과에 대한 조바심에 급격한 변화를 일으키고자 상대에게 접근하는 협상가들이 있다. 혹시 당신에게도 그런 성향이 있다면 빌리 브란트의 전기를 한 번 일독해 보기를 권한다.

마감 시간에는 신축성이 있다

끈기 또는 인내의 미덕에 대해서 이야기했다. 그런데 협상에서는 '참을 인 자 세 번이면 살인을 면한다'는 식의 교과서적 차원이 아닌 전략적 측면의 인내 방식이 필요하다. 말하자면 인내의 경영술이라고 할까.

협상가에게 있어서 인내는 그저 참는 것을 의미하지 않는다. 그가 가진 인내는 사실 여유와 동의어일 경우가 많다. 조급하지 않기에 그는 협상을 진행할 때도 상황을 잘 인지하고 잘못을 수정할 수 있는 시간을 부여하고자 한다. 세부적인 제안에 앞서 그에 따른 장기적 비용과 가치를 충분히 계산하는 것이다. 이런 사람이라면, 빨리 결정하라며 채근하는 상대 앞에서도 의연할 수 있다. 그의 입에서 즉흥적이거나 즉각적인 반응을 기대한다면 오산이다. 차라리 그는 다음날 협상을 재개하자거나 잠시 휴식하자는 요청을 해올 것이다. "그것 참 재미있는 제안이네요. 다만 하루 정도는 저와 저희 팀이 검토할 수 있도록 기다려 주셨으면 합니다."

그러나 협상에서 은근과 끈기가 필요한 이유는 따로 있다. 거의 모든 협상이 마감 시간에 가깝거나 그것을 넘긴 시점에서야 이뤄지기 때문이다. 최후의 몇 시간, 몇 분 또는 몇 초를 인내하려면 그만한 여유가 있어야 한다. 자기 자신에 대한 침착한 통제, 바로 그것 말이다.

끝이 다가올수록 자신 있고 침착하게!

트럼프가 뒤집어엎기 전 오바마 행정부 때 이뤄진 일이다. 2015년 7월 14일, 유엔안전보장이사회 5개 상임이사국(미국, 중국, 러시아, 영국, 프랑스)과 독일을 포함한 주요 6개국(P5+1)이 마침내 이란과 핵 협상을 마무리했다. 그 해 4월 2일 합의된 핵심 내용을 바탕으로 포괄적 공동 행동 계획(JCPOA) 문서가 작성됐다. 이란은 핵 개발을 포기하고 서방측은 이란에 대한 금수조치와 경제 제재를 해제한다는 내용이었다.

1979년 이슬람 혁명과 테헤란 주재 미국 대사관이 점거당한 지 36년 만에, 그리고 이란의 핵 개발 의혹이 제기된 지 13년 만에 이루어 진 역사적 협상이었다. 그 무게만큼 협상 과정은 참으로 쉽지 않았다. 마감 시한인 6월 30일을 넘기고도 네 차례나 협상 시한을 연장하는 진통 끝에 극적 합의에 도달했으니 말이다. 이 와중에도 협상이 결렬되지 않았던 것은 교섭 당사국들의 타결 의지가 그만큼 강했기 때문이다. 이란의 핵 개발을 저지하려는 주요 6개국은 물론 경제적 실리를 추구하려는 이란 모두가 그러했다. 교섭 당사자의 의지만 있다면 협상 마감 시한은 무의미함을 잘 알려주는 사례다.

실제로 마감 시간이라는 것은 협상 당사자들이 생각하는 것보다 훨씬 신축성이 있다. 그 시간에 가까워질수록 자신감을 가지고 침착함을 유지하면서 다음과 같은 점을 점검해 보라. '누가 마감시간을 정했는가?'와 '누가 그것을 강요하는가?' 말이다. 마감에 대한 압박은 협상가의 상사, 고객, 가족, 언론, 정부 등과도 어느 정도 관계가 있지만 다른 누구도 아닌 '자기 자신'에서 비롯하는 경우가 더 많다.

따라서 스스로 옭아맨 강박의 족쇄에서 자유로울 수만 있다면 훨씬 여유로운 관점에서 협상의 현 상황을 조감할 수 있을 것이다. '나'에게서 자유로워진다면 내가 정한 '협상 시한'에 대해서도 마찬가지다. 그 시간조차 다시 협상하면 그뿐이다. 이쯤 되면 요기 베라의 명언을 다시 소환할 차례가 아닌가 싶다. "끝날 때까지는 결코 끝난 것이 아니다."

그러나, 한량없이 늘어나는 고무줄은 아니다

부연 설명이 좀 필요하겠다. 마감 시간에 연연하지 말라는 말을 치밀한 계산 없이 무작정 시간에 초연해지라는 뜻으로 받아들이지 말라는 것이다. 마감을 지연시키고자 할 때는 그 조치에 앞서 향후의 사태를 미리 분석하고 대응할 필요가 있다. 그 시간을 넘기면 어떻게 될까? 상대방의 반응은? 시간 지연에 따르는 불이익이나 기대효과는? 이런 제반 사항을 꼼꼼히 살핀 뒤 필요하다면 과감하게 고무줄을 늘여라.

물론 가능하다면 정해진 시한 안에 마감을 끝내는 것이 비용이나 에너지 효율 면에서 좋다. 그러기 위해서라도 타결이 어려운 문제일수록 협상의 막바지에 다루는 기술적 요령이 필요하다. 상대방이 협상에 상당한 시간과 힘을 투자했다면, 그로서도 정해진 시간 안에 무언가 성과를 보고자 하지 않겠는가. 시간과 힘을 투자한 정도는 협상의 타결 의지와 비례 관계에 있다. 미국이 베트남 전쟁에서 손 떼는 것이 어려웠던 이유를 생각하면 쉽게 이해가 간다. 이미 4만 5,000명이라는 막대한 전사자를 낸 마당에 중도 포기라는 정치적 선택 역시 쉽지만은 않았을 터.

Tip Box

예멘의 통일 협상, 왜 실패했을까?

예멘은 사우디반도의 남쪽에 있는 국가다. 오랫동안 외세의 지배를 받았던 곳으로 1960년대에야 남북으로 분단된 상태에서 각각 독립을 이뤘다. 북예멘에는 이슬람교를 중심으로 하는 자본주의 체제가, 남예멘에는 마르크스-레닌주의를 표방하는 사회주의 체제가 자리 잡았다.

이후 남북 예멘은 서로 정통성을 주장하며 상대방을 통합하기 위한 노력을 경주했다. 크고 작은 무력 충돌이 있을 때마다 아랍 국가들의 중재하에 정상 회담을 갖고 평화 협정을 체결했다. 다람쥐 쳇바퀴처럼 '무력 충돌-평화 협정 체결-통일 원칙 합의'라는 조치가 반복되곤 했다.

그러던 중 1989년 11월 아덴에서 남북 예멘의 정상들이 "1년 이내에 완전한 통일을 하기로 합의했다"는 소식이 전해진다. 협상 기간은 짧았다. 통일 원칙 합의 발표 후 1990년 5월 22일부터 실행됐으니 고작 반 년가량만 소요됐다. 통일 예멘은 50 대 50이라는 권력 배분 원칙에 따라 북예멘이 대통령과 국방장관을, 남예멘은 부통령, 총리, 내무장관과 외무장관을 할당받는 통치 구조 아래에서 출발하게 된다.

하지만, 준비되지 않은 그들의 통일은 해피엔딩으로 마무리되지 못했다. 분단 후 서로 상이한 체제에서 살아온 국민이 전쟁으로 인한 상처가 채 아물기도 전에 화학적 결합을 이루기란 어려웠을 터. 게다가 예멘이 택한 50 대 50의 권력 배분 방식도 지극히 기계적이었을 뿐이다.

이것이 분열의 불씨가 됐다. 능력이나 효율을 외면한 채 산술적 평균에 따라 통치 기구를 구성한다는 것이 말이 되는가. 관료와 군 조직의 무능과 무책임이 횡행했다. 명령 계통이나 책임 소재도 불명확한 일이 비일비재했으니 국가 시스템이 제대로 돌아갈 리 만무했다.

이질화된 국민을 억지로 합쳐 놓은 사회 시스템도 온전치 않았다. 이슬람 교리, 일부다처제, 여성의 사회활동 문제, 음주 허용 여부 등 종교적, 사회적 이슈에 대해서 사사건건 대립하는 양상이 빈발했다. 이 같은 사회적 혼란상 앞에서 예멘의 지도자들은 위기 종식을 위해 1994년 권력 배분 문제 등의 합의를 주요 내용으로 한 평화 협정에 서명한다. 그러나 양측 간 무력 충돌을 막을 순 없었고, 결국 예멘은 북예멘의 무력에 의해 재통일되기에 이른다.

다시 통일된 예멘의 현실은 안타깝게도 별로 나아진 것이 없다. 정부군과 반군 간 무력 충돌이 여전하고, 무능한 정부를 비난하는 국민적 불만도 거세다. 여기에 테러 집단까지 가세하며 예멘 내전의 복잡한 혼란상을 가중시키는 중이다.

결국 서두름, 그 조급함이 통일 예멘의 꿈과 희망을 악몽으로 바꾼 원인이었다. 그들에게는 통일 후의 사회상에 대한 명확한 비전이나 시스템에 대한 밑그림이 없었다. 기계적인 협상 타결의 강박증이 낳은 형식적 통일. 그것은 결국 예멘 국민에게 비싼 청구서를 내밀었을 뿐이다.

part 7

일곱 번째 지침, 비대면 협상에 익숙해지기

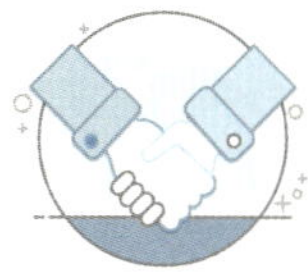

꼭 마주 앉아야 협상인가

현대의 협상가들이 가장 많이 이용하는 매체를 꼽자면 전화와 이메일, 화상 통신을 들 수 있다. 전통적 통신 수단인 전화는 요즘도 많이 쓰이지만, ICT 기반의 첨단 기술이 향후 더욱 세(勢)를 넓혀 갈 전망이다. 1970년대 처음 등장한 인터넷은 오늘날 사용자 수가 77억 세계 인구의 과반을 넘기고 있다. 지역, 비용과 기술적 문제 등으로 아직 인터넷의 수혜를 입지 못한 지구촌 인구가 30억 이상이나 되지만 결국 지구촌 주민 대부분이 인터넷 사용자가 되는 것은 시간문제일 뿐이다. 엘론 머스크 같은 괴짜는 지구촌의 인터넷 불통 지역을 없애겠다면서 우주 상공에 1만 2,000개나 되는 인공위성을 쏘아 올리겠다고 하지 않나.

이 같은 첨단 통신 수단의 발달로 인해 협상가 간의 물리적 거리에 따른 문제들도 해소되는 중이다. 꼭 필요한 경우가 아니라면 얼굴 맞대겠다며 산 넘고 물 건널 필요가 없다. 대면 협상에 소요되는 시간과 비용을 획기적으로 줄일 수 있다는 점에서도 좋다. 다만, 통신 수단을 이용한 비대면 협상의 효과에 대해서는 극복해야 할 점이 있어 보인다. 교섭 당사자가 서로 만족할 만한 협상 결과를 얻는 데에는 아무래도 대면 협상이 더 효과적이라는 게 아직은 업계의 정설이다.

효과 면에서 대면 방식 다음으로 치는 형태를 꼽자면 화상 회의, 전화, 이메일, 서면 왕래의 순으로 이어진다. 저 순서를 보자니 인간은 여전히 서로를 '느껴야' 안심하는 존재가 아닌가 싶다. 직접 접촉(대면)이 안 되면 표정과 목소리(화상)라도 확인해야 하고, 그도 안 되면 목소리(전화)라도 들어야 하는 식이다. 서로를 지각할 수 있는 수단이 평면화될수록(실물 → 문서) 상대를 파악할 정보 단서들이 제한되는 까닭이다. 이 말은 곧, 당신이 비대면 협상을 진행할 경우 협상 상대에게 심리적 친밀성을 높여야 하는 숙제를 안고 있다는 의미가 된다.

전화 협상의 득과 실

전통적인 통신 매체이긴 하지만, 비대면 협상에서 전화는 가장 커다란 비중을 지닌 수단으로서 높은 이용률을 보이고 있다. 가히 전화 협상의 전성시대라고 할 만하다. 효과 면에서 보자면 화상 회의 방식을 택할 만도 한데, 첨단 IT 기술 활용법에 낯설어 하는 이들이 아직도 많은 탓이다. 게다가 저개발 국가처럼 인터넷 활용 범위에서 벗어난 지역이 아직도 많은 이상 전화는 유효한 비대면 협상 도구가 될 수밖에 없다.

전화 통화만의 고유한 속성도 한몫한다. 일단, 사용하기가 쉽다. 또 여타의 통신 수단에 비해 훨씬 개인적인 소통이 가능하다. 여기에서 '개인적'이라는 함은 전화를 주고받는 이들끼리 내밀한 감정을 공유할 수 있다는 뜻이다. 그러나 이 같은 협상 방식에는 몇 가지 위험도 내재하는 것이 사실이다.

첫째, 전화 협상에서는 깊은 숙고 없이 통화 중 긴급한 사안을 합의해야 하는 경우가 발생할 수 있다.

둘째, 상대방이 특정 용도에 따라 당신의 말을 녹음하거나 이를 편집해 사용할 위험이 있다.

셋째, 보안 문제가 있다. 각국 정부 지도자의 전화가 도청되고 있다는 것은 이미 새로운 사실이 아니다.

끝으로, 우호적인 당사자 간에는 전화를 통한 협상이 어느 정도 효과가 있는 데 반해 적대 관계의 경우 그 효과가 제한적이다. 뿌리 깊은 불신이나 문화적 차이가 있는 협상가들 사이에서 전화만으로 제한된 시간 내에 메시지를 전달하는 방식은 한계가 있다. 심지어 이런 경우에는 전화기 너머의 통화 상대가 당신이 대화하길 원하는 '실제 그 인물'인지 확신하기도 힘들다.

떠오르는 대세, 화상 회의 방식

화상 회의는 전화 회담이 고도로 발달한 형태다. 이 방식의 이점은 시각적 이미지 때문에 몸짓 언어가 더 잘 전달될 수 있다는 점에 있다. 특히 고화질 화면에서는 다른 협상 당사자들의 표정, 몸짓과 버릇을 관찰할 수 있고 상당한 정보를 포착할 수 있다.

그러나 화상 회의가 가지는 근본적 한계는 여전히 남아 있다. 물리적 접촉으로 인간적 교감을 나누거나 정보를 습득하는 것이 어렵다는 점이다. 또한 아직 다중방송(multicasting)의 질이 빈약하고 눈과 눈의 접촉을 만들어 낼 수 없다는 한계가 있다.

하지만 정보 통신 기술의 발전은 그런 문제점들을 충분히 상쇄해 줄 것이다. 가격도 저렴해지고 있어 비대면 협상 방식으로서 급속히 보편화될 전망이다. 복잡한 내용은 대면 협상으로 타결하고, 정보 교환이나 상세한 사항의 재확인 등 기술적 성격의 문제를 협의할 경우에는 화상 회의가 최적의 대안이 될 수 있다.

이메일과 문자의 매력은 '간편함'에 있다

이메일과 문자 메시지의 영향력도 갈수록 증대되는 중이다. 이 매체들이 지닌 유용함은 무엇보다 간편한 이용 방식에 있다. 세계 도처에 있는 외교관이나 비즈니스맨이 연락을 취할 상대와 상시 접촉을 가능케 하는 수단이 된다. 이러한 매력이 보안상의 위험이나 충동적인 의사 결정의 오류 같은 단점에도 불구하고 많은 이들이 가장 선호하는 방식이 된 이유다.

비대면 협상의 이런저런 특징들

대면 협상의 중요성은 여전히 높다. 상호 정보 파악이 중요한 협상 테이블에서 얼굴을 맞대고 있다면 다양한 단서들이 주어질 것이기 때문이다. 악수나 하이파이브 같은 접촉(운동) 단서부터 시각 단서(손의 놀림, 몸짓 언어, 표정 등), 언어 단서(실제 협의 내용), 준언어 단서(언어 사용 습관 등)에 이르기까지 정보 획득의 소스도 다양하다. 또한 협상가들 사이의 일체감이나 교류의 폭을 넓혀 서로 신뢰와 협력 관계를 증진시킬 수 있거니와, 협상력이 우월한 쪽에서는 훨씬 이점을 가진 방식이기도 하다(얼굴을 마주한 채 압력을 행사하는 게 아무래도 '말발'이 더 먹히지 않겠는가).

서로 대척점에 있는 협상 방식인 만큼 비대면 협상은 대면 협상이 지닌 장점과 단점을 서로 교차해서 갖게 될 것이다. 이 방식이 지닌 장단점을 하나씩 들여다보기로 하자.

훨씬 경제적이다

그렇다. 대면 협상에 비해 시간과 거리의 제약을 덜 받는 까닭에 비대면 협상은 일단 경제적이다. 괜히 교통비나 숙박비를 들일 필요가 없다. 그러나 결과를 도출하는 면에서 보자면 시간적으로 늘 경제적인 것만은 아니다. 얼굴을 마주보고 있을 때는 즉석에서 '오케이'할 수 있는 사안도 이메일로 진행하는 협상에선 그렇지 않으니 말이다. 이런 경우는 전화 통화가 시간 비용을 절약하는 데 도움을 줄 것이다. 물론 졸속 결정의 위험은 감수해야겠지만.

쌍방 간 신뢰 형성이 어렵다

비대면 협상 중 전화나 이메일처럼 상대의 표정이나 몸짓을 볼 수 없는 방식인 경우 목소리의 톤, 사용한 문자 언어에 의존해서 그의 의도를 파악해야 한다. 합의를 이루기에는 정보 단서가 부족한 게 사실이어서 뭔가 찜찜할 수밖에 없다. 그리고 대면 협상에서는 교착됐을 때 다른 출구를 모색할 방법이 있는 데 반해 비대면 상황에선 그렇지 못하다는 단점도 있다. 전자의 경우 공식 회합에서 막히면 회담장 밖의 비공식적 잡담 자리에서 뜻밖의 해결안이 제시될 수 있기 때문이다.

오해나 실수가 생겼을 때도 마찬가지다. 비대면 방식은 이런 문제를 즉석에서 해소하는 데 한계가 있다. 이메일 협상은 특히 더 위험하다. 당대의 명문장가라면 모를까, 당신을 탐탁지 않게 여기는 상대의 마음을 글로써 되돌리기란 여간 어려운 일이 아닐 것이다. 그러니 전화나 화상 회의 말고 문서에 의존하는 협상을 진행할 때에는 보다 세심한 주의가 필요하다.

거절하기 쉽다

물론 대면 협상이 지닌 어려움도 있다. 이를테면 웃고 싶지 않은 상대에게도 미소를 보여야 한다는 점 말이다. 확실히 비대면 협상은 쌍방 간에 불필요한 가식과 아첨을 제거하는 데는 효과적이다. 물론 그 효율만큼 타인에 대한 예의와 관심 역시 줄어드는 단점은 있다. 그러나 상대의 제안이나 요구를 면전에서 거부하는 게 난처한 경우라면 비대면 협상이 훨씬 편하다. 한 가지 주의할 것은 거절의 상대가 당신이 될 상황이라면 협상 방식을 바꾸라는 점이다. 협박을 하든 애원을 하든, 이런 상황에선 아무래도 상대를 직접 마주하는 게 낫지 않겠나.

피드백이 부족하다

앞서도 잠시 언급했지만, 비대면 협상에서는 대면 협상에 비해 문제점을 찾아내고 고칠 기회가 줄어든다. 서로 오해나 실수가 생겼을 때 실시간 대응이 어렵다는 얘기다. 이뿐만이 아니다. 의제에 합의하고, 상대의 목표와 의도를 파악하기 위해서는 수시로 질문하며 확인하는 작업이 필요하건만, 이메일이나 문자 메시지 같은 방식으로는 영 비효율적인 탓이다. 논의한 내용을 확인하고 제안에 대한 상대측의 피드백을 일일이 문자로 한다고 생각해 보라. 시간이 정말 거북이 걸음으로 흐르는 경험을 하게 될 것이다.

인간적 교감이 결여되기 쉽다

문자 교환 형식의 비대면 협상에서는 협상 당사자 간에 인간적인 교감이 부족하기 때문에 예의바른 표현을 하지 않는 등 매너 없는 양상이 생길 수 있다. 한 연구 결과에 따르면, 대면 협상보다 이메일이나 문자 메시지를 수단으로 하는 e-협상에서 상대방을 더 부정적으로 대하는 경향이 있다. 무례하거나 충동적인 행태도 증가한다. 이런 문제점을 줄이려고 최근에는 비즈니스 관계에서도 이모티콘을 주고받는 경향이 늘고 있다는데, 일반적으로 유럽, 북미 등의 서구권 국가들에 비해 아시아 지역에서 사용 빈도가 훨씬 높다. 보다 직설적인 서양인들에 비해 자기감정을 우회해서 표현하는 데 익숙해진 습성 때문이라 여겨진다.

협상력이 약한 쪽이 상대적으로 유리하다

대면 협상에서는 지위가 높은 사람이, 또 전문가가 비전문가보다 협상을 주도하는 경향이 강하다. 보통은 관리자가 부하보다, 남자가 여자보다, 테이블 상석에 앉는 사람이 구석에 앉는 사람보다 말을 더 많이 한다. 정보 기술을 이용한 협상에서는 협상팀 구성원들의 참여도가 대면의 경우보다 떨어지지만 기여도는 좀 더 균등해진다. 즉, 힘과 지위의 차이가 최소화된다는 것인데, e-협상에서는 지위의 차이를 알 수 있는 근거가 사라지기 때문이다. 이는 지위고하에 관계없이 협상가들이 보다 적극적으로 자신의 입장을 표명할 수 있는 배경이 된다. 한 연구 결과에 따르면 대면 협상에서는 여성이 남성보다 5배나 적게 제안하는 데 비해 e-협상에서는 별 차이가 없는 것으로 나타났다.

즉석 교신(instant messaging : IM)에 의한 협상은 e-협상에 비해 대면 협상과 유사한 효과가 있다. 아마도 실시간에 확답을 해야 하는 상황 때문일 것이다. 따라서 강한 협상력을 가진 사람에게는 즉석 교신에 의한 협상이 e-협상보다 유리하다는 결론이 가능하다. 반대로 협상력이 열위에 있다면 e-협상이 오히려 도움이 된다고 생각할 수 있을 것이다.

위험 감수의 경향이 강하다

정보 통신 기술을 매체로 협상하면 위험을 감수하는 경향이 대면 협상에 비해 높아진다. 이런 성향을 활용하는 방법이 하나 있는데 예를 들면 이렇다.

'향후 3년 동안 3만 달러의 이익'이 기대되는 경우와 '6만 달러를 벌거나 아무 소득이 없을 확률이 각각 50퍼센트'인 상황을 가정하자. 이 경우 대부분의 사람들은 위험이 없는 첫 번째 안을 선택할 것이다. 그러나 다음과 같은 상황이라면 어떨까. '향후 3년간 3만 달러의 손실'이 예상되는 경우가 있고, '6만 달러의 손실이 발생하거나 전혀 발생하지 않을 확률이 각각 50퍼센트'인 경우가 있다. 이때, 사람들은 손실밖에 기대할 게 없는 상황보다는 더 큰 손실이 있더라도 한 자락 희망이 있는 후자를 선호하려 든다.

정리하자면, 인간은 이득이 보장될 때는 위험을 피하려고 하지만 손실이 예상될 때는 이를 면하고자 차라리 위험을 감수하려 든다는 것이다. 이런 모순적 태도는 비대면 협상에서도 잘 드러난다. 상황이나 상대방에 대한 정보가 부족한 탓에 결정의 순간에 협상가 자신의 의지나 욕망과 같은 비합리적 요인이 판단 기준이 된다. 협상에서 손실이 예상될 경우도 마찬가지다. 이제 그는 손실보다는 위험을 감수하려는 경향을 보이기 쉬울 것이며, 이것은 당신에게 하나의 기회가 될 수 있다. 다소 과감한 제안도 먹혀들 여지가 커지기 때문이다.

공격적·경쟁적 협상을 유발한다

e-협상에서는 협상가들이 실수를 최소화하고자 사무적이고 원칙적인 태도를 취할 때가 많다. 갈등이나 오해를 즉각적으로 해소할 수 없기에 난감한 상황을 미연에 방지하기 위해서다. 아이러니컬한 것은 직접 얼굴을 마주하지 않는 특성으로 인해 e-협상의 참가자들은 보다 더 공격적인 성향을 띨 수 있으며, 갈등을 일으키기도 쉽다는 점이다. 문제 하나를 피했더니 다른 문제가 다가선 격이다. 이런 맹점들을 보완하려면 이메일을 받자마자 답장하는 것을 삼가고, 답장할 때도 표현 방식을 신중하게 정리하는 것이 좋다. 감정을 자극하는 상대의 이메일에는 더 신중을 기해 답할 일이다.

그리고 무미건조한 텍스트의 행간에는 유머러스한 표정이나 친근한 말투가 담기지 않는다는 사실도 감안해야겠다. 상대가 딴에는 호의적으로 던진 유머인데, 잘못 이해한 당신의 분노 조절 장애를 일으킬 가능성도 전혀 없지는 않다. 따라서 이런 이메일에 답장할 때는 상대의 의도를 차분히 확인하는 과정을 거치도록 하자.

Tip Box

비대면 협상 액션 플랜

① 계획하고 준비하자

전화나 화상을 이용한 비대면 협상은 신속하고 경제적이라는 장점이 있다. 하지만 준비가 부족한 협상가에게는 그만큼 불리한 방식이다. 그러니 일단 준비에 만전을 기하자. 우선, 비대면 협상을 하는 동안 언급해야 할 사항들의 목록을 작성한다. 상대방의 일하는 습관이나 중요하게 여기는 것, 그가 신봉하는 규범이나 원칙도 사전에 파악해 두자. 그다음은 상대의 요구와 쟁점이 될 만한 사안, 그가 공세를 가하거나 갈등이 일어날 만한 상황도 마음속에서 시뮬레이션하며 대응 방향을 점검하는 것이다. 협상 중 쉽게 대처할 수 있도록 관련 자료 일체나 전자계산기를 옆에 두는 것도 현명한 방법이다.

② 가급적 전화를 먼저 걸자

전화 협상에서는 전화를 거는 쪽이 주도권을 쥐게 마련이다. 뜻밖의 전화를 받은 쪽은 준비 부족으로 협상에서 불리한 입장에 처하기 쉽다. 따라서 잠재적인 적대 상황에서는 전화 통화를 먼저 주도하도록 준비할 필요가 있다. 만일 상대가 먼저 전화를 걸어왔다면 점잖게 피하기를 권한다. "죄송합니다만, 지금 회의 중이라서요." 동원할 수 있는 레퍼토리는 많다.

③ 원활한 의견 교환을 위해 노력하자

인간적 접촉이 부족한 비대면 협상의 특성상 바로 본론을 꺼내기보다는 약간의 잡담을 나누고, 협상 중에도 상대방의 말을 끊지 않으면서 자연스럽게 대화를 주고받는 것이 좋다. 비대면 협상에서는 상대의 의도를 제대로 파악하는 것이 대면 협상보다 어렵기 마련이다. 그의 말을 그저 경청하는 데서 머물지 말고 부드럽게 의도를 확인하자. 그리고 전화로 하는 협상이라면 대화하는 동안 통화에만 집중하라. 통화의 마지막에는 구두 합의 사항이나 추후 이행 과정 등의 내용을 명확히 확인해야 한다.

④ 대면 협상으로 보완하자

비대면 협상 전후에 짧게라도 서로 마주할 자리를 마련하는 것이 좋다. 이 자리에서 상대에 대해 파악한 정보는 상호 불확실성을 줄이고 친밀감을 형성하는 데 유익하다. 상대방이 대면 미팅을 요청해 올 경우 거래를 성사시키거나 중·장기적인 관계를 만들고 싶다면 받아들여라. 하지만 그와 굳이 거래할 필요를 느끼지 못한다면, 거래를 원해도 당신이 협상의 주도권을 쥐고 싶은 경우라면, 이메일로 용건을 보내 달라는 것도 좋은 방법이다.

⑤ 합의 사항을 메모하자

비대면 협상 중이나 타결 후에는 반드시 그 결과를 문서로 작성할 것. 향후 협상에 활용할 수 있다.

part 8

여덟 번째 지침, '부모-자식'을 넘어 '협상의 파트너'로!

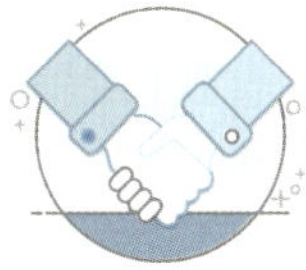

자녀와의 협상이 필요한 이유

2013년 5월 미국 시사 주간지 《타임》은 커버스토리로 '나 나 나 세대(Me Me Me Generation)'를 게재한 바 있다. 여기서의 나 세대(Me Generation)란 자기중심적 사고를 가진 현대의 젊은 층을 말한다. 기사에 따르면 베이비부머의 자녀들인 이 밀레니엄 세대는 "너는 특별하다. 노력하면 무엇이든 이룰 수 있다"는 부모의 격려 속에서 성장했다. 그래서 자기주장이 강하고, 자신의 이익과 욕구 충족 외에는 무관심한 성향을 보인다는 것이다. 이런 신인류에게서 "아빠가 어렸을 때는…" "엄마도 옛날에 해 봐서 아는데…" 하는 식의 고루한 교육 방법은 환영받지 못할 게 뻔하다.

세계가 한 울타리 안에 든 지 오래다. 저 현상이 꼭 미국을 위시한 서구권의 특징이기만 할까. '중2병'이라는 말이 유행하는 한국에서도 자식은 부모가 함부로 범접할 수 없는 존재가 됐다. 물론 여전히 호랑이와 함께 담배를 피우고 있는 가부장적 습성의 소유자들도 없지는 않다. 그러나 이제 부모-자식 간의 수평적이고 쌍방향적 관계가 강조되는 것은 피할 수 없는 대세다. 가족관계에서도 협상의 방법론이 필요해진 배경이 여기에 있다. 협상의 기술이 건전한 가족 문화 형성에 도구가 될 수 있는 이유는 다양한 대목에서 발견된다(본 파트는 필자의 저서 『글로벌 아이』에서 발췌한 내용을 기초로 한다).

첫째, 자기 주도적인 아이로 키울 수 있다

당연한 말이지만, 자녀와의 협상에서 프로 협상가마냥 냉철하고 치밀한 모습을 보여줄 순 없다. 자녀와의 관계에서는 협상이라는 행위가 가져올 긍정적인 교육 효과를 살리는 것으로 족하다. 대화 상대를 논리적으로 설득하고, 그의 의도와 목적을 헤아리며, 상호 윈-윈할 줄 아는 공감과 소통의 교육으로서 말이다.

무엇보다도 아이에게 스스로 의사 결정 과정에 참여할 기회를 부여한다는 점이 중요하다. 그들이 주도권을 쥐고 원하는 바를 선택함은 물론 목적을 달성했을 때 긍지를 갖도록 유도하자. 스스로 결정을 내리는 아이들은 그렇지 않은 아이들에 비해 지능뿐 아니라 심리적·육체적 건강 면에서도 우월하다는 연구 결과가 있다. 이와 관련해서 필자가 제안하는 바는 '자녀에게 선택권을 주자'는 것이다.

우리는 살아가면서 많은 선택을 한다. 학교, 직업, 취미, 친구, 배우자, 종교, 심지어 식당에서 먹을 메뉴까지. 인생은 선택의 과정이라고 해도 과언이 아니다. 그런데 아직 우리 사회의 자녀들은 선택의 역할을 부모나 선생이 대리하는 경향이 강하다. 이런 환경에서는 책임감이 자랄 수가 없다. 영어로 'responsibility'라 쓰는 '책임'은 'response(반응)'와 'ability(능력)'가 합해진 말이다. 곧, '어떤 상황에 어떻게 대응할지를 스스로 결정하는 능력'으로서, 선택의 재량권이 많고 적으냐의 차이가 책임 의식의 강도를 결정한다.

그러니 아이가 자기 주도적인 결정을 내리고 한 사회의 책임 있는 구성원이 되게 하려거든 이제라도 자녀에게 선택권을 돌려줄 일이다. 부모의 역할은 협상가처럼 상대의 선택 동기를 파악하고 조언해 주거나 그 결과로서 야기된 문제에 칭찬과 격려, 위로와 독려를 하는 데서 그쳐야 한다. 인생은 결국 혼자 살다 가는 것이라는 말은 만고의 진리 아닌가.

둘째, 아이의 자존감 함양에 도움이 된다

협상 교육으로 부모는 아이에게 '나는 존중받고 있다'는 느낌을 갖게 할 수 있다. 의견을 경청하는 것이야말로 협상의 제일 원칙이기 때문이다. 자녀 교육의 으뜸 목표가 그들의 심리적인 독립을 돕는 데 있다면, 협상은 교육의 효과적인 수단이 될 수 있다.

물론 이 과정에서 소모적인 갈등과 불화도 빚어질 수는 있다. 하지만 협상에서 교착되고 결렬되는 상황이 어디 한두 번인가. 다양한 과정을 견디는 부모의 인내가 자녀의 인격적 성숙을 도울 것이다.

핵심은 존중이다. 부모에게 똑같은 인격적 주체로서 존중받을 때 자녀의 독립심과 자긍심은 그렇지 않은 경우에 비해 비할 데 없는 차이를 보인다. 자녀와의 대화 시 존중을 표현하는 효과적인 수단으로 필자는 '7:3의 법칙'을 권하는 바다. 대화의 점유권 가운데 70% 정도를 자녀에게 넘겨주고 부모는 30%만 갖는 것이다. 주도적 대화의 자신감 함양 효과는 탁월하다. 집에서 틔운 대화의 물꼬는 밖에서도 이어진다. 수업 중 발표와 토론 능력이 일취월장할 것이다. 게다가 아이가 말을 많이 할수록 부모라는 이름의 협상가는 교섭 상대(?)의 숨은 의도와 목적, 기대치를 파악하는 데도 수월할 것이다.

셋째, 실천하는 세계 시민을 키우기 위해

협상은 인생을 살아가는 데 필요한 기술이다. 현재의 자녀 세대가 우리 사회를 이끌어 가는 시기는 보다 많은 글로벌 시민의 자질을 요구할 것이다. 단순히 외국어 능력이 월등해져야 한다는 차원이 아니다. 그들은 현재 대한민국의 기성세대보다 훨씬 유연하게, 보다 광대역의 국제 교류가 일상화된 시절을 살게 될 것이다. 아직 이민자에 대해 편견과 배타성에 물든 태도를 보이는 기성세대의 인식 수준과 달리 저 미래의 세대는 이문화에 대해 열린 시선과 수용적 태도로 새로운 세상을 열어 갈 것이다.

나와 다른 타인과 교류하고 융화하는 능력의 첫 번째 덕목은 상대방에 대한 배려에 있다. 그리고 합의하며 타협에 이르는 컨센서스의 능력도 빼놓을 수 없다. 국제사회의 구성원들이 합의된 질서에 따라 움직이고 이를 위반하는 국가에게 제재를 가하는 데서도 볼 수 있듯이 신뢰의 형성은 중요하다. 미래를 책임질 아이들이 서로의 합의를 실천함으로써 신뢰를 형성하도록, 그리하여 세계 시민으로서의 자질을 함양하도록 도와야 한다. 그것이 부모라는 이름의 협상가가 맡아야 할 몫이다.

세상에서 제일 어려울지도 모르는 자녀와의 협상 가이드

"황제도 자식은 마음대로 못 한다"라는 말이 있다. 그만큼 자녀를 부모의 뜻대로 키우기가 어렵다는 말이다. 그래도 결국 자식 이기는 부모는 없다. 이 말은 두 세대 간 협상이 '윈-윈'의 결과를 낳는 데 있어 부모의 인내와 수용이 더 크게 작용한다는 뜻도 된다.

부모가 자녀에게 지나치게 간섭하거나 신경 쓰는 경향은 흔하다. 자식 잘 키우려는 욕심에 선을 넘기가 쉬운 탓이다. 이처럼 통제되지 않은 감정은 부모-자식 간 협상 파행의 단초가 된다. 부모보다 할아버지나 할머니가 손자, 손녀를 좀 더 객관적이고 이성적으로 보는 경향이 있는데 이는 자녀와의 협상에 시사하는 바가 크다.

자녀와의 협상이 어찌 보면 세상에서 제일 어렵다. 아이들은 생각만큼 협상에 어리숙하지 않다. 그러나 이것이 다가 아니다. 그들의 무서움(?)은 때론 당신이 감당하지 못할 만큼 능수능란하다는 데 있다. 그들은 어떻게 해야 자신이 원하는 것을 얻을 수 있는지를 본능적으로 안다. 종종 당신이 '아뿔싸!' 할 만큼 뒤통수를 쳐댈 영악한 존재들이 당신의 협상 상대라는 얘기다.

그러니 이 협상의 결정적 성공 여부는 부모인 당신의 태도에 달려 있다. 어떤 국면이든 넘지 말아야 할 금도와 매너를 유지하자. 몇 번은 실망스런 협상 결과를 받아들일 때도 있을 터. 하지만 생물학적인 탄생에 이어 자식이 한 사회 성원으로서 제2의 탄생에 이르도록 돕는 것 또한 부모의 역할이 아니던가. 지금부터는 그 과정에 필요한 협상 수칙들을 제시해 보고자 한다.

열정과 냉정 사이에 적절한 균형을!

자녀 교육에 부모가 개입해야 할 범위는 어느 정도일까? 많은 논쟁이 있지만, 개인적으로는 이상 과열과 무관심 사이의 균형이 최고라고 생각한다. 부모가 자녀에게 너무 다가가면 자녀는 뒤로 물러나는 경향이 있다. 이러한 작용-반작용의 법칙을 생각할 때 적절한 감정적 거리 두기는 필수다.

자녀 교육은 좌절과 실망의 연속이라고 해도 과언이 아니다. 그러나 좌절하고 실망할 때마다 호통만 칠 것인가. 그보다는 '시간이 지나면 나아지겠지'라는 확고한 신념 위에 이성적인 해법을 모색하는 게 중요하다. 자녀의 행동, 말투를 일일이 꼬투리 잡지 말고 대범하게 기다리는 자세가 필요하다. 부모가 자녀 교육에 들인 노력은 오랜 시간이 지나야 효과가 나타나는 법이다. 나사(NASA) 본부가 닦달하는 것만으로는 이탈한 우주 비행선이 본궤도로 돌아오지 않는다. 방황하는 조종사와 본부 간의 차분하고도 대범한 커뮤니케이션이 필요한 국면이다.

엄격하되 자상할 줄도 알아야

부모의 과욕으로 자녀 주변에 너무 많은 금줄이 쳐진 경우를 본다. 하지 말아야 할 것투성이다! 결국 준수할 것 많은 아이의 스트레스 수치만 높아진다. 그 압박감은 부모라는 형상을 압제자의 그것으로 바꿔 놓곤 한다. 피지배 민족은 보통 지배 민족에게 두 가지 감정을 갖는다. '저항' 아니면 무력한 '굴종'이다. 심리적·물리적 여유 공간을 상실한 인간이 과연 창의적 존재로 자라날 수 있을까?

부모의 교육은 양육뿐만 아니라 훈육의 측면도 있기에 어느 정도 강제성을 띨 수 있다. "성인이 되기 전까지 통금 시간은 10시야!" 특히 온전한 사회 구성원이 되는 데 필요한 규범적인 면에서는 더욱 그렇다. 준법정신, 약자에 대한 배려, 공중도덕 같은 윤리성의 영역은 절대 원칙으로서 타협의 여지가 없는 것이기에 철모르는 아이에게도 다소 엄격한 태도를 유지해야 한다. 다만, 안 되는 일은 끝까지 안 된다는 일관적 자세에 더해 납득할 만한 이유도 반드시 설명해 줄 일이다.

하지만 그 외의 면은 선택 사항이다. 아이가 스스로 선택하고 그 결과에 책임을 지게 하면 된다. 훈육은 '책임'을 강조하지만, 이 과정은 아이에게 '자유'를 부여할 것이다. 자유로운 선택이 언제나 좋은 결과를 낳는 것만은 아니다. 이때 필요한 것이 관용이다. 아이가 부모의 자상함을 느낄 수 있는 대목이 바로 부모의 관용을 경험하는 순간 아니겠는가. 단, 부모가 보이는 관용도 중요하거니와 자기 자신에 대한 관용도 꼭 필요하다. 주변(부모)의 도움과 스스로에 대한 관용의 힘이 좌절로부터 나를 일으켜 세울 수 있다. 자유와 책임의 역량은 그 과정에서 자라나는 것이다.

효율적으로 소통하라

'곰은 쓸개 때문에 죽고 사람은 혀 때문에 죽는다'는 속담이 있다. 부모의 '혀'가 자녀의 운명을 바꾸는 예는 많다. 그만큼 자녀의 인격적 성장에서 부모의 소통 능력은 중요하다. 사춘기의 예민한 감성을 마주할 때 부모의 언어 선택 능력은 부모-자식 간 협상의 진행 여부를 가르는 핵심이다. 이 세대 간 협상에 필요한 접근법들을 추려 보면, 가장 먼저 올바른 대화법의 중요성을 강조하지 않을 수 없다.

① 절제된 언어를 구사하라. 이 조언의 필요성을 못 느끼겠거든 지나가는 말이라도 간단한 언어폭력을 구사해 볼 것. 아이는 성년이 된 어느 날 당신이 기억도 못 하는 옛 시절의 상처를 들춰 낼 것이다. 그런데 수십 년 묵은 상처의 효과를 확인해 보겠다고 굳이 이런 실험을 해야 할까.

② 꾸짖을 때는 '일시 언어'를, 칭찬할 때는 '영구 언어'를 사용할 것. '항상', '반드시', '절대' 같은 단정적인 뉘앙스를 지닌 부사어가 영구 언어다. 반면에 '어쩌다', '이번에는'처럼 일시적인 함의를 띤 부사어가 일시 언어다. 부모는 아이를 칭찬할 때 영구 언어를 쓰고, 꾸짖을 땐 일시 언어를 써야 한다. 예컨대 "이럴 때 우리 ○○이는 항상 최고라니까!"로 칭찬하고, "평소의 너답지 않게 이번에는 잠깐 실수를 했네?"식으로 지적하라는 얘기다. 부모가 영구 언어로 쏟아 낸 비난은 아이의 가슴에 아픈 글씨를 새긴다. 어쩌면 아이는 지워지지 않는 그 글씨를 내면화하며 그런 인간형이 되어갈지도 모른다.

③ 자녀의 행위가 불만스럽거든 '그 문제'에 대해서만 지적하라. 식탁에서 떠드는 아이에게 '골칫덩어리'라는 낙인을 찍지 말고 "네가 식탁에서 떠들 때면 아빠는 참 민망해"라고 말해 보는 건 어떤가.

④ 처벌이나 고함은 가급적 자제하라. 잘못을 저지른 아이 앞에서 당신의 과잉 액션은 악화만 부를 뿐이다. 그것에 대한 보상이나 체벌의 방식도 아이 스스로 결정케 하는 것이 좋다.

⑤ 지시하고 강압하는 언어 사용을 가급적 자제하라. 부모로서 아이를 설득할 능력이 없다는 사실만 반증할 뿐이다.

두 번째로, 'I message'를 사용해 보라 권하고 싶다. "너는 왜 항상 그 모양이야!"라는 식으로 'You'가 주어인 문장 대신 이런 표현은 어떨까. "우리 아들이 아직도 숙제를 안 했다니, 난 좀 실망스러운데?" 이처럼 'I'를 주어로 하는 문장을 효과적으로 구사하려면 상대의 반발심을 최소화하는 기술적 전개가 필요하다. 예를 들면 늦게 귀가한 자녀를 향해 차근차근 이렇게 말하는 것이다.

"우리 딸 많이 늦었네?"(사실)

"아무 연락이 없어서 좀 걱정했잖니."(감정)

"어제처럼 늦을 거면 다음에는 꼭 미리 연락을 줘. 알겠지?"(의도 또는 제안)

이를 일반적인 행동 준칙으로 풀면 다음과 같다.

첫째, 지적받을 만한 자녀의 행동을 언급한다(사실)

둘째, 그로 인해 부모로서 느낀 바를 이야기한다(감정)

셋째, 내가 아이에게 원하는 바나 대안을 제시한다(의도 또는 제안)

끝으로, 자녀와의 협상 시 필요한 접근법으로 '효과적인 질문하기'의 중요성을 다시 강조한다. 1944년 핵자기 공명을 발견한 공로를 인정받아 노벨 물리학상 수상자 명부에 오른 아이작 라비(Isaac Rabi) 교수가 좋은 예일 것이다. 그는 자신의 성공 비결을 묻는 질문에 어린 시절의 기억을 떠올렸다고 한다. 아들이 학교에서 돌아오면 어머니가 언제나 건네던 질문 말이다. "오늘은 선생님께 어떤 질문을 했니?"

부모의 질문은 아이에 대한 관심을 보여줌과 동시에 내적 동기부여의 원천이며, 자녀와의 유대관계를 향상하는 데에도 중요한 습관이다. 협상 버전으로 표현하자면, 핵심 의제(부모-자식 간 불화의 문제)를 질문으로 전환함으로써 자녀 스스로 해법을 모색하는 방법이다. 이때 중요한 것이 질문의 내용과 질이다.

일단, 열린 질문이 필요하다. '예', '아니오'로 그치는 차원이 아니라 자녀의 생각이나 의사를 끌어내도록 하는 질문을 말한다. "오늘 아빠가 무척 바쁜데 네가 동생 좀 봐주겠니?"와 "오늘 아빠가 무척 바쁜데 동생을 어떻게 하면 좋을까?"라는 문장의 차이에서도 드러나듯이 '왜' 또는 '어떻게'와 같은 의문사를 포함한 질문이 상대의 긴 답변을 유도할 것이다.

둘째, 질문은 구체적이어야 한다. 질문 내용이 너무 광범위하거나 추상적이면 답변자가 제대로 말하기가 곤란하다. "오늘 수업 어땠어?"와 "오늘 교과목 중에서 뭐가 제일 좋았어?" 사이의 차이다.

셋째, 긍정적 또는 중립적 질문을 하자. "지금 그게 현실적이라고 생각하니?"와 "네 생각이 어떤 점에서 좋은 건지 들려줄래?"라는 질문을 받아들이는 감정은 각기 다르다. 부정적이냐 긍정적이냐, 질문에 어떤 뉘앙스를 담을지 선택하는 건 부모 마음이다. 그리고 당신의 질문 수준만큼 비슷한 태도로 답변하는 것 역시 자식의 고유 권한이고.

아이의 의도와 욕구를 이해하자

상대방이 이야기할 때 그의 입장뿐 아니라 의도, 욕구와 생각의 배경까지 이해하며 듣는 것을 맥락적 경청(contextual listening)이라고 한다. 자녀가 이야기할 때도 즉흥적으로 반응하지 말고 그 말을 하게 된 의도나 배경을 파악한 후 반응하는 것이 중요하다.

그러려면 그냥 수동적으로 듣는 게 아니라 질문을 동반한 적극적 경청이 필요하다. "아빠, 용돈 좀 올려 주세요." 이렇게 용돈 인상 협상을 걸어온 자식에게 그저 "그래"나 "안 돼"로 끝내는 건 너무 비인간적이지 않나. 한 발 더 나아가 보자. "왜, 요즘 뭐 용돈 더 필요한 일 생겼어? 아님 늦게까지 학원 공부하느라 야식비 많아진 거야?" 이런 질문이라도 건넨다면, 바쁜 생활로 뜸했던 자식의 근황도 물을 수 있고 얼마나 좋은가.

직업 협상가의 세계에서도 숨은 의도는 잘 표현하지 않는다. 바쁘게 살다 보니 소원해진 자식의 속내도 그리 쉽게 알 수 있는 영역이 아니다. 무슨 대오각성이라도 한 듯 어느 날 정색을 하고 마주앉아 봐야 부모의 의욕에 맞장구해 줄 자녀는 많지 않다. 그러니 진심으로 아이의 속내가, 그들의 근황이 알고 싶다면 인내하라. '요즘 담탱이 땜에 힘들어 죽겠다'는 푸념 한 마디라도 소홀히 넘기지 말자.

아이의 내적 동기를 자극하기

인간의 행동에는 모두 동기가 있다. 동기는 외적 동기와 내적 동기로 나뉜다. 어떤 일을 좋아서 하거나 자기 삶의 의미를 위해서 할 경우는 내적 동기에 의한 것이다. 그러나 돈이나 명예, 또는 하지 않을 경우 받게 될 불이익이 원인이라면 외적 동기에 의한 것이다.

부모와 자녀의 소통은 자녀의 내적 동기를 자극할 때 비로소 효과가 있다. 부모가 시켜서, 또는 용돈을 더 받기 위해 공부하는 아이와 자기가 좋아서 하는 아이의 성적은 차이가 날 수 밖에 없다. 자녀들의 내적 동기를 자극하는 방법론을 터득하려면 부모도 나름 치열한 공부를 해야 한다. 세상에 거저 얻는 부모 자리가 어디 있나.

관점의 전환이 필요하다

자녀와의 협상에서 부모가 하지 말아야 할 표현들이 있다. 아이들 눈에 굳이 '꼰대'로 보이고 싶다면 "우리 때는 안 그랬는데 요즘 아이들은…"을 추천한다. 답답해하는 당신 아이의 표정에서 그 효과를 짐작할 수 있을 것이다.

기왕에 자녀를 협상 상대로 존중하겠다면, 역지사지의 관점은 반드시 구비해야 할 조건이다. 사회생활에서는 대단히 '쿨한' 사람도 막상 부모 노릇을 하려면 감정이 앞서는 경우가 다반사다. 돌아서면 남인 타인과의 협상만큼 쉽지 않은 것은 부모에게 자식이란 언제나 '품 안의 새끼'인 까닭이다.

그래서 자녀와의 관계 설정이 특히나 중요하다. 부모가 자신을 인격체로 대한다는 믿음이 있어야 당신의 협상 상대도 마음을 연다. '자식을 사랑하지 않는 부모는 없다.' 이 말을 부정하는 자식도 없다. 다만 불편할 뿐이다. 뭔가 앞뒤가 막힌 듯한 엄마 아빠랑 대화를 한다는 것이 말이다. 부모가 자식에게 "넌 어째 맨날 그 모양이냐"고 타박하듯이, 자식 또한 "엄마(아빠)랑은 말이 안 통해"라며 푸념한다. 서로가 서로에게 고정된 이미지의 낙인을 찍은 이상 속마음이 오고 갈 여지는 줄어든다.

그런 서먹함과 퉁명함이 침묵을 채운다면, 차라리 협상 테이블을 떠나 발코니로 가라. 협상에서는 '발코니로 나가기(Go to the Balcony)'도 하나의 전략이다. 부모-자식 간의 교착 국면을 잠시 벗어나 냉정하게 거리를 두고 상황을 파악한다. 시간이 흐를수록 자식의 입장이 더 선명히 보이는가? 그리고 그것을 이해할 마음의 여유도 커지는가? 그렇다면 이제 협상 2라운드를 시작해도 좋다.

점진적인 접근법을 사용하라

필자의 장남 얘기를 잠시 할까 한다. 아침 8시에도 일어나기를 힘들어 해서 학교에 늦은 적도 많은 아이였다. 몇 번이나 생활 태도를 바꾸겠노라고, 기필코 일찍 일어나는 새(early bird)가 되겠노라고 결심하기를 한두 번이 아니었다. 그러나 두 시간을 당겨 아침 6시에 기상하려는 아이의 계획은 번번이 실패로 끝났다. 설령 일어났다 해도 칫솔을 문 채 욕실에서 쓰러져 잔 적도 있었다.

새로운 접근법이 필요했다. 그래서 생각해 낸 것이 '아기 걸음마(baby step)' 방법이었다. 한 번에 2시간을 앞당기려 하지 말고 15분만 일찍 일어나는 계획을 세워 1개월간 실천하라고 했다. 다음 1개월에는 또 15분을 앞당겼다. 그 사이 아이가 성공할 때마다 칭찬과 격려를 아끼지 않았고, 결국 6개월 후에는 1시간 반 정도를 앞당길 수 있었다.

자녀의 습관을 바꾸는 것. 생각만큼 쉽지 않다. 아이를 혼내는 부모도 자신의 지난날을 떠올리면 아주 떳떳하진 않을 게다. 자녀와의 협상에서는 작은 변화를 실천해 가는 아기 걸음마 전략이 효율적이다. 특히 자긍심을 고취하고 자율성과 지속력을 높이는 효과가 탁월할 것이다.

Tip Box

자녀의 협상 능력을 키우려면?

자녀가 글로벌 시대를 살아가는 데 가장 필요한 능력 중의 하나가 바로 협상 능력이다. 친구와 의견이 대립될 때, 그대로 두면 손해를 보거나 오해받을 수 있는 상황에서, 또는 학급 내 왕따를 당하는 경우에도 이 능력은 필요하다. 자신의 생각을 설득력 있게 표현함으로써 갈등이나 충돌을 방지하고 문제를 푸는 과정이야말로 그 자체가 협상이다. 커뮤니케이션 능력과 밀접한 관련이 있는 이 사회화 교육만큼 조기 학습이 필요한 부분도 없다.

협상의 문화와 기술을 일상화하자. 하루가 다르게 진화하는 세상에서 협상의 기술을 향상시키지 않으면 뒤처질 수밖에 없다. 그것을 배워 갈 경험 영역은 다양하다. 그러나 뭐니 뭐니 해도 부모와의 관계가 가장 큰 범위를 차지한다. 부모가 보이는 행실, 그들이 주변과 맺는 관계의 양상을 자녀는 오롯이 보고 배운다. 아이의 협상 능력을 키우려거든 부모 자신이 좋은 협상가가 돼야 한다.

글로벌 시대를 살아갈 자녀의 협상 능력을 키우기 위해 부모는 어떤 교육을 시켜야 할까. 갈등과 의견 차이를 대화로 해결할 수 있는 능력을 키우는 것이 으뜸이다. 건강한 토론과 합의 문화의 실천이야말로 여전히 한국 사회에 만연한 집단주의의 폐해에서 벗어나는 길이다. 이견이 있을 경우 윗사람이나 선배의 말에 순응하는 경향, 논리와 합리성보다 서열과 우격다짐이 지배하는 풍토는 수평적인 글로벌 시대에는 더 이상 통하지 않을 세태다.

토론과 합의에 숙달하려면 갈등 자체를 두려워하지 않도록 이끌어야 한다. 사회 구성원 간 조화를 중시하는 유교 전통에서는 그러한 정서를 부정적으로 여길 것이다. 그러나 대립과 충돌은 생산적인 발전을 위한 동력이다. 간디도 이미 "갈등과 분쟁은 진리를 드러내는 에너지이고 기회다"라고 하지 않았던가. 여기에 저명한 심리학자 모튼 도이치(Morton Deutsch)의 말도 보탤 수 있다. "갈등 자체는 나쁜 것이 아니다. 다만 나쁜 대처 방안과 좋은 대처 방안이 있을 뿐이다."

대립과 갈등을 넘어 합의를 이끄는 힘. 그러한 협상의 능력을 일상에서 체화시키는 첫 번째 과제가 바로 아이의 말을 경청하는 것이다. 기원전 사람 소크라테스도 '가장 중요한 대화의 시작은 듣기'임을 몸소 보여준 바 있다. 협상의 관건은 누가 옳고 그른지가 아니다. 어떻게 하면 합의를 끌어 낼 수 있는가에 있다. 편협한 흑백 논리에 젖은 이 시대의 기성세대와 달리 미래의 인류는 그러한 성숙함으로 살아가야 한다.

그러자면, 일상의 소소한 문제에 대해서도 자녀와 성숙한 합의를 이루는 부모가 돼야겠다. 일단은 조금 진지해질 필요가 있다. 용돈 인상을 원하는 자녀에게 기분 내키면 올려주고 언짢으면 거절하는 식으로는 곤란하다. 꽤 괜찮은 대안이 있는데, 자녀에게 협상표를 작성해 보도록 하는 것이다. 날짜와 장소, 협상자, 인상 요구의 배경, 요구 내용, 부모가 거절할 경우의 대안, 향후 행동 계획, 기타 주의 사항 등을 기재하려면 아이도 조금 귀찮기는 할 것이다. 그러나 부모와 자식이 나눈 특별한 대화의 기록물로서, 더욱이 훗날 가족이 함께 펼칠 수 있는 추억의 일기로서도 이만한 것이 있겠는가.

part 9

아홉 번째 지침, 로비스트를 활용하라

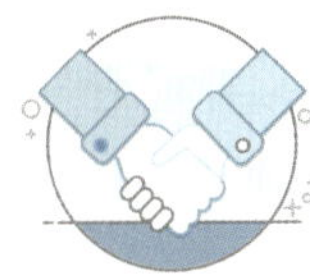

로비, 협상의 윤활제이자 필요악에 대하여

정부, 민간 기업, NGO를 망라해 다양한 정치·경제·사회·문화의 행위 주체들이 국경 넘어 접촉면을 늘리고 있다. 이러한 흐름은 저들이 이해관계에 따라 외국 정부의 정책 결정에 개입할 수 있는 양상을 증가시키는 배경이다. 이 경우 '로비'는 아주 효과적인 수단이다. 혹자는 '글로벌 시대의 필요악'이라고 부르기도 하지만, 오늘날 로비는 전방위적인 분야에서 인간의 이해관계를 조정하고 개인이나 집단의 영향력을 작동시키는 기제로서 당당히 한 자리를 차지하고 있다. 한국 또한 2007년 5월부터 본격 발효된 한-EU 자유 무역 협정을 계기로 로비의 필요성을 절감한 바 있다. 유럽자동차협회(ACEA)를 위시한 협정 반대 세력들의 방해 공작이 협상 자체를 지연시킬 정도로 매서웠기 때문이다.

미국을 포함한 일부 국가들은 로비와 로비스트를 합법적으로 인정하면서 그 활동을 법의 테두리 내에서 규제한다. 우리나라의 경우 로비스트에 대한 인상은 부정적이다. 단어 자체가 부정부패의 연관어로 연상될 만큼 좋지 않은 이미지가 각인된 탓이다. 그러나 로비 제도가 법적으로 확립된 나라든 그렇지 않은 나라든 글로벌 협상에서 로비스트의 활용은 필요하다. 협상이 국가나 기업의 이익을 관철시키는 공식 루트라면 로비는 협상을 보완하는 비공식 채널로서 작동한다.

로비 활동의 핵심 중 하나는 정보의 교환이다. 협상이 진행되는 도중 상대국 정치 지도자가 교체되거나 정치·사회 환경이 급변할 수 있다. 이때 로비는 정확한 상황 정보를 획득하는 데 요긴하다. 또한, 정책 결정 권한이 특정 개인이나 조직에 집중된 집단을 상대할 때에도 필요하다. 이 같은 권력 구조를 지닌 정부나 기업은 다양한 이해관계자들의 입장을 정책에 고루 반영하기가 힘들다. 이로 인해 누군가는 정책의 피해자가 될 것이고, 또 누군가는 수혜자가 될 것이다. 피해자든 수혜자든, 저마다의 입장에 따라서 이익을 극대화하거나 손실을 최소화하려는 노력을 하게 된다. 그들이 로비스트를 필요로 하는 순간이다.

로비는 장시간에 걸친 끈끈한 인적 유대에 기초한다. 이런 인간관계는 상대국의 관련 법규를 준수하는 세심함 속에서 구축돼야 한다. 결과를 빨리 얻겠다는 조급함에 뇌물 공여 같은 불법 행위에 의존했다가는 치명적인 결과를 낳을 수 있다. 우리에게는 1976년 대미(對美) 로비 과정에서 불거진 '코리아게이트'의 씁쓸한 기억도 있지 않은가. 그 이후로도 한국은 여전히 로비 선진국이 되지 못하고 있다. 과거처럼 부정한 '중개 브로커'를 활용하는 방식은 유통기한이 끝나 가는 시대다. 이제 우리도 효율적인 민·관 협력 아래 세련된 로비의 힘을 가질 때가 되지 않았는가. 대한민국이 로비력 '만렙'에 도달하는 그 날을 기대한다!

로비의 기원과 개념에 대하여

로비(lobby)라는 말이 정치적으로 처음 사용된 곳은 17세기 영국 하원의 복도였다. 당시 의회의 복도와 연결되는 넓은 방에서는 대기 모드로 누군가를 기다리는 신종 직업 종사자들을 흔히 볼 수 있었다. 로비 에이전트(lobby-agent)라 불린 이들은 의회 의원이 지날 때면 어김없이 달려가 그에게 청탁을 넣곤 했다. 일부 전문가들은 1215년 제정된 대헌장(Magna Carta)의 '청원권' 조항에서 로비의 기원을 찾기도 한다.

한편, 미국에서 '로비'라는 용어가 처음 사용된 것은 1808년 제10대 의회부터라고 알려져 있다. 이후 1829년에는 '로비 에이전트'라는 용어가 뉴욕주에서 처음 사용됐고, 1832년부터는 '로비스트'가 미 의회에서 일반화된 표현으로 쓰이기에 이르렀다. 오늘날 활동 영역이 행정부와 사법부까지 확대된 로비는 그 개념 또한 다층적으로 규정되는 중이다.

① (협의의 개념) 1946년 제정된 미국 연방로비활동규제법에 의거, 개인이나 이익(압력) 단체가 연방의회에 의한 의안의 통과 또는 부결에 영향을 미칠 목적으로 의원들과 직접 접촉하는 행위.

② 위의 ①보다는 다소 넓은 의미. 특정 법안에 대해 관심을 표명하거나 영향력을 행사하고자 어떤 개인이나 이익(압력) 단체가 특정 의원들과 직접 접촉하는 행위.

③ (광의의 개념) 어떤 개인이나 이익(압력) 단체가 연방 정부와 주요 행정기관, 또는 연방 의회와 주 의회를 대상으로 정부 정책 결정이나 의회 입법 과정에 영향을 미치고자 행한 특정 행위.

이처럼 이익(압력) 단체들의 영향력 행사 시도는 전방위적으로 확대되는 중이며, 주로 외부 집단이 정부를 상대로 펼치던 로비의 양상도 다양화되고 있다. 이제는 행정부 관료들조차 의회를 상대로, 역으로 의회 의원들이 정부 관료를 상대로 로비하는 일이 흔해졌다.

따라서, 오늘날 로비란 '정책 결정권자를 대상으로 그들의 행위에 영향력을 행사하고자 시도하는 직·간접적 의사소통 방식'이라 정의할 수 있을 것이다. 이것도 너무 추상적인가? 그럼 다시 정리하자. 글로벌 협상에서 로비란, 공공 기관을 대상으로 그들의 정책이 자기편에 유리하게 시행되도록 유도하는 모든 '비공식' 활동이다.

활동 영역과 수행 방식에 따른 로비의 종류

로비는 활동 영역에 따라 크게 국내 로비(domestic lobby)와 외국 로비(foreign lobby)로 나뉜다. 국내 로비란 한 국가 내에서 특정 집단의 이익을 대표해 입법과 정책 결정에 영향을 미치는 행위다.

반면에 외국 로비란 특정 국가의 이익을 대변하기 위해서 관련 활동을 그 국가와 이해관계에 있는 상대국에서 펼치는 것이다. 현재 한국에서 활동 중인 로비스트 A가 있다 치자. 그가 한국 내의 특정 집단을 위해 일한다면 국내 로비를 하는 것이고, 미국 정부의 의뢰로 미국의 이익을 대변하는 활동을 한국에서 펼치는 중이라면 외국 로비를 하고 있는 것이다.

앞서 로비 활동의 특징이 '비공식적'이며 '공식 외교(협상) 활동을 보완하는' 데 있다고 했다. 따라서 정부 대 정부 간 교섭으로 이뤄지는 공식적 외교 활동과 국외 로비는 결이 다를 수밖에 없다. 후자의 주체는 특정국의 정부 소속 외교관이 아니라 로비스트로 등록된 대리인이나 기관이다. 이들은 일을 의뢰한 국가의 정부로부터 일정 보수를 지급받는 대가로 해당국의 이익을 대변한다.

로비는 수행하는 방법에 따라서도 구분할 수 있는데, 직접 로비(direct lobbying)와 간접 로비(indirect lobbying)가 그것이다. 직접 로비는 로비스트가 의회나 행정부 소속 인물들(의원, 고위 관료나 직원)과 직접 접촉하면서 이익 단체의 입장과 정보를 전달하는 방식이다. 이는 다시 권력형(power approach)과 기술형(technocratic approach)으로 나뉜다.

권력형 로비

상대국의 대통령, 정치인, 장관 등 권력의 핵심 인물을 상대로 하는 로비. 정치적 결단이 필요한 난제 해결에 효과적이지만, 상당한 금액의 정치 헌금이나 기부금 명목으로 고액의 로비 자금이 소요된다. 불법 스캔들로 비화될 위험도 있다.

기술형 로비

실무자(중간 관리자나 기술진)를 대상으로 하는 로비. 관련 분야의 변호사나 컨설턴트 등이 상대측 실무자를 접촉케 함으로써 실질적인 문제 해결 방안이나 사전 위험 방지 체제를 구축한다. 미국의 보호 무역 정책이 거세지면서 외국의 정부나 기업이 각종 법적 규제를 피하기 위해 자주 이용하는 방식이다. 한국의 기업이 전자 제품에 대한 반덤핑 조사를 하는 미국 상무부 관리에게 로비를 하는 것도 여기에 해당한다.

직접 로비가 정책 입안자를 대상으로 하는 데 비해 간접 로비는 일반 시민을 대상으로 행해진다는 차이가 있다. 간접 로비도 기능 연계형(functional networking)과 대중 동원형(grass-roots mobilization)으로 세분화된다.

기능 연계형 로비

행정부나 의회가 특정 집단에게 불리한 입법을 하거나 정책을 시도할 경우 해당 집단끼리 힘을 합쳐 펼치는 로비 방식이다. 현재 미국 의회의 상·하원 내에 존재하는 코커스(비공식 의원 모임)가 좋은 사례다. 만일 한국 정부가 미 의회 내의 지한파 의원들로 하여금 코리아 코커스를 결성하도록 후원한다면, 향후 백악관의 방위비 분담금 증액, 통상 압력 같은 공세 국면에서 이들을 한국의 로비스트처럼 활용할 수 있다. 현재 미국 의회 내에는 외국 정부나 기업뿐만 아니라 자국 내 다양한 이익집단이 후원하는 코커스가 분주히 활동하고 있다.

대중 동원형 로비

여론을 조성해 시민들의 자발적 행동을 유도하고, 이를 기반으로 정책 결정권자에게 영향을 미치는 방식. 라디오, TV, 신문, 잡지 같은 대중 매체에 광고를 하거나, 선거 구민이 정책 결정권자에게 전화 통화, 편지나 이메일 보내기, 개인적 방문 등을 하도록 유도한다. 말하자면 간접적 배후 조종으로 상대에게 영향을 미치는 로비다.

미국, EU, 한국의 로비 제도는 어떻게 다른가

세계 각국의 로비 제도는 크게 세 가지 유형으로 구분된다. 첫째, 미국과 캐나다 유형이다. 로비스트 등록, 활동 내용과 보수의 공개, 위법 행위 시의 제재에 이르기까지 법률적으로 규정함으로써 로비 활동을 합법화하고 있다. 둘째, EU, 영국, 독일 등의 유럽 국가 유형이다. 로비스트의 존재는 인정하면서도 관련 제도를 별도로 두지 않으며, 의회 규칙이나 로비스트 협회 행동 강령 등을 통해 불법 로비 행위를 규제한다. 끝으로 로비스트를 공식 인정하지 않는 한국, 일본, 프랑스의 유형이 있다. 지금까지 언급한 유형 가운데 미국과 EU, 한국의 사례를 참고로 글로벌 로비 제도의 대강을 가늠해 보려 한다.

미국, 엄격한 규제하의 로비 천국

미국에서 로비 산업은 가장 역동적으로 성장하는 분야이다. 미국 의회와 정부에 등록된 로비스트만 수만 명에 달하고 관련 활동에 소요된 비용도 수백억 달러에 이른다. 퇴직자 협회, 군산 복합체, 총기 협회 등 수많은 직능별, 이해 단체별, 국가별 로비 조직이 활동하고 있다. 이들의 영향력이 너무 막강한 나머지 워싱턴 주류 사회에서는 로비 조직을 상원과 하원에 이어 '제3원'이라고 부를 정도다. 입법부, 사법부, 행정부와 언론에 이어 '제5부'라고 부르는 이들도 있다.

미국에서 로비 활동이 법적 인정을 받게 된 근거는 1791년 제정된 수정헌법 제1조에 의해서였다. 19세기 들어 '로비'나 '로비스트'라는 용어가 정치권에서 일반화됐고, 20세기로 오면 시민과 이익(압력) 단체의 로비 활동이 법으로 규제되기 시작한다. 1946년 연방 로비 규제법 제정이 계기였다. 이후 이 법의 문제를 시정하고 시대 변화에 따라 로비 활동의 새로운 추세를 반영하고자 1995년 로비 공개법(Lobbying Disclosure Act of 1995)이 제정되기에 이른다. 이 법의 주요 내용을 잠시 훑어보자.

첫째, 로비스트란 누구든지 보수가 주어지는 로비 활동에 그의 업무 중 20% 이상을 소비하는 자를 의미한다.

둘째, 로비 행위란 정책에 영향을 미치는 작업 및 연구를 포함하여 정책에 영향력을 미치거나 정책 결정자와 직원에게 직접적으로 접촉하는 행위를 모두 포함한다.

셋째, 로비스트는 의회에 등록해야 한다. 로비스트는 고객의 이름과 활동 내용 등을 공개하여야 하며, 로비 서비스에 대략 얼마 정도의 서비스료를 수수하는지 밝혀야 한다.

넷째, 로비스트는 6개월마다 정기적으로 로비 활동에 대한 보고서를 공개해야 한다. 만약 어기면 최고 5만 불까지 범칙금을 내야 한다.

다섯째, 국세청 규정 제501(C)조 4항에 의해 비영리 로비 단체의 경우 직접적인 연방 정부 지원금을 수수할 수 없다.

여섯째, 연방 정부 무역 대표 또는 부대표(차석)의 자리에 있었던 자는 외국의 이익을 위해 일하는 외국 로비스트가 될 수 없다.

한편, 2007년에 마련된 청렴 리더십 및 열린 정부에 관한 법률(HLOGA)에도 로비 관련 조항들이 있어 눈길을 끈다. 이 법안에 따르면 연방 의회의 상원 의원으로 재직한 인물은 퇴직 후 2년의 냉각기가 지나야 연방 의회를 상대로 로비 활동을 개시할 수가 있다. 행정부의 각 부처 장관이나 최고위직 출신자들도 예전 직장에 로비를 하려면 동일한 냉각기를 가져야 한다(사법부나 검찰 출신들이 퇴직 후 바로 변호사 개업을 하며 '전관예우' 논란을 빚는 한국적 현실과는 사뭇 대비되는 대목이 아닌가 싶다). 위 법안의 가장 큰 목적 역시 로비 활동에 불공정한 영향을 미치는 회전문 현상의 방지에 있다.

미국보다 다소 느슨한 EU의 로비 환경

EU 내 로비 활동은 유럽 통합의 양적 확대와 질적 심화 추세와 맥락을 같이한다. EU 내 이익 단체의 활동은 1990년대 이후 급증했다. 이 시기에 EU의 규제 권한이 각 회원국에서 EU 집행위원회로 점차 이관되기 시작했으며, 유럽의회의 역할이 확대되어 갔다.

집행위원회, 유럽의회, 유럽연합재판소와 함께 EU 산하의 4대 기구로 꼽히는 각료이사회가 가중 다수결(qualified majority) 제도를 의사 결정 방식으로 채택함에 따라 각종 이익 단체들의 로비 활동이 증가한 것도 이 시기다. 단순 다수결이 아니라 '구성원의 3분의 2나 4분의 3과 같이 특정한 다수의 동의를 전제로 하는' 가중 다수결 방식이 이익 단체들로 하여금 자신의 지지 세력을 더 많이 포섭하도록 노력하게 만든 것이다. 그 결과 EU 집행위원회와 유럽 의회가 위치하고 있는 브뤼셀에는 현재 2,600여 개의 이익 단체와 약 2만 명의 로비 인력이 활동 중인 것으로 알려져 있다.

현재 작동 중인 EU의 로비 제도는 미국과 많은 차이를 보인다. 우선, 로비의 전개 방식이 그렇다. 미국은 기업, 노조 등의 이익 단체들이 정치활동위원회(Political Action Commitee, PAC)를 구성해 의회에 대한 로비에 치중하는 편이다. 이와 달리 EU에서는 소속 단체들이 자문을 얻기 위해 구성한 엘리트 포럼에서 주로 로비가 이뤄진다. 각 단체 산하의 비공식 소위원회와 더불어 외부 전문가 그룹, 공청회 같은 것들이다.

로비를 받는 대상이 로비를 하는 주체에게 재정 지원을 한다는 점도 다르다. 미국에서는 정부 정책에 영향을 끼치려는 이익 단체를 정부가 재정적으로 지원하지 않기 때문이다. EU 집행위원회가 비영리 단체에 대해 직·간접적으로 지원하는 것은 이익 단체 간의 불균형을 완화하면서 동시에 외부 의견 수렴 과정의 절차적·민주적 정당성을 확보하려는 데 있다.

한편, EU의 로비 관련 규제는 미국에 비해 상대적으로 느슨하다. 현재 미국 의회는 로비스트에 대한 의무 등록제와 로비 공개법 시행으로 강력한 규제를 적용하고 있다. 그러나 EU는 '강력한 규제가 필요하다'는 시민 단체들의 외침에도 최소한의 규제만을 시행 중이다. 집행위원회는 여전히 의무 등록제가 아닌 자발적 등록제를 유지하고 있으며, 유럽의회의 규제 수준이라는 것도 의원 윤리 규정의 제정이나 로비스트들의 의회 출입을 통제하는 정도에 머물 뿐이다.

끝으로, '재정 투명성'의 차이를 들어야겠다. 로비 공개법이 시행 중인 미국에서는 로비 의뢰 고객과 재정 지원 내역을 정확히 공개하도록 돼 있는 반면, EU는 최소한의 규제와 법 집행에 그치고 있다. EU의 경우 규제의 근거를 2007년 채택한 유럽 투명성 이니셔티브(European Transparency Initiative, ETI)에 두며, 여기에 따라 2008년부터 EU에서 활동하는 이익 단체들이 이익 대표자 등록부(Registry of Interest Represenatives)라는 자발적 등록 제도를 운영하고 있다.

아직 합법화되지 못한 한국의 로비 문화

로비 활동을 합법적으로 보장하고 있는 미국 등 일부 선진국과 달리 한국에서는 모든 로비 활동을 불법으로 규정하고 있다. 로비에 따르는 보수를 받으면 형법상 뇌물죄, 변호사법 위반 또는 특가법상 알선 수재죄 등을 범하게 된다.

그러나 이런 현실은 현 시점의 변화를 반영하지 못하고 있다. 더불어 정치인, 공직자와 음성 로비스트, 기업가 간 유착이 더욱 음성화되고 은밀한 뒷거래를 양산하는 악순환의 원인이 되기도 한다. 1980년대 민주화 이후 한국은 이익 극대화를 위한 집단적 활동이 다방면에서 분출돼 왔다. 이 같은 양상을 무시한 채 이익집단이 자기주장을 입법 과정에 반영시킬 수 있는 합법적 루트를 차단한다면 공동체 구성원의 불만은 팽배해질 것이다. 우리도 로비의 법제화를 적극 검토해야 할 시점이다.

미국의 로비 제도 발전사에서 보듯이 로비는 부정적인 면만 있는 것이 아니다. 헌법상 보장된 청원권 차원에서 국민들이 정책 결정자들에게 자신의 의견을 전달할 민주적이고 합법적 통로가 된다는 긍정적 요소가 있다. 국회의원이나 공직자 등 정책 결정자들이 미처 생각하지 못한 부분이나 업계의 실상을 알려 준다는 점에서도 값진 기회가 될 수 있다. 더욱이 로비 제도의 양성화가 가져올 음성적 뒷거래 방지 효과도 긍정적인 부분이다. 정당한 로비 문화의 실현은 결국 한 사회의 정치 문화 향상에도 기여할 수 있는 것이다.

한국의 대미 로비사(史) 그 실패와 성공의 기억

①권력형 로비 ☞ 1970년대 미국 행정부에 의한 주한 미군 철수 움직임과 반유신 정권 정책에 대응하여 박정희 정권은 로비스트 박동선으로 하여금 미 의회 의원들에게 뇌물을 제공케 한다. 일명 '박동선 사건'으로 불린 코리아게이트의 본말이다. 한국의 국격을 실추시킨 부정적 로비의 대표 사례다.

②기술형 로비 ☞ 한·미 간 이슈가 점차 전문화·다양화됨에 따라 전문가를 동원한 로비의 필요성이 증대되고 있다. 한국개발연구원(KDI)의 미국 대리인인 한국경제연구소(KEI)의 활동이 주목받는 이유다. 현재 KEI는 미국 관료·언론인·의원 보좌관 및 미국 시민들을 상대로 교육을 포함한 다방면의 로비를 전개하고 있으며 한·미 간 주요 이슈에 대한 우호 여론 조성과 국가 이미지 홍보에 앞장서고 있다.

③기능 연계형 로비 ☞ 레이건 행정부 시절 젠킨스 법안으로 한국 섬유산업이 불리한 영향을 받게 되자 우리 정부는 법안 반대를 위한 사절단을 미국에 파견한다. 이들은 미국 내 각 주의 면화 재배업자, 농부, 상공회의소, 생가죽 수출업자 등 다양한 이해 집단을 접촉해 설득함으로써 결국 레이건 대통령이 법안에 대한 거부권을 행사하도록 이끌었다.

④대중 동원형 로비 ☞ 미국 내 한인 동포 수가 늘어남에 따라(2015년 기준 약 220만 명 추산) 한인 사회의 위상이 높아지고 있다. 이런 양상은 그들이 모국의 국익을 위한 압력 집단으로 활약하는 배경이 된다. 실제로 2013년 미국 뉴저지주의 한인 사회는 미국 내 교과서의 '일본해' 표기를 '동해'로 바꾸는 청원 운동을 전개해 상당한 성과를 거둔 바 있다.

효율적 로비 전략 수립을 위한 조언

로비를 할 때에는 사안에 따라서 정부가 나서야 할 때가 있고 기업이 나서야 할 경우도 있다. 정부 로비에 있어서도 한 부처가 대응하는 것이 효과적일 때가 있는 반면 여러 부처가 연합해야 할 상황도 있다. 조직 내 하나의 카운터파트에서 맡아도 될 일을 여러 부서가 분산 처리할 필요는 없다. 또 적절한 업무 분담이 없다면 로비 활동이 쓸데없이 중복되는 일도 생긴다. 이 같은 비효율성은 로비의 목적을 어디에 두느냐에 따라서 발생할 수도 있다. 어떤 문제가 터지고 나서 봉합하는 것보다는 그 일이 일어나지 않도록 사전 예방 차원에서 로비를 펼치는 것이 훨씬 경제적이라는 얘기다.

로비 활동에서 발생할 수 있는 비효율성을 방지하려면 보다 체계적이고 종합적인 전략 마련이 중요하다. 실행 주체도 긴밀하고 유기적으로 조직될 필요가 있다. 전략을 설계하고 행동을 지휘하는 컨트롤타워와 현장의 활동 주체들이 이원화되는 것이 좋다.

유능한 로비스트 선정의 중요성이야 새삼 강조할 필요도 없다. 그는 의뢰 고객의 이익을 대변하기 위해 친교와 회유, 압력을 동반한 전술을 유효적절하게 구사할 것이다. 흔히 로비스트의 역할은 다섯 가지로 언급되는데, 내용을 살펴보면 그가 관계하는 영역이 그리 간단치 않음을 알 수 있다.

첫째, 그는 고객을 정책 결정권자에게 이어줄 '접촉자(contact person)'여야 한다.
둘째, 그는 정부나 의회의 일을 고객에게 수시로 보고하는 '연락관(liaison)'이다.
셋째, 그는 로비 대상인 정부나 의회를 위해 그들이 필요로 하는 전문 정보와 외부 동향을 제공해 주는 정보 제공자(informer)의 역할을 수행할 수 있다.
넷째, 그는 전략가(strategist)로서 고객이 목적 달성에 필요한 인물을 만나 설득할 수 있게 일련의 전략을 제공한다.
다섯째, 그는 정치인이나 관료들의 지원자(supporter)이기도 하다. 로비스트는 고객의 이익을 위해 정책 결정권자에게 영향을 미치겠지만, 이 과정에서 상대방 또한 로비스트를 활용해 자신의 이익을 얻을 것이기 때문이다.

세련된 로비 기법 ①: 현지 법 준수

로비스트를 선정하고 로비할 대상도 골랐다. 이제 실전 로비에 필요한 내용을 가이드할 차례다. 가장 강조하고 싶은 기본 태도는 현지 법을 준수하라는 것이다. 로비를 안 하는 나라는 없지만 로비 제도가 없는 나라는 많다. 미국처럼 로비가 합법적으로 제도화된 나라에서 관련 법 규정을 준수하지 않는다면 법적 책임을 면할 수 없다.

그러나 로비 관련 법제가 마련되지 않은 나라에서 로비스트는

로비 대상의 선정 누구를 타깃으로 할까?

로비스트를 선정했다면, 다음은 누구를 대상으로 로비할 것인지 결정해야 한다. 모범 답안은 없다. 사안의 무게, 가용할 수 있는 자원(비용), 대상 인물에게서 기대할 수 있는 효과, 그리고 상대국의 문화나 정치·사회 환경을 고려해 맞춤한 인물을 골라야 한다. 고려 요인은 두 가지다.

① 상황의 전개 양상에 따라 ☞ 미국 정부가 한국산 가전제품에 반덤핑 관세를 부과할 방침이다. 이 방침 자체를 철회시키려면 정치적 결단이 필요하므로 고위급 인물을 포섭해야 한다(권력형 로비). 그러나 철회가 불가능하다면 피해를 약화시켜야 한다. 이를 위해선 미 상무성의 실무 관료를 타깃으로 삼을 필요가 있다. 그들로 하여금 반덤핑 관세 부과 시 최소마진율을 가능한 낮게 설정하도록 로비하자는 말이다(기술형 로비). 이때 미국 내의 관련 산업 단체, 의회의 코리아 코커스(친한파 의원 모임) 등을 동원해(기능 연계형 로비) 양동 작전을 구사하는 것도 현명한 선택이다.

② 상대국의 사회 문화적 특성을 감안하여 ☞ 의사 결정 권한이 주로 권력의 상부에 집중된 동양과 중남미 국가들을 상대할 경우는 고위급 인물을 접촉하는 것이 좋다(권력형 로비). 그러나 서구권 국가에서는 의사 결정권이 업무에 따라 분산되는 경향이 상대적으로 강하다. 이 경우 권력형 로비 방식은 담당 실무자의 반발만 초래할 뿐 로비의 역효과를 부를 수도 있다. 기술형 로비 방식이 더 적절하다.

수많은 불법 거래의 유혹에 시달릴 수밖에 없다. 결국 로비의 본질은 고객의 이익, 더 정확히 말하자면 그의 욕망을 채워 줘야 하는 일이다. 법적 제도적으로 제어되지 않는 욕망은 불법과 탈법으로 이탈하기 쉽다. 그래서 버트램 레빈(Bertram Levine)도 『의회를 로비한다(Lobbying Congress)』라는 책에서 로비스트가 지켜야 할 덕목을 '진실'이라 말하지 않던가.

로비 법제화가 되어 있지 않은 나라에서 활동할 때도 부정부패 관련 법규를 숙지하고 이를 철저히 준수하는 자세가 요구된다. 정치 시스템이 후진적인 나라에서는 요행히 불법적 로비가 통할 수도 있다. 그러나 바로 그 정치적 불안정성은 새로운 권력이 당신을 단죄할 빌미를 언제든 제공할 위험 요소이기도 하다.

세련된 로비 기법 ②: 초기 대응의 중요성

미국이나 EU의 정책 결정 과정에서 영향력을 행사할 수 있는 가능성은 제안이 시작되는 초기에 가장 높다. 새로운 규제안을 준비할 때 미국 행정부나 의회는 초기 단계에서 여러 전문가 집단이나 시민 단체 등을 통한 여론 수렴에 나선다. 이 과정을 거쳐 타당성 검토와 초안 작성의 순으로 점점 공식화되는 단계에 들어서면 로비의 영향력이 그만큼 줄어든다. 따라서 로비의 효과를 극대화하려면 정책 결정의 초기 단계에 활동을 집중하는 것이 현명한 선택이 될 것이다.

세련된 로비 기법 ③ : 대중 로비의 강화

최근 대중 동원형 로비의 중요성이 커지고 있음에 유의하자. 예컨대 선거 구민으로 하여금 지역구 의원을 압박하거나 독려하도록 유도함으로써 정책 결정에 영향을 미치는 식이다. 이 외에 지역 기부, 지역 교육이나 자선 프로그램, 지역 상공회의소 등을 활용한 압력도 의회를 움직이는 데 유효하다. 이러한 대중 로비의 강화는 외국에서 자국 이미지 개선에 커다란 효과를 가져다준다. 정부가 공공외교(public diplomacy)를 벌이거나 해외 진출 기업이 현지의 사회적 책임 활동(CSR)을 강화하는 것도 이러한 목적에 있다.

세련된 로비 기법 ④ : 상대국 문화 존중

동서고금을 막론하고 인간관계를 유지하는 공통점이 있다. 성실과 정직, 그리고 상대에 대한 배려다. 로비스트를 통하면 무슨 일이든 가능할 것이라는 막연한 기대감은 금물이다. 그는 기적을 창조하는 사람이 아니다. 의사소통의 촉매제일 뿐이다. 이러한 의사소통은 상대국의 문화를 존중하는 가운데 이루어져야 한다. 상호 문화 교류 활동 같은 품격 있는 로비 방식도 중요하다.

세련된 로비 기법 ⑤ : 상호주의적 접근

인적 네트워크 확보가 관건인 로비스트의 세계에서 인간관계를 유지하는 비결은 무엇일까? 서로의 이익을 극대화할 수 있는 비전을 제시하고 상생 관계를 유지하는 데 있다. 중국인과 꽌시를 맺기 위해서는 등가적(等価的) 교환이 전제된다. 미국 로비의 본질도 결국 마찬가지다. 한국 기업이 미국에서 성공적인 로비 결과를 거두려면 현지에 공장을 세우든 투자를 하든 대가를 줘야 하는 것 아닌가.

세련된 로비 기법 ⑥: 일관되고 중장기적인 로비

상대방을 설득하기 위해 로비스트를 고용했음에도 효과가 없을 수 있다. 이럴 땐 과감히 포기하는 것이 필요하다. 단, 로비 대상과의 관계는 꾸준히 유지하자. 로비에는 성공도 실패도 있을 수 있다. 때로는 세월과 승부하겠다는 일관성과 끈기를 요구한다. 이처럼 중·장기적 로비가 필요한 상황이라면 전문가 양성을 게을리해선 안 된다. 해당 국가의 정치·경제·사회·문화 등에 정통한 인재 풀을 갖춰 둘 필요가 있다.

세련된 로비 기법 ⑦: 공보 활동의 강화

로비는 진화하고 있다. 과거 전통적인 로비가 정부와의 소통에 중점을 두었다면 현대 로비는 정부뿐 아니라 시민과의 소통도 중시한다. 즉, 정부, 시민, 언론을 대상으로 자신에게 유리한 공공 정책 환경을 조성하려는 공보 업무가 중요시되는 것이다. 지금은 정부의 동의뿐 아니라 사회적 동의가 필요한 시대이다.

Tip Box

로비 활동에 대해 첨언하고 싶은 것

① 준법 로비가 정답이다

2016년 12월 미국 검찰은 브라질 최대 건설 업체인 오데브레시(Odebrecht) 사에 해외 공공사업 수주를 위한 뇌물 공여죄를 적용했다. 부과된 벌금액만 최소 35억 달러에 달했다. 오데브레시 사가 2001년 이후 12개국에서 100여 건의 프로젝트를 따내기 위해 제공한 뇌물액이 8억 달러였으니 그것의 4배가 넘는 수준이다. 후폭풍은 엄청났다. 이 회사가 관여한 국가마다 수사와 제재가 이뤄진 것은 물론 브라질 포함 11개국 검찰이 국제 공조에 나설 정도였다. 현재 국제사회는 이 뇌물 스캔들이 그간의 만연한 부패를 근절하고 관련 정치 시스템과 제도 개혁을 이루는 단초가 될 수 있을지 주목하는 중이다.

2000년 이후 국제 거래에서 부패 방지를 위한 노력이 증가하고 있다. 미국은 해외부패방지법 제정 이후 약 25년간 엄격한 적용을 자제해 왔으나 최근에는 법 집행을 강화하며 벌금액도 높이는 상황이다. 이미 지멘스(독일), 알스톰(프랑스) 같은 글로벌 기업들이 된서리를 맞은 바 있다.

글로벌 경영 활동에 있어 준법의 이유는 자명하다. 부적절한 거래는 궁극적으로 기업에게 손해로 귀결되기 때문이다. 오데브레시 사건으로 유죄 판결을 받은 관련자 수백 명의 사연이야 인과응보로 치자. 관련국들의 계약 파기도 자업자득이다. 그러나 상당수 국가가 자국 내 오데브레시의 영업 활동을 금지시킨 것은 어떻게 복구할 것인가. 이윤 추구가 생명인 기업에게 이건 꽤나 치명타일 텐데 말이다.

② 진화하는 로비 트렌드

최근 변화된 로비의 양상으로 싱크탱크를 활용하는 추세가 늘고 있다. 대미 로비를 위해 각국 정부가 워싱턴의 브루킹스 연구소(Brookings Institution), 전략 및 국제 연구 센터(Center for Strategic and International Studies), 대서양 위원회(Atlantic Council) 같은 두뇌 집단에 연구 자금을 제공하는 식이다. 후원받은 연구소는 후원 국가에 유리한 정책 자료를 발표하고 관련 포럼이나 고위 관료 대상 브리핑 등을 열어 보답을 한다. 워싱턴의 의원, 정부 관료나 언론계에 미치는 이들의 영향력을 감안할 때 매우 효과적인 로비 수단이라고 하지 않을 수 없다. 워싱턴의 유력 정치인이나 관료에게 접근하기가 쉽지 않은 약소국에게는 특히 유용한 로비 방법이라 할 것이다. 이 연구소들을 활용함으로써 자국 외교 정책의 주요 어젠다를 미 의회나 행정부에 반영하기 쉬워지는 까닭이다.

문제는 이 싱크탱크가 로비스트 그룹이 아닌 학술 연구소라는 점이다. 자본의 뒷배를 얻어 든든한 자금력을 확보한다는 점에서는 연구소 운영상 호재일 수 있다. 하지만 늘어난 재정만큼 지적 자유가 침해될 소지도 커지진 않을까. 학문이 돈의 입김에서 자유로울 수 없다는 비판이 제기될 만한 대목이다.

part 10

열 번째 지침, 이제, 글로컬라이제이션을 체화하자

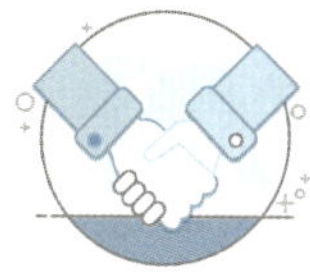

세계화와 지역회가 공존하는 시대의 문화 코드

1911년 10월 노르웨이의 탐험가 로알 아문젠(Roald Amundsen)과 영국 탐험가 로버트 스콧(Robert Scott) 간에 남극점 정복을 위한 역사적인 경주가 시작됐다. 설상차, 최고급 순모 방한복 등 당시 세계 최강국의 과학기술력이 총동원된 스콧 원정대와 개썰매, 스키, 모피 방한복 정도가 고작이던 아문센의 팀. 그러나 1911년 12월 14일 남극점에 먼저 도착한 쪽은 노르웨이인들이었다. 그들은 스콧의 팀보다 한 달 먼저 원정에 성공했을 뿐만 아니라 96일 만에 전원이 무사 귀환하는 성공을 거뒀다. 이에 반해 스콧 원정대는 남극점 도달의 영예도 빼앗긴 채 급기야 대원 전원이 사망하는 참사까지 당하고 만다. 왜 그랬을까?

사람들은 아문젠의 성공이 철저한 '현지화'와 '준비'에서 온 거라고 평가한다. 땀 흡수에 용이한 모피를 입고 강추위에 엔진이 얼어붙을 일 없는 개썰매를 고른 것은 탐험 전 원주민과 함께 살면서 배운 지혜였다. 더욱이 스콧보다 971km나 더 가까운 경로를 파악하고 노련한 탐험 대원을 선발하는 등 철저한 사전 준비도 성공을 거들었다(스콧은 아문센이 전한 에스키모의 지혜를 무시했다고 한다. 게다가 그의 원정 대원 대부분은 탐험에 경험이 없는 자들이었다).

당시 대영제국은 글로벌 스탠더드였다. 군사력으로나 과학기술에 있어 세계를 견인하던 국가. 하지만 그들이 자랑하던 국력도 혹한의 자연 속에서는 문명의 표준이 되지 못했다. 오늘날로 치자면 세계화(globalization)를 주도하는 강대국이 현지화(localization)에 성공하지 못한 사례라고 할 것이다. 과거의 구소련이나 현재의 미국 같은 최강대국들이 아프가니스탄 하나 맘대로 하지 못해 씁쓸한 실패만 거둔 사실을 돌아보자(2019년 현재 미국은 이 땅에서 철군을 준비 중이다). 21세기의 큰 흐름인 세계화와 현지화의 충돌 사례는 협상의 세계에도 시사하는 바가 크다.

협상에서 왜 현지화가 필요할까?

바야흐로 세계는 글로벌라이제이션, 즉 세계화의 시대다. 이 흐름은 지구촌 시장을 통합하고 기술과 정보를 확산시키며 문화 간 상호 교류를 촉진한다. 그러나 긍정적인 기회만 있는 것은 아니다. 저가의 외국 상품이 침입해 와 국내 산업을 와해시킬 수도 있고, 국제 표준이라는 미명하에 각국의 특수 상황을 무시한 법 체계를 강요할 위험도 도사리고 있다.

21세기의 아이러니는 세계화가 확산될수록 지역화가 공고해진다는 점이다. 글로벌 기업도 해외에서 영업 활동을 펼 때는 현지의 특성을 고려한 상품 기획과 마케팅 전략을 구사한다. 미국 컨설팅 회사 딜로이트가 전 세계 540개 대기업의 인수 합병(M&A) 실태를 조사한 결과는 의미심장하다. 조사 대상 기업의 70% 정도가 인수 합병 효과를 보지 못했는데, 이질적인 현지 문화 극복의 실패가 원인으로 꼽혔다. 이런 사례는 우리에게 무엇을 알려주는가. 바로, 세계화 전략을 설계함에 있어 지역이라는 변수를 감안하라는 사실이다.

글로벌 비즈니스 협상에서 세계화와 현지화의 안배는 중요한 고려 요소다. 오늘날 해외 투자의 70% 이상이 외국 기업에 대한 인수 합병으로 이뤄진다. 적대적 인수 합병의 경우에는 정복자(인수 기업)들이 피정복민(피인수 기업)에게 행하는 일방적 행태로 문제를 야기하는 경우가 많다. 상대측의 전통적인 기업 문화를 무시한 채 인수 기업의 경영 방침을 강요하는 경우가 대표적이다.

협상계의 유능한 글로벌리스트가 되려면 로컬리스트(localist)의 자질도 겸비해야 한다. 글로벌 협상가는 무엇보다도 국제 기준에 맞는 협상 전략, 관행과 문화를 발전시킬 의무가 있다. 여기에는 뇌물 수수를 비롯한 비윤리적 행위와 결별하려는 윤리적 태도가 필수다. 그리고 이를 바탕으로 지역성을 배려하는 차원으로 한 발 더 나아가야 한다.

그는 협상 테이블에서 상대국 정부, 기업이나 노조, NGO 등 다양한 이해관계자들을 만날 것이다. 또한 자신과 그들 사이의 사회 문화적 배경이 다름을 헤아리면서 이해와 존중의 자세를 견지할 것이다. 이문화 간 공존의식이 없는 글로벌 협상은 곳곳에서 자문화중심주의라는 부비트랩을 만날 것이다. 폭발음은 크다. 결국 '글로벌 + 로컬'의 삼투압을 촉진하기 위해선 배려와 창의성, 전략적 유연성이라는 패키지가 있어야 한다.

물론 상대방의 문화에 완전하게 적응하는 것은 불가능한 일이다. 도저히 좁혀지지 않는 크레바스 앞에서 머리를 싸맬 수도 있다. 하지만 당신이 유능한 협상가라면 이 간격을 메워 줄 제3의 인물을 글로벌 인적 네트워크에서 차출할 수도 있지 않겠는가. 양쪽 모두의 문화에 친숙한 대리인이나 자문역이 될 만한 인물은 어디에든 있으니 말이다.

글로벌 협상에서 고려할 현지화 요소의 경우들

① 협상의 개념 차이 ☞ 미국인에게 협상은 제안과 역제안을 통한 경쟁적 이익 추구의 장이지만 일본인은 그것을 정보 공유의 기회로 생각한다.

② 협상가 선별 기준의 차이 ☞ 어떤 문화권에서는 전문 역량만으로 협상가를 선발하지 않는다. 연공서열, 성별, 나이, 경험이나 지위도 고려 대상이다.

③ 의례와 격식의 차이 ☞ 미국 협상가는 조금 친밀해지면 직함을 무시한 채 협상 상대의 이름을 부르기도 한다. 서유럽은 좀 더 예법이 있는 편이어서 '씨', '닥터'와 같은 직함을 사용하며, 동아시아인들은 반드시 명함을 주고받는다.

④ 용어의 차이 ☞ 시보레가 중남미에서 출시한 신차의 이름 '노바(Nova)'는 라틴어로 '새로운'을 뜻하지만, 스페인어를 쓰는 이들에게는 '가지 않는다(No va)'로 들릴 것이다.

⑤ 시간 개념의 차이 ☞ 한국, 일본, 미국이나 서유럽에서는 시간 낭비를 싫어한다. 그러나 중국, 중남미, 아프리카 사람들과의 협상에서는 시간이 무척 더디게 흐를 것이다.

⑥ 위험 감수 경향의 차이 ☞ 호랑이를 잡으러 직접 호랑이굴로 들어가는 사람들이 있는 반면에 굴 밖에서 호랑이의 생태를 연구하며 사태를 관망하는 이들도 있다.

⑦ 책임 소재의 차이 ☞ 미국, 서유럽 같은 개인주의 문화권 사람들은 성공과 실패의 책임이 개인에게 있는 반면 아시아, 중동 사람들은 집단으로 책임을 진다.

⑧ '합의'에 대한 관점의 차이 ☞ 미국인에게 합의 각서란 협상의 종결을 의미한다. 중국인은 그것을 들고 비로소 공식적인 관계가 됐다며 '이제 협상을 잘해 보자'고 할 것이다.

- 로이 레이키 외, 『최고의 협상』에서 참조

글로컬리스트, 그의 협상 전략은 다르다

세계로 뻗어 나가는 한국 기업들이 증가하고 있다. 2016년《포브스》가 선정한 2,000개의 글로벌 기업들의 국적을 따져 보니 한국은 미국(586개), 중국(홍콩 포함 249개), 일본(219개), 영국(92개)에 이어 세계에서 다섯 번째(67개)로 많은 글로벌 기업을 보유하고 있었다. 2016년《포춘》이 선정한 500대 글로벌 기업 명단에도 삼성전자, 현대자동차, 한국전력, 포스코, LG전자를 위시해 15개의 한국 기업들을 확인할 수 있다.

해외 진출과 함께 해당 기업은 새로운 경영 기법을 요구받게 된다. 세계에서 제일 성실하고 똑똑한데다 워커홀릭이기까지 한 한국인 직원을 상대로 하듯이 중남미 생산 법인을 운영했다간 큰코 다칠 일이다. 괜히 본사 파견 관리자의 속만 썩어들어 갈 뿐, 다이내믹 코리아의 저 유명한 슬로건('빨리빨리')은 그들에게 턱도 없는 이야기다.

이제 필요한 것은 '글로벌 + 로컬'의 시선을 아우르는 경영자적 자질이다. 현지인의 습성을 배려하되 자신의 요구도 납득시킴으로써 대안을 모색하는 현장 관리자의 품성도 중요하다. 요즘 쓰이기 시작하는 신조어 '글로컬리스트(Glocalist)'를 이러한 인간형에 갖다 붙여도 적절하지 않을까 싶다.

기업이라는 바퀴는 경영자와 직원 간의 대화와 타협, 갈등과 해소 과정을 거치며 돌아간다. 사람을 운영하는 기업 경영에서 협상 또한 본질적 측면에 자리한다. 같은 언어와 문화적 배경을 지닌 사람들 사이에서도 협상은 어렵다. 그러니 이문화권 직원들과 동행하려는 글로벌 경영자나 관리자는 어떻겠는가. 난관을 극복하려면 국내에 있을 때와는 다른 관점의 업무 태도가 필요할 것이다.

통합과 현지화의 균형이 필요하다

1992년 월트디즈니 사가 50억 달러를 투자한 프랑스 파리의 유로 디즈니 테마 파크는 한동안 심각한 진통을 겪었다. 본사는 자존심 강한 파리지앵 직원들에게 디즈니 복장과 미국식 차림새, 음주의 금지, 영어 회의 진행 등을 강요했다. 디즈니의 고압적 태도가 현지 문화와 마찰을 일으킬 것은 뻔한 일이었다. 직원 소송, 프랑스 언론의 반(反) 디즈니 캠페인, 철도 근로자들의 파리-디즈니랜드 노선 파업이 이어졌다.

그러나 현지 문화를 무조건 존중하는 것이 만병통치약은 아니다. 미국 메릴랜드주 타우슨에 위치한 블랙 앤 데커 사는 1922년 첫 해외 지사 설립 후 지나친 현지화 추진으로 낭패를 겪은 기업이다. 각 해외 법인별로 독자 운영 체제를 갖추다 보니 모터만 260가지나 생산할 정도로 제품 라인업이 산만해졌다. 인력과 조직 운영, 연구 개발(R&D), 생산, 판매 등 많은 분야에서 비효율이 발생한 것은 물론이다. 2010년 3월 결국 이들은 경쟁사인 스탠리 웍스에 합병되는 신세가 됐다.

앞의 두 에피소드는 극단이 초래하는 위험을 잘 드러내 준다. 중요한 것은 균형이다. 세계화와 현지화의 적절한 조합 말이다. 단지 '현지화를 위한 현지화'의 추구는 글로벌 경영에 낭비를 초래할 수 있다. 본사의 경영 방침을 어느 정도로 적용할 것인지, 현지화를 취해야 할 영역은 어디까지인지, 또 현지화에 소요될 비용과 돌아올 이익은 무엇인지 냉정히 판단할 필요가 있다.

첫째, 인력 운영과 관련된 사항이 있다. 법인장을 포함한 주재원을 파견한다면 본사 방침을 충실히 따르겠지만, 보수 외의 추가 수당 지급에 따른 비용 상승이 따른다. 더욱이 그가 현지 사정을 잘 모르는 인물이라면 운영상의 다양한 시행착오도 각오해야 한다. 따라서 현지 법인이 정착될 때까지는 본사 파견 직원이 경영을 맡고, 교육과 훈련 기회를 부여함으로써 현지의 인재를 키우는 것이 적절한 대안이 될 것이다.

둘째, 조직 관리에서 생산 관리, 마케팅에 이르는 본사 표준 지침을 적용하되 현지 사정을 고려한 운영도 부분 허용해야 한다. IBM은 2001~2014년간 글로벌 통합 프로젝트(Global Integrated Project)를 추진하며 약 6억 달러의 운영 비용을 절감했지만, 그러는 중에도 현지의 문화적 특성을 고려한 차별화를 인정했다. 본사의 보상 철학을 전 세계 법인에 공통 적용하는 구글도 마찬가지여서 성과급의 비중이나 지급 수단은 현지 사정에 따라 차별화한다. 주식보다 현금을 선호하는 인도인의 특성을 고려해 구글 인도 직원들의 성과급에는 주식 비율을 낮게 책정한다는 식이다.

셋째, 현지 지역 사회에 대한 기여 활동도 소홀할 수 없다. 오늘날 기업에게 사회적 공헌(CSR) 활동은 지속 가능한 생존의 전제조건이다. 단순한 사회봉사 차원으로 그치지 않고, 기업으로서도 다양한 이익을 얻는 계기가 된다. 현지의 인적 네트워크 구축을 위한 수단이 되는가 하면, 지역 사회와 비즈니스 파트너십을 맺는 방향으로 발전해 가기도 한다. 독일 도이체 방크 같은 금융 기업은 중남미와 아프리카(경제 개발), 아시아(사회 복지), 동유럽(교육) 등 지역별로 특화된 CSR 전담 부서를 운영할 정도다.

문화적 혼혈 인간이 되자

'혼혈' 또는 '잡종'을 뜻하는 '하이브리드(hybrid)'의 시대다. 단일 민족을 선호하는 이들에게는 다소 실망스럽겠지만, 생물학적으로도 순혈보다는 잡종이 자연선택에서 생존 가능성이 높다. 수천 년 나라 없이 떠돈 유대 민족이 여전히 전 세계에 영향력을 미칠 수 있는 이유가 뭘까. 선민의식? 아니다. '유대인'으로 하나 된 다양한 인간 생태계에 있다. 그들은 모계만 유대인이면 혼혈에게도 유대 민족의 자격을 준다. 종 다양성이 확보된 생태계는 보다 더 건강하지 않겠는가.

협상가 역시 자기 내면에 다양한 이문화의 생태계를 조성해야 한다. 그는 문화적 혼혈 인간(a global hybrid)이 돼야 한다. 문화적 혼혈 인간? 이런 인간형의 본질은 그가 타 문화를 이해하고 포용하는 사람이라는 것이다. 자문화 중심의 편협한 사고에서 벗어나 다른 세계의 가치, 사고, 관습, 제도 등을 적극 이해하고 수용하는 '열린 의식'의 소유자라는 말이다.

그러나 글로컬리스트 협상가가 되기 위해서 열린 의식은 기본 자질일 뿐이다. 핵심은 이해와 포용, 곧 '융합'하는 능력에 있다. 그래서 그는 상대방과 협상하기 전에 이미 문화적 차이가 존재함을 전제하고 그들의 문화를 공부할 것이다. 그 과정에서 상대방의 협상 태도 이면에 드리운 문화의 그림자를 어렴풋하게나마 인지할 것이다. 이런 수용과 이해의 단계를 지나면 그의 협상 스타일을 인정하되 자신의 방식도 인정하게 만드는 과정으로 접어들어야 한다. 이것이 융합이며, 저 유능한 글로컬리스트의 협상 전략의 고갱이다.

상생만한 실익은 없다

전쟁이란 분쟁 해결의 수단을 폭력에 의존하는 것이다. 그 수단이 민주적 절차에 따른 대화와 타협으로 바뀌면 협상이 성립된다. 물론 협상에도 다분히 공격적이고 일방적인 경향은 있다. 그러나 상호 협조와 양보의 교환 과정인 협상은 그 자체로 어느 정도 상생(win-win)의 의미를 품고 있다. 이러한 지향점은 오늘날 국제사회가 도달하고자 하는 목표와도 어울린다. 유엔헌장에도 명시된 '평화'와 '공영'을 추구하는 세계.

『논어』에 "군자는 다양성을 추구하지만 화합하려 노력하는 반면 소인은 남과 같아지려고 하면서도 화합하지 못한다(君子 和

而不同 小人 同而不和)"는 말이 있다. 우리가 살핀 글로컬리스트의 특성을 떠올려 볼 때, 그는 소인배와 거리가 먼 인간형이다. 보편적 국제 감각과 다양성에 대한 배려(현지화)를 겸비한 이가 아닌가. 이러한 태도가 단지 비즈니스적인 감각의 산물이 아니라 진정으로 윤리적인 품성에 기인하는 것이라면, 우리는 그를 한 차원 높은 상생형 인간이라 부를 수 있을 것이다.

그에게는 협상가들이 자기 이익을 극대화하기 위해 쓰는 꼼수가 보이지 않는다. 상대를 교란하는 허풍이나 거짓의 낌새도 없다. 너무 순진한가. 그보다는 한 치 너머를 보는 사람이라고 해두자. 그는 속임수에 기초한 합의가 궁극적으로 실패할 것이라는 것을 아는 사람이니 말이다. 상생하는 협상을 만드는 것은 결국 협상가의 윤리적 자질이다.

합의는 준수되어야 한다!

'팍타 순트 세르반다(pacta sunt servanda).' '합의는 준수되어야 한다'는 뜻의 라틴어다. 또한 글로벌 협상 결과의 이행을 보증하는 기본 원칙이기도 하다. 글로벌 협상의 합의는 그 결과가 성실히 이행되리라는 상호 신뢰(신의성실의 원칙)를 전제로 한다. 전제를 깨뜨린 쪽의 비윤리성은 비난을 당해도 마땅하다.

문제는 합의에 대한 해석이 서로 다를 수 있다는 데서 발생한다. 양자 합의의 경우라도 각자의 언어 외에 제3의 언어로 별도 합의문을 만드는 이유가 여기에 있다. 이처럼 꼼꼼하게 합의문을 작성해도 언어에 담긴 다의적(多義的) 속성으로 인해 문제의 여지는 남는다. 지시적 언어로 합의문을 작성하는 서구인들은 비교적 명확하게 권리와 의무에 관해 명기한다. 그러나 직관적인 성향의 동양 협상가들은 좀 더 포괄적인 방향을 선호할 것인데, 이 경우 훗날 합의 이행에 따른 갈등이 연출될 수 있다. 글로컬리스트라면 이런 문화적 성향에 대해서도 유연하게 대응해 나가야 할 것이다.

Tip Box

전략적 유연성과 자기중심적 사고

삼전도의 굴욕, 시대 변화를 무시한 자들의 비극

1637년 1월 30일 삼전도. 혹한의 바람 속에서 조선의 인조가 세자와 신하들을 이끌고 먼 길을 걸어 도착했다. 이곳에서 그는 청 태종을 향해 항복의 표시로 세 번 큰 절을 하고 땅바닥에 아홉 번 머리를 박는 삼배구고두례(三拜九叩頭禮)를 행했다. 인조의 이마에서 피가 흘러내렸고, 조선이 청의 신하국이 되는 순간이었다. 이로써 전쟁은 끝났다. 소현세자와 봉림대군을 비롯한 수십만의 백성이 청에 인질로 끌려가는 굴욕이 이어졌을 뿐이다. 그것이 다였을까? 물론 아니었다. 이후로도 조선은 해마다 청에 조공을 하고 상국의 지원 요청이 있으면 원병을 보내야 했다.

삼전도의 굴욕이라 일컫는 이 역사적 사건의 원인으로 당시 국제 정세 변화에 둔감했던 조선 조정의 무능을 꼽곤 한다. 그들에게는 전통의 어버이 나라인 명(明)을 향한 사대 외에는 다른 외교적 방침이 없었다. 이미 국운이 기울고 있던 명과 중원의 새로운 주인으로 떠오르는 청 사이의 세력 변화에 적응하지 못했고, 오직 명분과 의리에 기초한 배금정책(拜金政策)을 부르짖다 비극을 자초한 면이 크다. 성리학의 밧줄에 스스로를 옭아맨 조선의 사대부에게 전략적 유연성이란 찾기 힘들었다. 제틀에 갇힌 채 그들은 여전히 낡은 조선의 주민이기를 고집했고,

대가는 컸다. 급기야 후손들의 역사 교과서에서 광해군이 취한 외교 정책과 늘 대비되는 우매함의 사례로 남게 됐으니….

시장 흐름에 한 발 앞선 어도비의 선택

포토샵은 미국의 어도비시스템이 개발한 그래픽 편집 소프트웨어를 말한다. 시각 예술 소프트웨어 분야에서 90% 이상의 시장 점유율을 유지해 오던 히트 아이템이었다. 그런데 어도비가 2008년 12월 돌연 폭탄선언을 해버린다. 그동안 CD 형태로 팔던 포토샵 판매 방식을 매달 사용료를 내고 온라인으로 대여하는 형태로 바꾸겠다고 한 것.

업계는 경악했다. 포토샵 패키지 하나면 100만 원 이상의 수입을 올릴 수 있는 데 반해 온라인 대여 방식으로는 매달 1만 원 수준밖에 안 되는 까닭이었다. 대체 무슨 생각이었을까?

어도비의 선언은 미래의 시장 변화를 읽고 취한 전략적 행동이었다. 사실 포토샵 사용자는 제한돼 있고 높은 가격 탓에 불법 복제 상품만 늘어가는 상황이었다. 그들은 기존 수익 모델로는 미래의 성장을 기대하기 어렵다고 판단했다. 그리고 이러한 예측에 따른 어도비의 선택은 과연 옳았다. 저렴해진 포토샵 덕분에 소비자층이 확대된 데다 고객 만족도 역시 증가했으니 말이다. 시장 변화에 대한 예측은 웬만한 식견을 지닌 경영자라면 누구나 할 수 있다. 문제는 기존의 틀을 깨고 변화를 실행에 옮길 수 있느냐 하는 유연함과 행동력에 있는 것이다.

epilogue

21세기의 새로운 서희를 기다리며

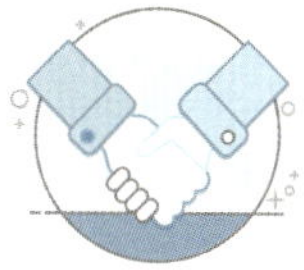

치열한 글로벌 경쟁의 시대다. 개인적으로 필자는 이러한 시대의 생존 키워드를 '전문성'으로 꼽는다. 구한말로부터 한 세기가 훌쩍 지났지만 한반도는 여전히 열강의 각축장이다. 안보, 외교, 경제 통상 면에서 치열한 경쟁과 연대가 이뤄지는 무대. 이 작은 반도의 주인이 과거와 같은 소국의 비애를 느끼지 않고 살아가려면 무엇보다 각계각층의 인재들이 전문성을 함양할 필요가 있다. 특히, 지정학적 위치상 주변 강대국과의 관계를 원만히 유지하고 역내 경제 교류의 허브로서 국가의 위상을 확립하려면 유능한 글로벌 협상 인력이 더욱 절실히 요구된다.

하지만 아쉽다. 우리의 관료 사회는 전문가(specialist)보다 만능인(generalist)을 원하는 경향이 짙어서다. 공무원들의 보직이 자주 바뀌는 풍토도 특정 분야의 전문가 양성을 방해하는 대목이다. 필자는 엄청난 국익이 걸린 협상에서 우리 측 대표만 여러 번

교체되는 상황도 자주 목격했다. 협상가의 전문성이 부족한 건 둘째로 치자. 적어도 그가 한 분야에 대한 경험과 식견을 성숙시킬 만한 시간은 줘야 하는 것 아닌가, 좋은 협상가를 키우는 비옥한 토양이 부족한 대한민국의 풍토는 그래서 더 아쉽다. 대체 어디부터 개선해 나가야 할까?

우선 학연, 지연, 코드 같은 연고주의에 따른 인사를 배격해야 한다. 승진이나 성공의 최우선 기준은 어디까지나 개인의 능력에 둬야 한다. 굳이 세세한 이유를 들이댈 것도 없다. 연고주의의 전제가 무엇인가. 힘 있는 파벌 속에 스스로를 귀속시키는 것이다. 그런 인물이 창의적이고 진취적인 협상가의 품성을 유지하리라 기대할 수 있을까. 결국 의사 결정권자의 거수기가 되어 '나' 아닌 패거리의 의견에 따라 함께 흘러갈 뿐이다. 그 안에서 성공적인 처세와 보신의 지혜를 배울 순 있겠지만, 그가 프로로서 자신의 일을 성공적으로 수행해 내는 자질과는 무관한 일이다.

정말로 '일' 잘하는 전문가를 양성하려거든 무엇보다 사고의 전환이 시급하다. 국제무대에서 필자가 만난 상당수 외국인들은 한국인의 협상 태도에 대해 부정적인 견해를 들려주곤 했다. 비판의 핵심은 한국의 협상가들이 논리적이기보다는 인맥에 의존하는 교섭 태도를 보인다는 데 있었다. 협상 상대국 지도자나 고위 관료와 친분이 있음을 과시하는 식으로 말이다.

사고의 전환이 필요한 부분은 또 있다. 바로 갈등을 대하는 관점이다. 사실 유교의 가부장적이고 수직적인 문화에 길들여진 한국인에게 갈등은 회피해야 할 국면이지 극복의 대상은 아니었다. 과거 우리 사회는 힘 있는 누군가가 지시하고 추종 세력이 떼 지어 움직이는 방식, 곧 상명하복의 문화에 익숙해져 있었다. "모난 돌이 정 맞는다"는 말이 알려주듯이 주체적인 개인으로서 자신의 소신을 밝히는 일은 영 금기시된 것이다. 갈등이 생산적인 계기가 되려면 다양한 주체들이 자신의 목소리를 내고 이것이 건전한 토론으로 수렴돼야 한다. 협상의 본질도 여기에 있다. 그러나 타인의 거수기 역할만 하던 사람이 이 같은 협상의 정도(正道)를 과연 감당해 낼 수 있을까?

끝으로, 유연한 전략적 사고를 성숙시켜야 한다는 당부를 하고 싶다. 전략적 유연성은 협상가가 지녀야 할 필수 자질이다. 협상은 주고받는 핑퐁 게임이다. 내 것은 온전히 지키면서 남의 것만 취하려면 전쟁을 해야지 협상을 택할 일이 아니다. 거래 성사, 합의 도출 같은 협상의 결실은 결국 다양한 이해관계를 조정하고 통합하는 능력에서 얻어진다. 이 과정에서 교착 국면을 해결할 창의적 아이디어가 어디에서 나오겠는가. 사고의 유연함, 바로 그것이다.

'철의 여인' 대처가 집권하던 시절, 칼보 소텔로 스페인 총리가 영국을 방문한 적이 있었다. 런던 다우닝가 10번지(영국 총리 관저)에서 열린 양국 정상 회담에는 영국 측 주요 인사로 총리 외에 피터 캐링턴 외무장관과 주(駐)스페인 영국 대사가 참여했다.

그런데 이 자리에서 영국인들이 보인 행동이 인상적이었다. 스페인 총리가 꺼낸 요청에 대처 총리는 즉답 대신 캐링턴 장관에게 동의 여부를 물었다. 장관은 다시 주스페인 대사의 의견을 물었고, '스페인 측의 요청을 수락하는 데 동의한다'는 의견이 대사에게서 장관에게로, 다시 장관에게서 총리에게로 돌아왔다. 대처의 입에서 공식적인 수락 의사가 떨어진 것은 그다음이었다.

당신이 이 자리에 동석한 소텔로 총리였다면 어떤 느낌을 받았을까. '총리가 그냥 오케이하면 되지, 뭘 저렇게까지…'라고 생각할 수도 있다. 그런데 소텔로 총리에게만큼은 저 장면이 꽤나 인상적이었던가 보다. 회담 후 스페인 정부가 그 영국 대사를 대하는 태도가 변했다니 말이다. 하기야, 자국의 총리와 장관이 의견을 물을 만큼 상당히 영향력 있는 인사라는 신뢰감이 생기지 않았겠는가. 시쳇말로, 어깨에 힘 한 번 실어 준 셈이다.

당연한 말이지만 인재를 키우려면 신뢰가 근본이다. 협상가에게 신뢰의 중요성은 새삼 말할 필요가 없다. 불신당하는 직원은 협상에서 자신의 능력을 보여주려는 강박에 사로잡힐 수 있다.

아니면 아예 무력해지든가. 둘 중 어떤 경우라도 협상을 망치는 데에는 확실한 효과가 있다.

인재를 키우는 일이 '기다림'의 과정이라는 말은 이제 식상하다. 그래도 진리다. 신뢰와 인내가 동전의 양면이 되는 이유는 무엇일까. 신뢰가 '과정'을 중시하는 덕목이기 때문이다. 한국의 협상 대표가 툭 하면 바뀌는 이유는 결국 그가 신뢰받지 못하는 데 있다. 아니, 어쩌면 그를 신뢰할 만큼 기다려 주지 못하는 조급함에 있을 것이다. 과정을 견디는 힘. 인재를 성숙시키는 신뢰. 성과 중심주의에 빠진 사회일수록 결여된 미덕이다.

19세기 영국 의회의 거두였던 글래드스턴과 디즈레일리에 얽힌 일화다. 한 젊은 부인이 하루는 글래드스턴과, 그다음 날은 디즈레일리와 저녁을 했다. 그 후 누군가가 그녀에게 두 사람에 대한 인상을 물었던가 보다. 그의 질문에 그녀는 이런 답을 들려주었다고 한다.

"글래드스턴 씨 옆에서 저녁식사를 한 후 나는 그가 영국에서 가장 총명한 사람이라고 생각하게 됐어요. 하지만 디즈레일리 씨를 만나고 나선 내가 영국에서 가장 총명한 사람이라고 생각하게 되더군요."

협상의 기준으로 보자면 디즈레일리의 완승이다. 이 책의 처음부터 여러 번 강조했던 내용이 있다. 협상가는 상대방의 숨은 의도와 욕구를 파악하고 그것을 채워 줘야 한다는 것 말이다. 쉽게 말해 상대의 가려운 데를 잘 긁어 주는 이가 최고의 협상가다. 굳이 손으로 긁을 필요도 없다. 협상가의 효자손은 '입'이다. 그런 점에서 거란으로부터 고려를 지킨 서희만큼 이 사례에 잘 들어맞는 인물도 없을 성싶다.

역사를 배운 한국인 치고 고려의 서희와 거란의 소손녕이 벌인 담판을 모르는 이는 없다. 당시 '고려 땅의 일부가 원래는 거란 것이었다'느니, '고구려의 땅이었으니 그 후예인 고려가 갖는 게 마땅하다'느니 하는 주장은 부차적인 문제였을 뿐이다. 핵심은 거란이 송나라를 치고 싶다는 것, 하지만 후방이 불안하니 어떻게든 고려를 단속해야 한다는 데 있었다. 이 사실을 알았기에 서희도 점잖게 자신의 바트나를 꺼내 든 것이 아니겠는가.

"당신의 군대가 철군하고 강동 6주를 반환하면 고려는 송과의 동맹을 단절할 것이오, 그걸 택하겠소, 아니면 고려를 점령하는 쪽을 택하겠소? 그리 되면 거란도 희생을 각오해야 할 테고, 나중에 후환이 남을 텐데. 당신들이 송을 칠 때 우리가 후방에서 기습하는 일이 생길 테니 말이외다."

능력 있는 협상가가 꼭 힘 있는 나라 출신이어야 한다는 법은 없다. 필자가 경험한 토미 고(Tommy Koh) 싱가포르 대사, 피지 출신의 사티아 난단(Satya Nandan) 국제해저기구 전 사무총장 같은 이들은 소속 국가의 국력과 관계없이 출중한 협상 능력의 소유자들이었다.

국제무대에서 군축, 국제법, 인권 같은 중요 의제를 다루면서 필자는 유능한 협상 전문가를 키우는 시스템의 부재를 아쉬워 한 기억이 많다. 그런 협상가는 하루아침에 만들어지지 않는다. 창의적이고 진취적인 21세기 글로벌 협상가의 출현은 문화적인 기본 토양부터 육성 시스템에 이르기까지 다방면의 여건 조성을 요구한다.

군사력으로나 경제력으로 세계 10위권에 오른 중견 국가. 오늘날 한국이 국제사회에서 차지하는 위상은 과거에 비할 바가 아니다. 그런데 강력한 중견 국가일수록 강대국보다 더욱 노련한 협상력이 요구됨을 아는가. 힘에 의존하기 쉬운 대국들보다 더 능란하게 협력하고 연대하며, 합의와 조율에 도달할 수 있어야 하는 까닭이다. 그래서 기대하는 것이다. 21세기의 대한민국을 이끌 수많은 '서희'들을 말이다.

References

참고문헌

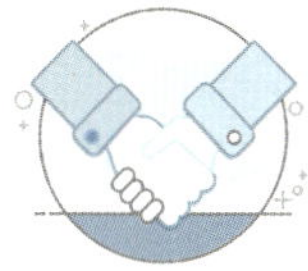

가나다 ⇒ 알파벳 순

단행본

- 강유덕, 『EU 로비 제도의 현황과 사례 연구』, 대외경제정책연구원, 2010.
- 개빈 케네디, 『협상 : 그 기술과 즐거움』, 이재호·이재훈 역, 김영사, 1991.
- 곽노성, 『국제 협상론』, 경문사, 1999.
- 김기홍, 『게임 이론의 관점에서 본 협상과 전략』, 율곡출판사, 2012.
- 김연철, 『협상의 전략』, 휴머니스트, 2016.
- 닐 필링, 『기적의 협상』, 이희경 역, 21세기북스, 2009.
- 대외투자개발원, 『중국인의 교섭술』, 대외투자개발원, 1996.
- 돈 허트슨·조지 루카스, 『1분 협상 수업』, 문수민 역, 랜덤하우스, 2011.
- 로널드 M. 샤피로·마크 A. 얀코프스키·제임스 데일, 『협상의 심리학』, 이진원 역, 미래의창, 2003.
- 로버트 누킨, 『하버드 협상의 기술』, 김세진 역, 21세기북스, 2011.
- 로이 J. 레위키, 『최고의 협상』, 김성형 역, 스마트비즈니스, 2005.

- 로이 J. 레이키, 『협상의 즐거움』, 김성형 역, 스마트비즈니스, 2008.
- 로저 피셔, 윌리엄 유리, 『(속)협상의 비결』, 조경근 역, 한국생산성본부, 1988.
- 로저 피셔, 윌리엄 유리, 브루스 패튼, 『YES를 이끌어내는 협상법』, 박영환·이성대 역, 장락, 2014.
- 루키우스 안나이우스 세네카, 『화에 대하여』, 김경숙 역, 사이, 2013.
- 리처드 니스벳, 『생각의 지도』, 최인철 역, 김영사, 2004.
- 리처드 쉘, 『협상의 전략』, 박헌준 역, 김영사, 2006.
- 리 L. 톰슨, 『지성과 감성의 협상 기술』, 김성환 외 2인 역, 한울아카데미, 2005.

  『협상과 설득, 그 밀고 당기기의 심리학』, 조자현 역, 예인, 2010.
- 박형근, 『협상』, 미래북, 2012.
- 박희권, 『문화적 혼혈 인간』, 생각의 나무, 2010.

  『글로벌 아이』, EBS, 2016.
- 브룩스 피터슨, 『문화지능』, 현대경제연구원 외 2명 역, 청림출판사, 2006.
- 새뮤얼 헌팅턴, 『문명의 충돌』, 이희재 역, 김영사, 1997.
- 스티븐 바비츠키·제임스 맨그래비티 Jr., 『협상과 흥정의 기술』, 유지연 역, 타임비즈, 2011.
- 신국호, 『상생으로 가는 협상 전략』, 종합출판, 2005.
- 안세영, 『이기고 시작하라』, 쌤앤파커스, 2010.

  『글로벌 협상 전략』, 박영사, 2009.
- 안준성, 『대화의 절반은 협상이다』, 비전코리아, 2014.
- 알렉시스 드 토크빌, 『미국의 민주주의』, 은은기 역, 계명대학교출판부, 2013.
- 애덤 캘린스키·모리스 슈바이처, 『관계를 깨뜨리지 않고 원하는 것을 얻는 기술』, 박준영 역, 토네이도, 2016.

- 에리카 아리엘 폭스, 『설득의 재발견』, 청림출판, 2015.
- 『에스놀로그(Ethnologue)』, 2015, 2019.
- 워렌 슈미트 외, 『갈등을 창조적으로 푸는 협상의 기술』, 이상욱 역, 21세기북스, 2001.
- 원융희, 『글로벌 시티즌을 위한 에티켓』, 자작나무, 2007.
- 유리 윌리엄, 『NO를 극복하는 협상법』, 박영철·송정희 역, 장락, 1994.
- 이광규, 『문화인류학』, 일조각, 1971.
- 이달곤, 『협상론』, 법문사, 1995.
- 21세기연구회, 『상식으로 보는 문화사』, 시공사, 2000.
- 임홍재, 『국제회의 참가와 협상』, 지식산업사, 2000.
- 장대환, 『국제 기업 협상』, 학연사, 1998.
- 전성철, 『협상 카리스마』, IGM, 2007.
- 제프리 R. 베리지, 『외교 : 원리와 실제』, 심양섭 역, 명인문화사, 2014.
- 조석홍, 『국제 협상의 이해』, 두남, 2012.
- 조슈아 와이스, 『협상의 힘』, 나선숙 역, 비전코리아, 2013.
- 존 리스트, 『무엇이 행동하게 하는가』, 안기순 역, 김영사, 2014.
- 진 M. 브렛, 『아마추어는 설득을 하고 프로는 협상을 한다』, 김성형·이은우 역, 스마트비즈니스, 2011.
- 짐 토머스, 『협상의 기술』, 이현우 역, 세종서적, 2007.
- 최만립, 『도전은 끝나지 않았다』, 생각의나무, 2010.
- 최상택, 『협상의 1그램』, 매일경제신문사, 2006.
- 최윤희, 『문화 간 커뮤니케이션과 국제 협상』, 커뮤니케이션스북스, 1998.
- 테오도르 몸젠, 『몸젠의 로마사』 3, 김남우 외 2인 역, 푸른역사, 2015.
- 표창원, 『숨겨진 심리학』, 토네이도, 2011.
- 프랜시스 후쿠야마, 『트러스트 : 사회도덕과 번영의 창조』, 구승희 역, 한국경제신문사, 1996.

- 허브 코헨, 『이것이 협상이다』, 전성철 역, 청년정신, 2003.
  『협상의 법칙 I』, 강문희 역, 청년정신, 2001.
  『협상의 법칙 II』, 안진환 역, 청년정신, 2003.
- 헨리 키신저, 『헨리 키신저의 중국 이야기』, 권기대 역, 민음사, 2011.
- 홍순도 외, 『중국 문화를 말하다』, 서교출판사, 2011.
- C. Turner Joy, "How Communists Negotiate", The Macmillan Company, New York, 1955
- Lergh L. Thomson, "The Mind and Heart of the Negotiator", PrenticeHall, 2005.
- Linda Babcock & Sara Laschever, "Women Don't Ask: Negotiation and the Gender Divide(Negotiation and the Gender Divide)", PrincetonUniversityPress, 2003.
- NHK 스페셜 취재반, 『그래서 남자와 여자는 엇갈린다』, 홍성민 역, 라이프맵, 2010.
- Roy J. Lewicki, Alexander Hiam & Karen. W. Olander, Think Before You Speak: Complete Guide to Strategic Negotiation, New York, John Wiley & Sons, Inc., 1996.
- Roy J. Lewicki, David M. Saunders & John W. Minton, "Essential of Negotiation", 1997.
- Roy J. Lewicki, David M. Saunders & John W. Minton, "Negotiation: Readings, Experiences and Cases", Irwin/McGraw-Hill, 1999.
- Sam Deep & Lyle Sussman, "What to Ask When You Don't Know What to Say: 555 powerful questions to use for getting your way at work", Prentice/A Division of Simon & Schuster, Englewood Cliffs NJ, 1993.
- Warren J. Keegan, "Multinational Marketing Management", Prentice-Hall, 1980.

기타(논문 및 보고서 외)

- 김진학·김현종, 「문화적 측면의 국제 협상 연구 방법론에 관한 고찰」, 사회과학연구, 경희대학교사회과학연구원, 1999.
- 유엔, 『2019 세계 인구 전망』 개정판.
- 이동복, 「공산(共産) 진영의 협상 전략과 대화 전술」, 『북녘마을』 통권 11호, 2011년 12월.
- 퓨 리서치 센터, 『세계 종교의 미래』, 2015.
- 스탠포드 대학의 로버트 데인즈(Robert Daines) 교수와 컨설팅 회사 코너스톤(Cornerstone)의 올가 쿰리안(Olga Koumrian)의 조사 결과.
- Anne L. Lytle, Jeanne Brett & Debra L. Shapiro, "The Strategic Use of Interests, Rights and Power to Resolve Disputers", *Negotiation Journal* 15(1), 1999.
- British Council, "The Future of English?"
- ESL Blog-Language Study Abroad(2012).
- Internetworldstats.com(2016).
- Max Bazerman & James Gillespie, "Betting on the Future: The Virtues of Contingent Contracts", *Harvard Business Review* 77(4), 1999.
- James Gillespie & Max Bazerman, "Pre-settlement Settlement(PreSS): A Simple Technique for lnitiating Complex Negotiations," *Negotiation Journal*, 14(2), (April 1998), pp 149-59.
- Robert D. Putnam, "Diplomacy and Domestic Politics: the logic of two-level game", *International Organization*, Vol. 42, No. 3(Summer, 1988), pp. 427-460, The MIT Press, 1988.
- https://ko.wikipedia.org/wiki/모어_화자_수순_언어_목록

기사

- 인터파크 도서 북&인터뷰, 스튜어트 다이아몬드 "모든 협상은 결국 사람으로 귀결된다", 2017. 12. 21.
- "반도체 핵심 소재 개발 삼성·SK 손잡고 한번 해보라", 매일경제, 2019. 7. 31.
- "지엠의 '벼랑 끝 전술', 여러 나라가 당했다", 한겨레, 2018. 2. 22.
- ≪IHT≫지 보도
- Newsweek International, 1999. 11. 8.
- Straits Time, 1999. 11. 21.
- Washington Post, 1985. 11. 23.
- 2013년 5월 미국 시사 주간지 《타임》 커버스토리, "나 나 나 세대(Me Me Me Generation)".

author

저자 정보

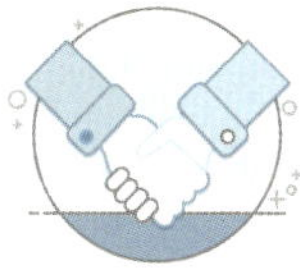

박희권

39년을 직업외교관으로 근무하면서 경제, 안보, 문화, 국제법, 군축 등 다양한 분야에서 협상에 참여한 글로벌 협상의 권위자. 1979년 외무고시 합격 이후 주유엔대표부 참사관, 주제네바 대표부 공사, 외교부 외교정책실 안보정책 심의관, 조약국장, 주유엔 대표부 차석대사, 주페루 대사, 주스페인 대사와 유엔세계관광기구(UNWTO) 상주 대표를 역임하였다. 60여 차례 이상 다양한 분야의 국제회의에서 우리 정부의 수석대표와 수차례 국제기구의 의장으로 활동하였다. 현재는 한국외대 석좌교수와 한서대학교 초빙교수로 일하고 있다.

한국외대를 졸업하고 스페인왕립외교관학교를 수석졸업하였으며 스페인 마드리드 자치대학교에서 법학박사 학위(국제법)을 받았다. 런던에 있는 국제전략문제연구소(IISS)에서 연구원으로 근무하였다.

저서로는 『글로벌아이』, 『문화적 혼혈인간』, 『전문 국제회의 영어』, 『실무국제회의 영어』, 『International Law and the Republic of Korea』, 『The Law of the Sea and Northeast Asia : A Challenge for Cooperation』, 『한반도의 비핵화』 등 다수가 있다.

Shall We Negotiate?

쉘 위 니고시에이트?

글로벌 협상 입문서

초판 1쇄 발행	2019년 11월 5일
초판 2쇄 발행	2020년 9월 15일
지은이	박희권
발행인	김인철
총괄 · 기획	윤성우 Director, University Knowledge Press
편집장	신선호 Executive Knowledge Contents Creator
전자책 · 사전	장혜린 Contents Creator
도서편집	이근영 Contents Creator
재무관리	하누리 Managing Creator
발행처	한국외국어대학교 지식출판콘텐츠원 02450 서울특별시 동대문구 이문로 107 전화 02)2173-2493~7 팩스 02)2173-3363 홈페이지 http://press.hufs.ac.kr 전자우편 press@hufs.ac.kr 출판등록 제6-6호(1969. 4. 30)
디자인 · 편집	(주)이환디앤비 02)2254-4301
인쇄 · 제본	(주)케이프린텍 053)313-3673

ISBN 979-11-5901-617-2 03190 정가 26,000원

*잘못된 책은 교환하여 드립니다.

HU:iNE 은 한국외국어대학교 지식출판콘텐츠원의 어학도서, 사회과학도서, 지역학 도서 Sub Brand이다. 한국외대의 영문명인 HUFS, 현명한 국제전문가 양성(International +Intelligent)의 의미를 담고 있으며, 휴인(携引)의 뜻인 '이끌다, 끌고 나가다'라는 의미처럼 출판계를 이끄는 리더로서, 혁신의 이미지를 담고 있다.

Shall We Negotiate?

쉘 위 니고시에이트?